浙江省普通本科高校"十四五"重点立项建设教材

浙江省社科联社科普及课题成果
宁波工程学院学术出版经费资助

我心归处是幸福：

幸福36问

WO XINGUICHU SHIXINGFU:
XINGFU 36 WEN

王菁华 著

中国财经出版传媒集团
经济科学出版社
Economic Science Press

·北京·

图书在版编目（CIP）数据

我心归处是幸福：幸福 36 问 / 王菁华著 . -- 北京：
经济科学出版社，2024.10
浙江省普通本科高校"十四五"重点立项建设教材
ISBN 978 - 7 - 5218 - 4184 - 8

Ⅰ. ①我… Ⅱ. ①王… Ⅲ. ①幸福 - 高等学校 - 教材
Ⅳ. ①B82 - 49

中国版本图书馆 CIP 数据核字（2022）第 205635 号

责任编辑：周胜婷
责任校对：李 建
责任印制：张佳裕

我心归处是幸福：幸福 36 问

王菁华 著

经济科学出版社出版、发行 新华书店经销
社址：北京市海淀区阜成路甲 28 号 邮编：100142
总编部电话：010 - 88191217 发行部电话：010 - 88191522
网址：www. esp. com. cn
电子邮箱：esp@ esp. com. cn
天猫网店：经济科学出版社旗舰店
网址：http：//jjkxcbs. tmall. com
北京季蜂印刷有限公司印装
710 × 1000 16 开 17 印张 270000 字
2024 年 10 月第 1 版 2024 年 10 月第 1 次印刷
ISBN 978 - 7 - 5218 - 4184 - 8 定价：56. 00 元
（图书出现印装问题，本社负责调换。电话：010 - 88191545）
（版权所有 侵权必究 打击盗版 举报热线：010 - 88191661
QQ：2242791300 营销中心电话：010 - 88191537
电子邮箱：dbts@ esp. com. cn）

你幸福，所以我幸福

从我的职业生涯和幸福感悟说起

亲爱的小伙伴们，当你翻开这本小幸（我和我的小伙伴喜欢把这本书昵称为"小幸"），你可能会疑惑：王菁华，一个名不见经传的普通人，为什么会写这样一本书，这本书能带给我什么，她值得我去研读吗？

的确，我是一名平凡的大学教师。一开始，我也和你一样有过类似的疑惑。因为，我的职业生涯中，出版过著作、编写过教材、撰写过论文，但大多是财务会计专业的。现在，一本涉及心理学、哲学、社会学、教育学、管理学等众多学科知识的幸福著作我能"Hold"住吗？那最后，又是什么促使我一定要为和我一样的普通人写一本小幸呢？

这要从我的职业生涯和幸福感悟说起。

我进入了自己的"哲学时空"

和你一样，日子在忙碌中匆匆而过，一不留神，我已经工作了30多年。前20年，作为大学教师的我主要从事教学、科研等工作；近15年，我主要从事行政管理工作。

走在学校绿意盎然的校园里，经常有老师问我，"为什么你整天'乐呵呵'的，好像从来没有过烦恼？"又经常，有青年教师因为职称未能晋升、教学排名不佳等向我倾诉他们的焦虑甚至抑郁；也经常，有大学生与我一起揭开人际关系紧张、心理焦虑、人生迷茫的谜底……

"乐呵呵"的状态我自己似乎也没太在意，更没去认真关注过似乎有些宏大的主题：幸福。但青年的疑惑、师生的倾诉，却让我进入了我的"哲学时空"：我们人为什么幸福？为什么不幸福？如何才能一生幸福？幸福有什么规律，有什么影响因素？每个人都想要幸福，但没见有几个人真正研究过幸福，我们没有研究幸福好像也过得不错，那又是否有必要花时间去研究幸福呢？一大堆问题萦绕心头，有时竟挥之不去。

我在静思中重绎了人生意义

我静思。由于自己的懈怠，加上行政工作日益增多的借口，已经多年不从事教学科研的我，在"乐呵呵"的同时，总感到人生中还有些割舍不掉的东西需要我去寻找。我发现，其实那就是作为大学教师应做的读书、教学与科研等。

我在研读中感悟了幸福规律

我研读。我从艾思奇的《大众哲学》和王伟光的《新大众哲学》中，理解了人为什么十有八九会不快乐，理解了马克思主义其实就是关于全世界无产阶级和全人类彻底解放的学说，理解了马克思主义幸福观揭示的幸福规律，理解了唯物史观与辩证法是我们可以享用一生的幸福之"渔"，更理解了哲学的"无用之用方为大用"之道；我从张维为的《这就是中国》中更加具象化地重新认知了你我深爱着的自信中国；我从泰勒·本－沙哈尔的《幸福的方法》中了解到，孔子的"修身"在西方居然成为"现代幸福科学的基本假设"，其中幸福的计量方法、影响因素着实让我感悟到，这么多年来，左右我"乐呵呵"人生的不仅有小康的物质生活，更有父母老师曾经教导我的理想、信念、使命、目标、责任、感恩、乐观、助人、悦纳自己等激发我们幸福感的最重要的精神元素。

我在修炼中刷新了幸福认知

这一切完全刷新了我原来"知足常乐""快乐就是幸福"等对于幸福朴素的和浅显的认知。而且，当我用幸福规律去重新审视周遭的一切时，我发现，我可以让自己"乐呵呵"的人生得以升华，可以从低级的放纵的快乐，更多地走向高级的自律的快乐，甚至走向顶级的煎熬出来的快乐，更可以在他人需要时有效地帮助他人提高心理免疫能力，提升生命意识能级！

我在承诺中开设了幸福课程

每个人一生都是幸福这一必修专业的学生。我有时问自己，要是我大学时代就修过幸福课，我是不是会少些青春迷茫，是不是会比现在更幸福。我发现，许多高校每年都开设千余门课程，但唯独没有幸福课。所以，我向家人、同事郑重承诺，我要给小伙伴们开一门幸福课，让他们的大学时代少些青春的迷茫与盲目，多些自我认知与成长。承诺，就是没有给自己留下任何后路；承诺，就是把自己"逼上梁山"！

幸福课在西方叫作"积极心理学"，是心理学、哲学、社会学等学科的交叉学科。所以，承诺后，我开始焦虑没有专业背景能否开出理想的课程效果，我开始煎熬要是砸了教学名师的牌子该如何是好⋯⋯

而当我把这些都放下而专注于享受研读、思考、分享幸福本身的时候，我发现师生的需要被我捕捉到了，我发现除了行政管理之外，我原先的教师使命更是我能做的、我热爱的以及被他人需要的事业。

于是，从 2017 年我开始了我的幸福事业。

幸福课成为了我的幸福事业

经过 1 年多的准备，2017 年，我尝试开设了小班课"幸福人生的财富密码"，小伙伴们新奇的眼神让我坚持；2018 年，我完善开设了讨论式幸福课"我们如何可以持久幸福？"，小伙伴们静心的养成给我信心；2020 年 5 月，由于新冠肺炎疫情，我开设了线上直播幸福课"我们如何可以持久幸福？"，初次"触电"让我感受到小班扩展的必要与可行；2020 年 8 月，感谢组织同意了我提前退居二线的申请，让我可以集中精力建设幸福课。

我从设计开始，四个月完成了三轮 36 问幸福课脚本的撰写，三个月完成拍摄、制作和修改等，2021 年 3 月开始了第一次线上幸福课"我心归处是幸福：幸福 36 问"的教学实践。

第一次上线教学，让我惊讶的是，班级规模几乎扩大了 4 倍，150 多名选修课程的小伙伴，在 12 周的时间里，创造了课程活动数 76148 次，累计页面浏览量 348690 次，视频最长学习时长 2384.7 分钟，累计互动讨论数 6355 次等学习记录。

截至 2024 年 10 月，课程已经线上运行了 8 个期次，加上线下课程，总共运行了 11 轮。课程在线上形成了 11 个单元 36 段 MOOC 教学模块，加上拓展资源，构成总长 1220 分钟的教学视频资源；形成了 15 分钟碎片化视频与 11 个单元系统化知识相统一的 MOOC 课程体系。课程已使全国 25 省份 90 多所高校 13000 余名小伙伴受益，累计互动数超 38 万次，课程活动数超 200 万次，累计页面浏览量超 2400 万次。幸福课的知识体系越来越完善，教学效果越来越显著，教学质量越来越稳定。

幸福课让我好像有些懈怠的激情被重新点燃，不仅如此，我还能用它去点燃其他人特别是"后浪"青年的激情，让他们心中有火，眼中有光！这就是我神圣教育使命的意义，也是我一直追寻的教育初心：你幸福，所以我幸福！

普通人可以提升幸福感和幸福力

"我心归处是幸福：幸福 36 问"是一门通识教育课，面向大学生但并不限于大学生开设。上线以后，不论是大学生，还是社会学习者，都可以通过"学银在线"，在线上观看每讲 15 分钟的 36 问视频，在线下进行每讲大约 15 分钟的心灵（行为）演练，即通过每讲大约半小时的学习，认知心智的局限性，感悟幸福之"道（知识与规律）"；突破不良的"舒适区"，修炼幸福之"术（方法与素养）"。也就是，"悟得幸福大道理，习得幸福小感念，一次半小时，一生幸福力！""使幸福者更幸福，使不幸者变幸福！"

截至 2024 年 10 月学习者的调查问卷统计分析显示，学习幸福课后，至少 96% 的学习者都能提高或者显著提高幸福分、幸福感和幸福力，并获得相应学分。这告诉我们，幸福是一门哲学，也是一门科学，只要你愿意，幸福之"道"可以悟得，幸福之"术"可以习得。

我想为普通人写一本幸福书

小伙伴们通过幸福课收获了各式各样的幸福，开始了各自幸福的旅程，我的心中也留下了各种各样的美好。

A 同学：我觉得这门选修课在我们学校里很亮眼，我们大学的层次好像被这一门课提高了。这门课让我们真正理解了幸福的含义。

B 同学：很高兴在大四遇见这门幸福课。这个阶段的我们正处于即将走向社会的迷茫期，但是幸福课的学习让我慢慢地变得不再迷茫，我找到自己的目标，学会了设计人生，学会了让自己变幸福！

C 同学：这小小的一门幸福课可能改变一个人的一生。我的幸福观有了天翻地覆的变化。

D同学：老师讲课很有耐心，循循善诱，有一种平静的感觉。和强制性高强度输入的专业课相比，幸福课会有一种让人平静的力量，让我从忙碌而迷茫的生活中跳脱出来，重新审视自己的生活。

E同学：幸福课教会我最重要的一点就是幸福是从"心"开始的。当我循着老师的指引，去了解自己，和自己谈心、讲道理，我能真切感受到，有些东西正在我心中生根发芽、开花结果。越来越多的幸福像礼物一般降临，等待我去将他们拆开。

F同学：感谢学校将这门幸福课引进，让我们有机会选修。本来我想也就是顺利通过，了解一些幸福理念就可以了，但上完第一次课并完成课后的心灵演练后，我真切感悟到幸福的内涵，我的心灵受到震撼，我的生活更加积极。

G同学：老师您好，以前的我是一个非常腼腆的人，走路也经常低着头，要不就走得飞快，会比较害怕和陌生人聊天。虽然现在还是有点害羞，但是我每天都有记住老师说过的"感恩身边的每一件小事"。随着课程的进展，我也越来越了解自己，很感谢这一门课，很感谢老师，让我能一点一点地改变自己，让我能一点一点地变幸福。虽然有时只是老师课堂中无意间说过的一句话，但是对于我来说真的是受益匪浅。谢谢您！

社会学习者1：我当时正患产后抑郁，是您的课打开了我的心扉，让我重新找到了人生的方向。

社会学习者2：能被您的大爱润泽到，好幸福。因为有你，生活变得更美好！

小伙伴们幸福感和幸福力的提升赋予了我的小幸课最大的意义。但线上视频时间有限，容量不足。所以，我在课程内容基础上，增加了理性的幸福知识规律，扩充了自己的幸福研究成果，写成这本书，作为小幸课教学与科研的配套书籍，以及社会大众的幸福读本，对于课上课下的幸福传播都更具意义。于是，小幸书就诞生啦！

小幸书的主要内容

与小幸课相似，小幸书结合幸福故事和现实热点，有理有据地与学习者一起分享什么是持久的灵性的幸福、持久的灵性的幸福有哪些影响因素、如何获得持久的灵性的幸福等内容。小幸课的这些内容已经得到学习者的认可，同时也为了便于配套学习使用，小幸书的逻辑结构与小幸课基本相同，内容依然是 11 个专题 36 问。

小幸书的特点之一：设计通俗化，实现学习对象的普适性

小幸书不仅要使大学生丰富心灵，也要让社会学习者收获幸福，因此，呈献在你面前的小幸，虽然涉及哲学、心理学、社会学等众多学科，但并没有出现太多的哲学概念、心理学术语，而是把这些内容融入经典故事、现实热点、名人箴言中，让你更易理解、更好把握。

小幸书的特点之二：知识心智化，保障学习效果的持续性

学习小幸的过程，就是要你将幸福知识转化成幸福技能，内化为幸福心智，即"心智化"过程，这是学习的难点所在。为解决这一难点问题，小幸每一问都努力让你在"哲学式谈心"氛围中放松地输入幸福知识，在"潜心式演练"中轻松地输出幸福养成。

"哲学式谈心"是希望你在阅读中能够感受到，我们是在交流一则故事、一个观点、一种方法等。这是根据幸福课特点所做的设计。因为幸福本身就是一门哲学，哲学甫一开始就是谈心。如孔子、苏格拉底都不设课堂、不留文字，其教学方式就是和年轻人谈心。而且哲学在一些人看来是枯燥乏味的，所以我们希望你在阅读时能够感受到我们在做"哲学式谈心"。也就是，学习者要进入自己的"哲学时空"，学会与自己对话，向自己敞开心扉。事实上，许多小幸课学习者也反馈，"老师的讲课，让我有一种是在听故事，或者说在跟一个好友促膝长谈的感觉"。希望你阅读时能够找到这种感觉。走心了，还会枯燥吗?!

"潜心式演练"是希望你在每问学习后，能够潜心演练配套的心灵演练或者行为演练等。这一过程，是在你自己的"哲学时空"里，学会与自己独处，学会与自己的内心晤谈，学会自省自知。也就是，学会把幸福知识放到你的内在记忆中，与你大脑中的神经元形成新的联结、心的共鸣，并逐渐消化、形成你独立生长的自我系统和相对自足的内心世界。最终，促使你形成自主成熟的心智模式，提升丰富美好的幸福感知。

小幸书的特点之三：内容哲思化，实现心智培养的正向性

这一特点具体体现在三个方面。第一，贯穿一条红线。本书将马克思主

义"四个统一"幸福观、中国幸福文化与基因、社会主义核心价值观这条红线贯穿始终，形成主干内容。第二，运用两个论据。运用西方现代幸福科学和人类意识能级等研究证据，论证马克思主义"四个统一"幸福观、中国古代幸福哲学以及社会主义核心价值观的科学性。第三，处理三大关系。以马克思主义唯物史观和辩证法为指导，运用积极心理学、哲学、伦理学以及自己的研究成果，帮助学习者树立积极正向的世界观、人生观、价值观和幸福观，正确处理自己与自然、自己与他人、自己与自己的三大关系，并获得持久的灵性的幸福。

你幸福，所以我幸福

"你幸福，所以我幸福"是我神圣教育事业的初心和使命，也是我一直追寻的人生理想。咱们中国自古就有"文以载道，诗以言志，乐乃心声"的说法。本人才疏学浅，不通诗作，不擅音律，仅能写几个字，所以，权且以书言志，与你分享一个普通人的幸福感悟与修炼吧！

是为序！

二〇二四年十月于无用斋

目 录
Contents

专题 1 你可以更幸福

▶▶专题导读

　　亲爱的小伙伴们，"我心归处是幸福：幸福36问"是2021年在国家高等教育智慧教育平台"学银在线"上线的幸福课程。现在，呈现在你面前的《我心归处是幸福：幸福36问》，是在这一同名课程基础上写成的，所以依然采用课程同样的名称。

　　从小到大，你可能学过不同的课程、修过不同的专业、读过不同的书籍，却可能唯独没有学过幸福课程、修过幸福专业、读过幸福书籍。所以，从今天开始，我们就一起来研读这本昵称为"小幸"的《我心归处是幸福：幸福36问》。

　　父母给了我们生命，就像给了我们一座大房子。而人生就好像在大房子里作画。有的人，给这个世界留下了绚丽的画作；有的人，画了一半就画不下去了；也有的人，一辈子守着大房子什么也不画。但人生这座大房子，还是有画更持久、更灵性。

　　小伙伴们，你要做哪一类人呢？你如何在大房子里描绘自己美丽的画作呢？你每天像"陀螺"一样工作、学习、打拼，究竟是为了什么呢？你如何让自己拥有持久的灵性的幸福呢？

　　这些人生大问题的探寻，构成了小幸的使命，即：与你一起，悟得幸福大道理，习得幸福小感念，一次半小时，一生幸福力！让幸福的你更幸福，让不幸的你变幸福！

　　而当你翻开小幸专题1"你可以更幸福"时，你就开启了你的幸福之旅。在这第一段幸福旅程中，小幸要与你分享"为什么要学习幸福？""小幸书里有些啥？"等问题。

第1问 为什么要学习幸福?

1.1 知幸福之"道"

送自己一片静心

亲爱的小伙伴们,现在做什么都讲究个仪式感,那我们现在就举行一个小小的阅读仪式吧!

如果你现在准备阅读小幸了,那希望你首先来个"静心式导入",也就是,纵然你现在手头上有千件事,都请你放下,寻一个安静的时空,找一个舒服的姿势,听着你自己喜欢的静心音乐,让自己安静下来。

因为,在嘈杂的世界里,我们就像一杯水,只有静下心,慢下来,才能看清我们自己心底的世界和深邃的灵魂。

希望你每次阅读前都能有这么一个小小的仪式,慢慢地,你就能追寻到幸福的秘密,这就是我们经常说的,但可能并没有找到的一条幸福之"道":获得幸福的秘密,就是与时间坦然相处。

你我都是"小伙伴"

现在,阅读小幸的"你",可能是大学生、高中生或者刚入职的青年小伙伴,也可能是上有老下有小的中年朋友,抑或是已经功成名就的老年朋友,但在我们小幸这儿都是"小伙伴"。一是因为,我们也阿Q一下,让自己年轻一回;二是因为,不论你是什么学科背景,你或许从未修过小幸课程,或者没太涉猎过幸福书籍,因此"你",包括我在内,我们在小幸面前,可能都只是青涩懵懂的"小伙伴"。所以,每一次见面,都让我亲切地称呼一声"亲爱的小伙伴们"吧!

一千个人就有一千种幸福的定义

小幸的意义是什么呢？这可能要从我们理解的幸福说起。

说起幸福，小伙伴们可能有各式各样的说法，比如，"幸福，就是猫吃鱼、狗吃肉、奥特曼爱打小怪兽""幸福，就是考上大学""幸福就是打一场轰轰烈烈的游戏""幸福就是快乐""幸福就是买了个 LV""幸福就是富有，就是票子、房子、车子、妻子、儿子五子登科""幸福，就是和喜欢的人，在喜欢的地方，做喜欢的事情，无论是相爱还是争吵""幸福，就是在奋斗和创造中实现人生价值""幸福，就是有一颗感恩的心，一个健康的身体，一份称心的工作，一位深爱你的人，和一帮值得信赖的朋友""小时候，幸福是一件东西，拥有就幸福；长大后，幸福是一个目标，达到就幸福；成熟后，发现幸福原来是一种心态，领悟就幸福"……

就像一千个读者心中有一千个哈姆雷特一样，一千个人就有一千种幸福的定义！上面说法中有 LV 式的幸福，有奋斗式的幸福，但我们静心想想，这些够了吗？为什么约翰·穆勒说："不满足的人比满足的猪幸福，不满足的苏格拉底比满足的傻瓜幸福"① 呢？

农民夫妻舞蹈出的幸福

央视《新闻联播》和人民网曾相继报道过温州小英夫妇的感人故事②。他们是浙江温州一对普通的农民夫妇。十几年前，丈夫曾因车祸惊惧过度患上了抑郁症。五年前，妻子小英开始拉着丈夫一起跳起曳步舞，田埂间、家门口、桥墩下，音乐响起，他们随时起舞。小英跳着曳步舞，把丈夫从抑郁幽暗的曲径中带到了身心健康的大道上。他们还自编了"渴望"等曳步舞，每天直播，屏幕前漾出的笑容感染着越来越多的人。他们带着标志性的笑容，通过直播宣传家乡特产，帮村民拓宽销售渠道，努力让大家一起挣钱，一起过上好日子。现在他们经常乐呵呵地说：有活干，有舞跳，一切足够美好。相信从他们的舞步中你也能感受到，他们心中流淌出的真实的幸福！

---

① 周国平. 幸福的哲学 [M]. 武汉：长江文艺出版社，2015.
② 陈祖逸. 田间地头，小英夫妻的快乐舞蹈，你想加入吗？［EB/OL］.（2020 – 06 – 13）［2022 – 08 – 20］. http://v.people.cn/n1/2020/0613/c421419 – 31745768.html.

一组关于我们自己国家的数据

根据国家统计局的数据，2024 年我国 GDP 已经超过 126 万亿元。央视财经的"中国经济生活大调查（2016—2017）"显示，大约一半家庭感到不太幸福①。同时，家庭收入 30 万元是一个拐点。也就是说，30 万元以下的家庭，收入与幸福感基本呈正相关；但超过 30 万元的家庭，收入越高，幸福感却逐渐下降。年收入在 100 万元以上的高收入群体的幸福感低于年收入 8 万~12 万元的家庭，感觉到不幸福的人群比例几乎与低收入群体（年收入 1 万~3 万元）相当。

为什么有钱了却不一定幸福？

看到以上的实例和数据，你是否想过，为什么并不富裕的农民夫妇能感受到生活的幸福，而物质条件已经很优越的高收入人群为什么还是不快乐呢？什么是我们想要的幸福，而且是持久的灵性的幸福呢？哪些因素影响着我们的幸福呢？我们如何才能找到持久的灵性的幸福呢？这些问题靠我们的常识认知，可能都已经无法回答。

那怎么办呢？告诉你一个你可能你也知道的秘密，就是想要什么，你就去研究什么、学习什么、实践什么，幸福也一样。只是，我想要问一下，你是真的下定决心研究和学习幸福了吗？为什么我这样问你呢？

你想要幸福吗？

你真的想要幸福吗？真的想要！那就要像对求生的欲望一样，对幸福有强烈的渴求，要从具体的人中、从平常的事中抽离出来，去系统地静心地思考、研究和学习幸福。

有人说："我过得挺幸福的呀，还要研究幸福吗？"是的，你觉得你可能挺幸福，但你以为的幸福是否就是人应有的幸福呢？你又能否更"奢侈"一些，让自己更幸福一些呢？也有人说："我每天忙得像陀螺一样，哪有时间精力学习幸福。"但你是否想过，这可能正是你焦虑忙碌的原因，因为"重要的事一定有时间做"。还有人说："我要啥有啥，可为什么没有该有的幸福？"……

---

① "中国经济生活大调查"后面年度没有这一题项的数据更新。

小幸的"道"与"术"

针对这些，我们来看看小幸能为我们做些什么呢？

花有花道、茶有茶道，幸福也有自己的幸福之"道"（知识和规律），更有自己的幸福之"术"（方法与素养）。

我们要对自己的幸福负责，要像研究其他学问一样，不仅感悟幸福之"道"，还要修炼幸福之"术"。幸福和其他你想要的好东西一样，需要耐心和时间。也就是说，假以时日，幸福的大道理，也就是"道"，可以悟得；幸福的小感念，也就是"术"，可以习得。

正因为如此，小幸共 11 个专题 36 问，每一问的设计都包括两部分内容：知幸福之"道"、行幸福之"术"。前一部分就是让你感悟幸福之"道"；非常重要的后一部分包括心灵演练、行为演练、自我测试、单选题、多选题、判断题、讨论分享题、调查问卷及其研究成果分享等内容，是你修炼幸福之"术"的知行手段和道术资源。这样，知行合一，道术结合，你一定可以：悟得大道理，习得小感念，一次半小时，一生幸福力！你一定能够：从当前的幸福水平提高到更高的幸福水平。

20 岁之前，幸福是父母给的；20 岁之后，幸福是自己给的！

亲爱的小伙伴们，每个人都是幸福这一人生专业必修课的学生。那到哪里去寻找自己的幸福呢？那就是，到自己的"我心归处"去寻找自己的"幸福"！所以，20 岁之前，幸福是父母给的；20 岁之后，幸福是自己给的哦。

1.2　行幸福之"术"

1.2.1　心灵演练：净化心灵

从今天起建议你准备一个演练本，把每次的演练感受静心写下并保存，36 问每问半小时下来，你一定能够对比着"称出"你学习小幸前后自己幸福增值的分量。

这些演练多半是根据中西方幸福学以及我们的研究成果编写而成，它们对于感悟幸福之"道"、修炼幸福之"术"的有效性，也在我们的研究数据以及演练反馈中得到验证。你可以在读完一节小幸后试试，或许她能够带你走出长久困扰你的不良"舒适区"。

　　第一次的心灵演练是静心听一段瑜伽音乐，放松放空，静心自省，并记下你真实的心灵感受！希望你每次阅读前、学习前甚至工作前都能先听一段这样的音乐，这可能会让你发现一个完全不同的自我，而且可能还会事半功倍哦！

+-+-+-+-+-+-+-+-+-+-+-+-+-+·

演练分享

　　A 同学：生活是如此的忙碌，我们常常忘记留一些时间和自己相处。听完四分钟的瑜伽音乐，我觉得整个人处于一个很放松的状态，脑海里只有海浪的声音。

　　B 同学：我感受到身体随着这声音慢慢放松，全身酥麻。开始觉得学习幸福课能让幸福的人更幸福，让不幸的人变幸福。

　　C 同学：心随着音乐慢慢地静下来了，开始思考平常不太考虑的问题，试着深入思考自己想要什么，自己认为的幸福是什么。

　　D 同学：每天读书让我们感到很多无形的压力。而听这段瑜伽音乐让我仿佛感受到了大自然的宁静与美好，让我得到真正的放松，让内心趋于平和，消除了一天的疲劳，治愈了一天的烦恼！

　　E 同学：第一次听瑜伽音乐，没想到听着听着真的放松了下来，下班后的疲倦都有所缓解。

+-+-+-+-+-+-+-+-+-+-+-+-+-+·

1.2.2　知识巩固

答案

一、单选题

我们小幸书的名字是（　　）。

A.《我心归处是幸福：幸福 36 问》

B.《我心归处是幸福：幸福 37 问》

C.《我心归处是幸福：幸福 38 问》

D.《我心归处是幸福：幸福 39 问》

二、多选题

《我心归处是幸福：幸福 36 问》为你设计了 11 个专题 36 问的幸福美食，希望你能（　　）。

A. 悟得大道理　　　　B. 习得小感念

C. 一次半小时　　　　D. 一生幸福力

三、判断题

1. 根据幸福影响因素的规律，我们一般会说，20 岁之前幸福是自己给的，20 岁之后幸福是父母给的。

2. 约翰·穆勒说："不满足的人比满足的猪幸福，不满足的苏格拉底比满足的傻瓜幸福。"

四、讨论分享题

请把你收听静心音乐的感受与身边人讨论分享。

·+·+·+·+·+·+·+·+·+·+·+·+·+·+·

调查问卷分析

　　幸福课以及幸福学来自西方的积极心理学，其研究数据都是在西方国家制度背景以及人文环境下进行的。所以，我们在教授幸福课同时，设计了调查量表，做一些我们中国人自己的幸福研究。

　　我们把学习幸福课的小伙伴 3906 人作为实验组，把未学习幸福课的小伙伴 2716 作为对照组，做了两个问卷调查。实验组问卷统计数据显示，实验组问卷 Cronbach 的 α 系数为 0.890，高于 0.8，问卷信度较好；KMO 值为 0.963，大于 0.8，显著性为 0.000，小于 0.05，研究数据非常适合提取信息，问卷效度很好。对照组问卷统计数据显示，Cronbach 的 α 系数为 0.846，高于 0.8，问卷信度较好。同时，效度检验显示，KMO 值为 0.918，大于 0.8，显著性为 0.000，小于 0.05，表明变量之间相关性很强，研究数据效度非常好。

　　对于两份调查问卷和测试数据基础上形成的部分研究发现，我们会在相应章节结合具体问题与学习者分享，一是帮助学习者更好地理解咱们中国人自己的幸福，二是帮助学习者科学地找到自己的幸福坐标，客观地认知自我、养成美德、追寻幸福。

·+·+·+·+·+·+·+·+·+·+·+·+·+·

第2问　小幸书里有些啥?

2.1　知幸福之"道"

亲爱的小伙伴们,如果你选择了小幸,你一定会关心:小幸书中会讲些什么、我们如何有效学习、学习后我们能够收获些什么等问题。

2.1.1　小幸会讲些什么

小幸共有 11 个专题 36 问

专题 1:你可以更幸福。专题 1 是阅读小幸的先导部分,解决我们为什么要学习幸福规律及其影响因素、小幸书里有些啥、我们怎样学习、学习后能够收获什么等问题。

专题 2:幸福的内涵与计量。本专题帮助你从定性和定量两个视角看清幸福的本质内涵。一是从定性角度感悟幸福哲思。比如,从古今中外哲人们幸福的哲思中汲取幸福精华,弄清楚什么是万物之灵应有的持久的灵性的幸福。二是从定量角度告诉你幸福是什么、幸福有哪些影响因素、幸福如何计量等。许多人常常认为幸福是看不见、摸不着的,但西方积极心理学家的研究发现可能会颠覆你的认知。有研究发现一个幸福公式:幸福 = 先天基因因素 50% + 后天外在环境因素 10% + 后天内在心理因素 40%。借助这个公式我们可以从定量角度探讨"基因不能转,外因不长久,内因最永远"的奥秘。也就是说,在三大类幸福影响因素中,先天基因因素 50% 是不能改变的,是一个常量,你想在这个因素上打主意提高幸福感，那你可能是找错了方向，因此小幸不展开探讨。小幸重点讨论第二类因素"后天外在环境因素10%"和第三类因素"后天内在心理因素40%"。所以，这一专题明确了全书的重点。但由于这个公式是西方国家的，所以我们也研究发现了我们自己的幸福公式，后面内容中也会与你分享。

专题3：后天外在环境因素对幸福有影响但并不长久。这一专题我们将讨论为什么金钱、名望等10%的后天外在环境因素不能让我们持久幸福，什么是真正的财务自由，我们需要怎样的财务自由等问题。它可能会颠覆我们的常识认知。

专题4：后天内在心理因素对幸福的影响更深刻更持久。我们通过分析自我认知、三观价值、人生意义等，从总体上认识40%的后天内在心理因素对于幸福的影响机理。这些后天内在精神因素占比最大，是你自己可控且持久的幸福影响因素，因而是小幸中最最重要的内容。以后各专题都是围绕支撑这一因素的6大美德24项优势中最重要的5项美德优势展开的。

专题5：目标信念是你幸福的方向盘。本专题重点讨论一个人的初心、使命、目标如何成为自己幸福的方向盘，让自己的人生更有目标感和掌控感。

专题6：热忱乐观是你幸福的发动机。这一专题重点讨论如何满腔热忱对待工作和学习、让工作和学习不再痛苦，如何乐观积极看待逆境、走出逆境等等。热忱乐观是塑造你积极情绪的重要内容，更是你人生幸福的发动机。

专题7：感恩仁爱是你幸福的润滑剂。这一专题重点讨论感恩、宽恕、爱与被爱如何让你心底和谐和人际和谐，如何做一个积极的而不是消极的完美主义者。处理好这些，你的幸福便有了润滑剂。

专题8：时间节制是你幸福的动力源。这一专题重点讨论如何突破我们对于时间的错误认知，如何存储时间，如何设计我们想要的生活去节制时间，如何给自己打造安静独处的精神花园等。有了时间存储，便有了幸福的动力之源。

专题9：自我控制是你幸福的刹车器。这一专题重点讨论运动与健康等自我控制的习惯如何影响我们的幸福。自我控制可以成为你人生重要的刹车器，可能将你拯救出难填的欲壑。

专题10：过好三种精神生活。本专题是对第4~9专题的总结。这一专题让你认识到，修炼好5维要素6大美德24项优势，我们就能过上三种精神生活，也就是，让头脑过上自由求真的智力生活，让心灵过上丰富美好的情感生活，让灵魂过上高贵善良的道德生活。有了这三种生活，你就能获得万物之灵的灵性幸福。

专题11：持久的灵性的幸福是我们的终极目标。最后一专题是对全书的总结，通过"四种人生模式""幸福面前人人平等""幸福是一种哲学""我心归处是幸福"来诠释持久灵性的幸福一定是源于你的头脑、心灵、灵魂构成的内心世界，也就是"我心归处是幸福"。

一堆散乱的砖头

写到这里，想起俞敏洪先生的散文《一堆散乱的砖头》。文中说：一块砖没有什么用，一堆砖也没有什么用，如果你心中没有一个造房子的梦想，拥有天下所有的砖也只是占据了一堆废物。

这给了我们什么启示呢？

这告诉我们，上述介绍的每专题的大致内容，都是为了帮你实现搭建持久灵性的幸福小屋的梦想，如果你压根没有这个梦想，只是有看没看地读了一问两问的内容，你最终只能拥有"一堆散乱的砖头"。

所以，通过"小幸书里有些啥"这一个问题的探讨，我们首先要弄清我们课程的主干框架，再把各问内容填充进去，这样就容易搭建你的幸福小屋了！

送你一张小幸地图

为了便于搭建你的幸福小屋，为你提供一张小幸框架内容地图（见图2-1），直观简洁，希望能帮助到你。

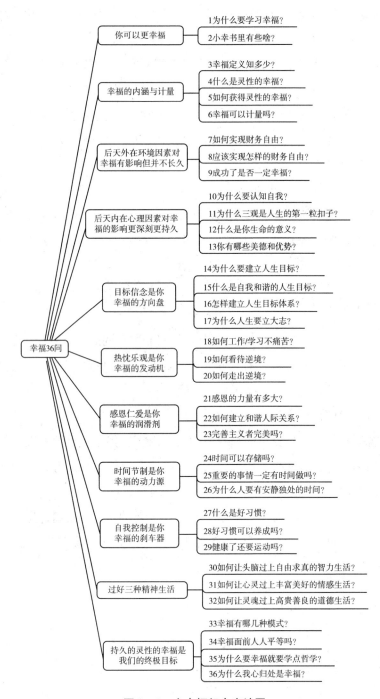

图 2-1　小幸框架内容地图

2.1.2　我们如何有效学习

知是行之始，行是知之成

网络剧《后会有期》中有一句话：从小听了很多大道理，可依旧过不好这一生。原因是什么呢？其实陆游的"纸上得来终觉浅，绝知此事要躬行"、王阳明的"知是行之始，行是知之成"或许能够真正点醒你："知行合一"才是真正的"王道"，才是真正让你过好一生的核心竞争力。所以，许多时候，不是因为道理无用、书籍无用，而是因为我们"知而不行"或者"行而不坚"。因此，我们倡导悟练结合、知行合一，而只看不练、半知半解，或者知而不行、行而不坚，都可能会让我们半途而废。

心灵（行为）演练是用来悟练的

这里特别强调一下，每一问题后的心灵演练或者行为演练，如果不认真自省、记录和演练，学习效果就会大打折扣。事实上，许多心理学家的研究已经证明，书写本身可以有效改善人们的情绪和健康状况。[①] 而生活中你也可以发现，当年用白纸黑字写下人生目标的那些人，若干年后，无论是事业发展还是生活水平，可能都远远超过了那些没有目标的同龄人。

因此，我们一开始，就建议你能够准备一个演练本，把演练内容静心写下来，若干年后，它将成为你心灵成长的见证。这一过程，能把幸福知识放到你的内在记忆中，与你大脑中的神经元形成新的联结、心的共鸣，并逐渐消化、形成你独立生长的自我系统和相对自足的内心世界，使你认知自己的局限性，悟得幸福之"道"；突破自己的"舒适区"，习得幸福之"术"。最终，成熟你的心智模式，提升你的幸福张力。

2.1.3　读完小幸你能收获什么

第 1 问中我们已经说到，小幸的目标是让你：悟得大道理，习得小感念，一次半小时，一生幸福力。所以，认真学完小幸，你应该能够成为自己

---

① 中国科协科普中国官方平台. 为什么写日记可以改善情绪？这个可以有 ［EB/OL］. （2017 - 07 - 14）［2022 - 8 - 20］. https：//baijiahao. baidu. com/s？ id = 1572859611714638&wfr = spider&for = pc.

幸福的设计师、创造者和实干家，收获一生的幸福力，让幸福的你更幸福，使不幸的你变幸福。

小伙伴们，进入大学，你觉得你已长大，但那只是你以为的，你以为你以为的就是你以为的吗？你可以坚持你以为的初心，但也应该凿去你以为的"心茧"，这样你才可能成长。所以我们经常会说：我们从未长大，但我们从未停止成长。就让我们一起在幸福中成长，在成长中幸福吧！

2.2 行幸福之"术"

2.2.1 心灵演练：第一次总体幸福感测试

在下面的表述中，用 1～7 分圈选出你最符合状态的分数。第 1～3 题中，7 代表"非常符合"，1 代表"非常不符合"，其余以此类推。但第 4 题刚好相反，7 代表"非常不符合"，1 代表"非常符合"，其余以此类推。

1. 总的来说，我认为自己是个很幸福的人。

2. 跟我的同伴比起来，我认为自己比较幸福。

3. 我一直都感到很幸福，不论发生什么事，我都能享受生活，并从每一件事中获取最大收益。

4. 我总是没有幸福感，虽然并没有到抑郁症的地步，但就是幸福感不强。

计分方式：请把 4 题分数加起来除以 4，即为你的得分。索尼娅·柳博米尔斯基测试的平均得分为 4.5～5.5 分，参加工作的成年人和退休老人的幸福感平均值为 5.6 分，大学生的平均值不到 5 分。马丁·塞利格曼测试的美国人的平均值为 4.8 分，2/3 的人介于 3.8～5.8 分。①

演练要求：请完成测试，记录下你的总体幸福测试分数。你可以现在做一次，学习结束时再做一次，最终对比分析你学习小幸前后幸福测试分的变化。

---

① 索尼娅·柳博米尔斯基. 幸福有方法［M］. 周芳芳，译. 北京：中信出版社，2014；马丁·塞利格曼. 真实的幸福［M］. 洪兰，译. 沈阳：万卷出版公司，2010.

结果分析

1. 学习小幸后幸福分、幸福感和幸福力都有提升。

描述性统计分析显示①，截至 2024 年 8 月，学习幸福课之前，在满分 7 分中，小伙伴们第一次幸福测试分（前测）中 1～3.7 分、3.8～4.8 分、4.9～5.8 分、5.9～7 分的占比分别为 6.1%、31%、46.8% 和 16.1%，介于 3.8～5.8 分的约为 78%，比美国 2/3 的占比高出 11.33%。折合成幸福测试分平均值为 5.01 分。

学完幸福课，小伙伴们第二次幸福测试分（后测）平均值是 5.32，11 周大约增长 6.19%。两次测试分与美国平均值 4.8 相比，分别高出 4.375% 和 10.83%。而且，96.2% 的小伙伴学完幸福课总体幸福感测试分有提升；97.3% 的小伙伴学完幸福课感到幸福感和幸福力有提升。

小伙伴们，看看你的测试分在哪个区间。但请记住，不管现在你的幸福分在哪个区间，你都可以获得更多的幸福！加油吧，给自己一个小小的目标，幸福就在前方等着你！

2. 情商越高越乐观的小伙伴越幸福。

为了更好地帮助你自我认知，除了幸福测试分，以后相关专题还设计了关于幸福影响因素的相关测试演练。它们与幸福测试分之间存在着相关关系，这些分析有助于我们找到幸福影响因素的影响程度和获取路径。

相关性统计分析发现，美德与优势测试总分、**情商测试分**、父母乐观开朗度、**本人乐观开朗度**、父母幸福度、父母尊重我意见的程度、财商测试分、人生目标、工作学习的目的、时间测试分、习惯测试分、魅力测试分、同感测试分、**第二次幸福测试分**等因素对幸福测试分的影响十分显著，其中影响最大的是第二次幸福测试分、情商和本人乐观开朗度。也就是说，两次测试分之间互相影响显著；情商越高越乐观的小伙伴越幸福；反之，越幸福的小伙伴会更乐观开朗情商也更高。

---

①　此后出现的描述性、相关性统计分析结果除特别标注外，均来自"幸福课学生调查问卷"的调查结果。

2.2.2　知识巩固

 答案

一、多选题

我们学习幸福的目的是（　　　）。

A. 让幸福的你更幸福　　　B. 让不幸的你变幸福

C. 让幸福的你更快乐　　　D. 让不幸的你变快乐

二、讨论分享题

1. 请把阅读小幸过程中你印象最深的一句话、一个观点、一个方法或者一个故事写下来并与身边人讨论分享。

2. 找一个安静的地方，自己或者与小伙伴一起开一个小型音乐会，欣赏交响乐《红旗颂》，并与大家分享你感受到的真实的美好！

专题2 幸福的内涵与计量

▶▶专题导读

亲爱的小伙伴们，如果说专题1是幸福序曲，那么从专题2开始，我们就进入幸福知识和规律的学习、感悟与修炼阶段了。

我们经常说：获得幸福的秘密，就是与时间坦然相处。在嘈杂的世界里，我们就像一杯水，只有静下来，慢下来，才能走入自省自知的"哲学时空"，看清自己心底的世界和深邃的灵魂。这就是为什么我们希望你在读书前要送给自己一片静心的原因。

在没有研究幸福之前，我和许多人一样，对于幸福的认知多半停留在"知足常乐""快乐就是幸福"等朴素的、浅显的层次；研究了幸福之后，我发现许多人和曾经的我一样，对于幸福存在许多认知误区、偏差甚至错误，而它的突破，能让我们更幸福。这也是促成我做幸福课、写幸福书的原因之一。

另外，幸福学1998年在美国创立，虽然其核心元素很多都来自于中国的哲学思想和世界观（泰勒·本 – 沙哈尔，2013），但我们中国似乎没有自己严格意义上的幸福学。才疏学浅的我，虽然不能担负起建立中国特色幸福学的使命，但这并不妨碍我与你分享我感悟的幸福之"道"和修炼的幸福之"术"。我一个普通人能悟得习得的，你也一样可以做到，甚至可以做得更好！这也是我开设幸福课、写作幸福书的又一重要原因！

有人可能会说，幸福书里都是忽悠人的所谓"心灵鸡汤"，因为幸福是虚幻的、抽象的。但你是否知道，心理学家的研究证据已经表明，人脑里面有一个掌管幸福体验的神经中枢前额叶。诱发的积极情绪会引起左侧前额叶的明显激活，诱发的厌恶和恐惧情绪能激活右侧前额叶和前部颞叶。幸福的积极反应对应了许多人类的神经体系。所以，从这一视角看，幸福真是可以看得见、摸得着、测得出的，幸福是客观存在的，幸福是可以悟得和习得的。这也是我们设计小幸以及心灵（行为）演练的理论依据，也是我们小幸使命"悟得大道理，习得小感念，一次半小时，一生幸福力！"的依据。

每个人对幸福的定义都是不一样的，但什么才是一个"人"应该拥有的真正的灵性的幸福呢？这要从人的自然属性和精神属性说起。人有一条命，是自然之子；人更有一颗心，是万物之灵。所以，我们专题 2 的内容就从人的本质属性开始。

这一专题，用四问帮助你从两个视角一个概念一个路向看清幸福的本质。第一，定性角度：幸福哲思。从哲学的定性分析角度，与你分享古今中外哲人们对于幸福的哲思。第二，定量角度：幸福公式。从科学的定量分析角度，与你分享幸福的影响因素是什么，探讨"基因不能转，外因不长久，内因最永远"的奥秘，把看似有些"看不见摸不着"的幸福计量化，让我们更容易寻找到获得幸福的路径。第三，概念角度：灵性幸福。在定性定量分析的基础上，我们提出了贯穿全书的一个幸福概念——灵性的幸福。这是全书的灵魂主线；第四，基本路向：美德优势。目标信念、热忱乐观、感恩仁爱、时间节制和自我控制等美德优势是我们获得灵性幸福的重要路径。

第3问　幸福定义知多少？

3.1　知幸福之"道"

一千个人有一千种幸福的定义

亲爱的小伙伴们，你知道要想难倒一个伦理学家，最简单的办法是什么吗？就是你问他：什么是幸福？

是啊，正如一千个人心中有一千个哈姆雷特一样，一千个人就有一千种幸福的定义！为了在有限时间内理清幸福的要义，我帮你理出了我认为的中外可能最有代表性的幸福观点。

中国古代哲人的幸福观

泰勒·本－沙哈尔的《幸福的方法》一书中讲到：积极心理学 1998 年在美国创立，"其核心元素很多都来自于中国的哲学思想和世界观"。看到这里，你是不是该为我们几千年的中国幸福文化自豪一下呢！

关于中国的幸福哲学思想，本书就从东汉时期的《说文解字》说起。

《说文解字》中说：幸，吉而免凶也。[①]　福，祐也。[②]　富贵寿考等齐备为福。就是说，幸多是指精神生活的满足感，福多是指物质生活的满足感。

也有人从拆字造字角度解释说：福者，一人一口衣食田，即个人之福；幸者，十人同辛无灾祸，即众人之福。换言之，各自修行到衣食无忧就是福，福指个人幸福；多人共同劳作就是幸，幸是众人幸福。所以，幸福包括

---

① 百度百科. 幸 [EB/OL]. [2022 - 8 - 20]. https：//baike. baidu. com/item/% E5% B9% B8/ 73051？ fr = aladdin.

② 百度百科. 福 [EB/OL]. [2022 - 8 - 20]. https：//baike. baidu. com/item/% E7% A6% 8F/ 32433？ fr = aladdin.

个人衣食无忧的幸福和众人和谐劳作的幸福。

讲到幸福，不得不提到一位特别重要的哲人——孔子。孔子，儒家学说的代表人物，大家都熟知他的"修身、齐家、治国、平天下"，其中，修身是核心，在《幸福的方法》中，被称作"现代幸福科学的基本假设"，即要向外齐家、治国、平天下，我们得先学会向内正心诚意、修身养性、完善自己。所以孔子被称为圣人。小伙伴们，这是不是再一次增强了我们的文化自信啊。

再来看看老子和庄子。老子五千言的《道德经》"既是智慧奇书，更是幸福全书"①，其中的"水善利万物而不争""福兮祸所伏，祸兮福所倚""人法地，地法天，天法道，道法自然"，无一不向世人宣示：道者，幸福之门也。庄子继承发展了老子的"道法自然"的观点。《庄子·逍遥游》中有："至人无己"的说法，"无己"就是"无我"。这是庄子心目中圣人的境界。庄子追求绝对自由的人生观，以超越而不隔绝世俗的方式获得"道"的体悟，从而达到"逍遥"的幸福境界。所以，庄子的幸福理念在境界上可能是高于老子的。

西方人的幸福观

再来看看西方语境中的幸福。西方人表现幸福一般用两个词。一是"happiness"，我们是不是可以理解为，快乐多了就变成幸福啦；二是"well-being"，我们是不是可以理解为，良好的生命存在即是幸福。

而西方哲学家关于幸福的定义可就太多啦，可能比较有代表性的是快乐主义学派和完美主义学派。

古希腊哲学家伊壁鸠鲁认为：幸福就是快乐。快乐就是身体的无痛苦和灵魂的无烦恼。但这并不是两个不同的方面，因为身体的无痛苦只不过是灵魂无烦扰的一种外显方式，最终都指向灵魂的宁静无扰。可以说，快乐本质上仅指灵魂的宁静无扰。正如伊壁鸠鲁所说："快乐并不是无止境的宴饮狂欢，也不是美色和美味带来的享乐生活，而是运用清醒的理性研究和发现所有选择和规避的原因，把导致灵魂最大恐惧的观念驱除出去。"② 可见，快乐是驱除了恐惧观念的灵魂无烦扰，是宁静无扰的灵魂的幸福状态。因此，幸福就是灵魂宁静无扰。他与休谟、约翰·穆勒都是快乐主义学派的代表。

---

① 张政民. 老子的幸福 [M]. 兰州：敦煌文艺出版社，2014.
② 陈永盛. 伊壁鸠鲁自然哲学与幸福生活 [N]. 光明日报，2014 – 11 – 29（5）.

另一派代表人物是苏格拉底和柏拉图、亚里士多德等。苏格拉底认为：人生的本性是渴求幸福，方法就是求知、修德、行善。苏格拉底有个关于幸福的等式：理性＝美德＝幸福。[①] 这一学派认为，人的幸福必须在理性指导下才能实现，强调人的精神快乐和理性能力，主张抑制欲望，追求道德完善，因而被称为完美主义学派。

马克思是个"90 后"

最后我们来说说马克思。说起马克思，你可能知道 2016 年，北京大学毕业生卓丝娜创作的一曲 rap，一首致敬卡尔·马克思的说唱歌曲《马克思是个 90 后》[②] 红遍网络。真挺好听的！

马克思与"90 后"，看似风马牛不相及。马克思，这个亿万中国学生心中最熟悉的陌生人，第一次以流行文化的方式和"90 后"相遇。

马克思是欧洲文明的伟大思想家

从小到大，我们接触到的马克思多与政治课有关，所以都把马克思给模式化了。其实，马克思是欧洲文明最伟大的思想家，20 世纪即将结束的时候，英国广播公司（BBC）曾在全球范围举行过一次"千年思想家"网上评选。马克思排名第一，被东西方公认为"千年第一思想家"。[③]

说到这，想起了马克思主义。你知道我们天天说的马克思主义是什么吗？其实就是关于人类解放的思想体系，是关于各个国家无产阶级解放的学说（贺新元，2022）。什么是人类解放呢？就是每个人的自由发展、全面发展。这其实是人类的最高需求与理想。所以，马克思主义其实就是关于全人类幸福的学说，可能是迄今为止最为科学的幸福学说。那马克思关于幸福是怎么说的呢？

马克思"四个统一"的幸福观

有学者把马克思主义幸福观归纳为"四个统一"的幸福观（杨洪猛，

---

① 王丽娟，陶圣屏. 当前大学生中国梦与幸福感认知及其关联性研究 [J]. 东南传播，2021（6）：109 – 114.

② 内蒙古自治区党委宣传部策划推出的国内首档电视读书节目《马克思靠谱》的主题曲。

③ 熊若愚. 马克思是"千年第一思想家"[N]. 学习时报，2018 – 05 – 07（A1）.

2020）。也就是，主观与客观的统一、物质生活与精神生活的统一、劳动与享受的统一、个人幸福与社会幸福的统一。

第一，幸福是主观与客观的统一。一方面，幸福表现为主观幸福感。幸福是人们对幸福的心理体验和主观感受，所以是主观幸福感。但幸福又不是单纯的个人意志的体现，它通过个人的辛勤劳动，满足个人物质需求，也要满足个人的精神需求，同时又要创造对社会有价值的财富，这一过程是人的自身能力与价值得以体现和外显的过程，也是心理欲望得到满足的过程。另一方面，幸福表现为客观幸福度。客观幸福度是对生活的客观条件和所处状态的一种事实判断。比如，中国共产党领导的 40 多年的改革开放使中国国民的客观幸福度大幅提高，为主观幸福感提高创造了条件，但主观幸福感是否都提高了呢，这是一个大问题，也是本书要重点讨论的问题。也就是说，主观幸福感和客观幸福度相统一才能真正解决人类的幸福问题。

第二，幸福是物质生活与精神生活的统一。人是自然之子，具有与动物共有的自然属性，有吃喝拉撒睡以及繁衍等物质需要。但人更是万物之灵，更有人类所独享的心理需要和精神需要。物质需要的满足带来的幸福往往是初级的、短暂的、浅层次的，精神需要的满足带来的幸福才是深刻的、持久的、永恒的、高级的。我们经常被前者带来的浅层的一时的快乐蒙蔽了双眼，常常以为那就是幸福，而真正的幸福其实是后者。换言之，我们经常以为的快乐可能并不完全等同于幸福。人应有的真正的幸福是建立在物质基础之上的、有着崇高精神追求和道德正义的幸福，是物质富足基础之上自由求真的头脑拥有的智慧生活、丰富美好的心灵拥有的情感生活和高贵善良的灵魂拥有的道德生活的集合，所以是灵性的和持久的。但现实中，太多太多的人把物质生活当作生活的全部和人生的一切。他们错把手段当作了目标，以至于衍生出太多的焦虑、烦恼甚至抑郁。

第三，幸福是劳动与享受的统一。人具有能够进行"自由的有意识的活动"[①] 的类特性。人从一出生，就开始享受人类已有的物质文明和精神文明，但人不能一辈子只享受，人生最大的意义就在于通过劳动创造新的物质文明和精神文明，而物质文明的创造是为获得"人的自由全面发展"和建立精神家园服务的，也就是为幸福打工。所以，劳动创造不仅是物质财富的源泉，更是人成其为人、实现人的价值、共享财富价值的过程，这就是劳动与享受的统一。

① 马克思.1844 年经济学哲学手稿 ［M］. 北京：人民出版社，1993：53.

第四，幸福是个人幸福与社会幸福的统一。人不可能是一座孤岛。人自出生以来都会自觉地具有"集体""家庭""族群"等为"公"的意识并因此成为"为公人"①。而马克思的"人的本质是一切社会关系的总和"② 告诉我们，社会关系中的每一个人的物质生活和精神生活都不能孤立地完成。一个人创造的物质产品和精神产品能够惠及的人数和时长决定了一个人幸福的多少，而一个人创造的物质产品和精神产品的数量和质量也仰仗社会的环境和条件。换言之，社会幸福为个人幸福的实现创造了环境和条件，但也必须依靠个体幸福去推动；个体幸福也无法脱离社会发展而单独存在，两者互相依存互为依赖。正如恩格斯的精辟论断：在每一个人的意识或情感中都存在某些原理，这些原理是颠扑不破的准则，是整个历史发展的结果，是无须加以论证的。例如，每个人都追求幸福，个人的幸福和大家的幸福是不可分割的。③

马克思的幸福观更具真理性、实践性

有小伙伴可能会说，幸福，这个一千个人有一千种定义的主题，可能用一千个人的定义也难以穷尽它的内涵，那到底哪些才是人真正的幸福呢？别着急，我们可以归纳一下。

在中国的《说文解字》中，幸福包括物质生活和精神生活、个人幸福和社会幸福。在中国古代哲学思想中，借用西方哲学的流派分类观点，孔子注重个人修养，基本可以归为完美主义学派，而老庄则大致可以归为快乐主义学派。但无论哪一派，幸福都是指精神上的快乐和道德上的完善，都是重生命单纯、轻功利目的，重精神禀赋、轻物质享受的。没有哪一个派别说是吃饱喝足了就是幸福，尽管那是必要的物质保障，因为仅有物质生活并不是一个人真正应有的幸福。到了马克思，其更为突出的特点是：崇尚辩证统一、鄙弃以偏概全，因而形成了马克思"四个统一"的幸福观。

学下去你会发现，马克思从人的本质属性入手，创建了能够享受持久灵性幸福的哲学形象——"真正的人"，并通过"自由人的联合体"共产主义社会，寻找到"人的自由全面发展"这一"真正的人"的幸福的实现路径，形成了真理性实践性的幸福概念、逻辑和体系。

---

① 张懿，陈晓燕. 主体、本质与路径：马克思幸福思想探源 [J]. 新视野，2021（3）：67 – 72.
② 马克思恩格斯选集（第一卷）[M]. 北京：人民出版社，2012：135.
③ 马克思，恩格斯. 共产党宣言 [M]. 北京：人民出版社，2018：69 – 70.

3.2 行幸福之"术"

3.2.1 行为演练：镜中演练大笑[1]

从今天开始的心灵（行为）演练是根据心理学家科学实验研究成果和我们的研究成果编写的。研究证据表明，人脑里面有一个掌管幸福体验的神经中枢前额叶。诱发的积极情绪会引起左侧前额叶的明显激活，诱发的厌恶和恐惧情绪能激活右侧前额叶和前部颞叶。这些演练可以诱发你的积极情绪，打通你感受感知幸福的神经通道，提高幸福感受力与表现力。刚开始做时，可能会有些尴尬，但请你慢慢克服这种心理。具体做法如下：

（1）请安静下来，先给自己的快乐程度按 1~5 分打个分。

（2）坐在镜子前，放松面部肌肉，回忆你遇到的幸福时刻，慢慢发自内心地从微笑到大笑，将嘴角肌肉拉向耳朵方向，尽可能大笑，笑到出现皱纹，保持这个表情 20 秒。

（3）收起表情，给现在的快乐再打个分。

（4）对比分析写下你的感受！

·+·+·+·+·+·+·+·+·+·+·+·+·

演练分享

A 同学：2 分，4 分。带入感太强了。回忆品味开心的事情，放松了心情，让我发自内心感受到快乐是一件多么幸福的事情，我们每天都要过得开开心心。

B 同学：3 分，5 分。刚开始觉得做夸张的表情挺尴尬的，但是坐在镜子前面尽可能大笑的时候，好像又被镜子中自己的笑容逗笑了。在想到开心的事情时，感觉心情瞬间愉悦了很多，并且觉得自己笑起来比不笑的时候好看，多重复几次，真的对自己的心情有所改善。

C 同学：3 分，5 分。这是一个很奇妙的过程，起初会觉得这个演练有点奇怪，有点不好意思，但是照做之后，发现自己越来越会笑了，不是因为感到开心而笑，而是因为笑起来有了开心的感觉。所以生活中应该笑口常开，才会有日积月累的正能量。

·+·+·+·+·+·+·+·+·+·+·+·+·

---

[1] 理查德·怀斯曼. 正能量 [M]. 李磊，译. 长沙：湖南文艺出版社，2012：15.

3.2.2　知识巩固

答案

一、单选题

积极心理学 1998 年在美国创立，"其核心元素很多都来自于（　　）的哲学思想和世界观"。

A. 中国　　　B. 美国　　　C. 英国　　　D. 德国

二、多选题

马克思主义"四个统一"幸福观包括（　　）。

A. 主观与客观的统一　　　　B. 物质生活与精神生活的统一

C. 劳动与享受的统一　　　　D. 个人幸福与社会幸福的统一

三、判断题

孔子"修身、齐家、治国、平天下"中的"修身"是核心，在《幸福的方法》中，被叫作"现代幸福科学的基本假设"。

四、讨论分享题

请与身边人分享你现在理解的幸福。

第4问　什么是灵性的幸福？

4.1　知幸福之"道"

"度娘"里没有"灵性"的幸福

亲爱的小伙伴们，上一问我们讨论了古往今来的哲人们对于幸福的理解，他们有些认为快乐就是幸福，有些认为德行好的人才会幸福，而在马克思看来，真正的幸福，不是禁欲主义的纯精神幸福，也不是享乐主义的纯物质幸福，而是建立在物质基础之上的有着崇高精神追求和道德正义的幸福，也就是物质生活与精神生活相统一为主的四个统一的幸福。由于人是万物之灵，所以，我们把人类独有的建立在物质基础之上的，主要来自自由求真的头脑的智慧生活、丰富美好的心灵的情感生活、高贵善良的灵魂的道德生活构成的幸福，叫作灵性的幸福。

有小伙伴什么都喜欢去问"度娘"，但"度娘"不会告诉你什么是灵性的幸福、如何去寻找灵性的幸福，那怎么办呢？那就要到自己的"我心深处"去寻找自己的"幸福"。

理解这些，我们要从弗洛伊德的人格结构理论以及马克思的"三个层次"需求理论开始！

弗洛伊德把"我"一分为三

弗洛伊德人格结构理论把我分为"本我""自我""超我"。什么意思呢？就是每个人都由三个"我"组成。打个比方。如果你是一位男生，在校园里走着走着，突然有一位美丽女孩迎面走来，你会怎么样呢？

下面可能开始了你有点熟悉的校园电影的桥段。美丽女孩走过来，这时，你，一位男生，哈哈，一位可能还长着"青春痘"的男生，你会怎么样呢？你的"本我"可能会说："她好好漂亮，好有气质，我好想多看她几眼。"甚至你可能还会有想去拥抱她的冲动，这就是"本我"甚至有些"兽性"的"本我"在说话。但同时，你耳边也会有一个理性的"超我"的声音在说："嗨，嗨，你好歹是个当代青年、大学生，死盯着人家看啊，注意点形象好不好啊。""超我"的声音充满了法制、道德和约束，它体现为一种"神性"。终于，你说："这么一道靓丽的风景线，我不能不看啊，但我也不能老盯牢人家看啊。"所以你来了个折中，装作若无其事地看了几眼，这其实就是现实的"自我"。

《玩具岛》上人性的光辉

与你分享一个《玩具岛》电影故事！电影《玩具岛》讲述了一个母亲用美丽的谎言，拯救了一个犹太小男孩生命的故事。德国小男孩海因里希，以为他的犹太裔一家人包括他的小伙伴朋友就要去玩具岛了，于是收拾行李偷偷溜出家，跟着上了即将开往纳粹集中营的火车，但最终小伙伴家人告诉德国军官他是德国人而被德国军官拉下了车。海因里希的妈妈发现儿子不见了，找到了火车站。在火车上，她没有找到她的儿子，而是看到了海因里希的好伙伴，于是海因里希的母亲灵机一动把他故意喊成海因里希，把他拉下了火车。与此同时，海因里希早已在家等候。这是二战时期一个美丽的"谎言"，相信你一定能感受到，即使在风雨如晦的战争年代，也依然闪耀着最微弱的人性的光辉，这是人类最后的希望。

马克思洞察了人的本质需求

再看看马克思的需要理论。马克思认为，人的需要包括生存需要、谋生或劳动需要、自我实现和全面发展的需要。我们经常看到的马斯洛的需求五层次论，其实是在马克思三层次需求理论基础上发展而来的。

要理解这一问题，要从马克思的幸福观说起。"马克思的幸福观指人的本质、人的阶级本性的实现。"[①] 因此，我们谈幸福，要从人的本质谈起。

从人的本质讲，人有一条命，更有一颗心。它们的需要是不相同的。

人的第一需要是生存需要，来自本我或者宝贵生命的欲望，即包括吃、喝、拉、撒、睡、繁衍等基本欲望和冲动，也就产生了人的衣、食、住、行、健康、空气、水、安全等需要，这是人作为自然存在物的基本需要。此时，人和其他动物一样，都是自然的一部分，我们自恋地把自己叫作自然之子，这就是人的自然属性。这基本上就是弗洛伊德所说的本我阶段，它是由潜意识中的本能、冲动与欲望构成的，是人格的生物面。它遵循"快乐原则"，它不理会社会道德、外在的行为规范。就像前面的例子，本我很感性，本我越多，兽性越多，是生命单纯的快乐，也是世俗意义上的幸福。所以，它的意义就是"活着"，更多表现为"感性"和"兽性"。

第二层次和第三层次是人的劳动需要和自我实现、全面发展的需要，来自我们和动物最大的区别，也就是说，我们人类还有一颗珍贵的心，有超出生命生存需要之上的精神活动的需要，这就是人的精神属性。所以，人又叫作万物之灵，它的幸福，就是"灵性"的幸福，是由智力生活、心灵生活和灵魂生活构成的。这个阶段按照弗洛伊德的说法，有个理性的"超我"主导着我们。超我是人格的社会面，遵循着"理想原则"，用道德、正义、良心、理想等社会力量限制着本我，满足着劳动需要和自我实现、全面发展需要，所以，它的意义是"活好"，更多表现为"理性"和"神性"。

---

① 　马进. 马克思的从抽象人的幸福观到现实人的幸福观［J］. 甘肃社会科学，2012（1）：6–10.

人的本质属性与幸福关系如图 4 - 1 所示。

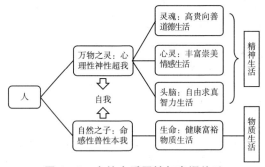

图 4 - 1　人的本质属性与幸福关系

资料来源：笔者绘制。①

真实的"自我"是平衡各种需求的结果

好了，一方面是人格生物面的"感性"和"兽性"，一方面是人格社会面的"理性"和"神性"，那我们到底要怎样办呢？感性的"本我"与理性的"超我"之间经常闹矛盾，一个向东，一个向西，会不会让我们精神分裂啊！

小伙伴们，别担心，因为人在进化过程中，形成了一个"自我"，这个"自我"，正像我们前面例子所讲，其实一直在协调着"本我"与"超我"这对冤家和矛盾，这就是我们人格的心理面。一方面，它告诉"本我"，我们有着道德和理想的"超我"的限制，不能太感性，太冲动，因为冲动是魔鬼；另一方面，它又告诉"超我"，我们不能太过理想，太超越现实，因为那可能会变成"堂吉诃德"。这样，两方不断博弈，主观与客观不断统一，就形成了一个真实的"自我"，它遵循着"现实原则"，表现出"人性"。而神性越多，人性的光辉就越大。

人是唯一能够追寻生命意义的动物

因此，英国哲学家约翰·穆勒有一句话："不满足的人比满足的猪幸福，不满足的苏格拉底比满足的傻瓜幸福"。这是什么意思呢？这就是说，人和猪的区别就在于，人有灵魂，猪没有；苏格拉底和傻瓜的区别就在于，苏格

---

① 本书未特别说明来源的图、表均为笔者绘制。

拉底的灵魂是醒着的，而傻瓜的灵魂是昏睡着的。^① 灵魂生活开始于不满足。不满足什么呢？不满足于像动物那样活着。正是在这不满足之中，人类展开了对生命意义的追寻，创造了丰富的精神世界。这就是为什么一些人物质富裕，但却浮躁、焦虑甚至抑郁的原因，因为他的头脑是禁锢的，心灵是干涸的，灵魂是枯萎的，也就是说，这些人是没有精神世界或者精神世界是贫乏的。

活着只有命，活好唯有心

人，不但要像动物那样"活着"，更要体现人的"神性"，要"活好"，才能真正成为万物之灵，才能获得充满灵性的持久的幸福，否则，我们只能活在世俗意义上的一时的低级的放纵的快乐中，这其实是幸福的假象，不是建立在物质基础之上的有着崇高精神追求和道德正义的真正意义上人的灵性的幸福。正如马克思在《资本论》中指出："事实上，自由王国只是在必要性和外在目的规定要做的劳动终止的地方才开始；因而按照事物的本性来说，它存在于真正物质生产领域的彼岸"，"那就是作为目的的本身的人的能力的发展"。^② 而《共产党宣言》中则更直接指出，未来理想的社会就是共产主义社会，在那里人的劳动能力、个性、社会关系、需求等都得到自由全面发展，那将是一个"自由人的联合体"。而"自由"则是"精神"的"自由"，最终是"心"的"自由"。

借用周国平先生一句话，"把命照看好，把心安顿好"。我想补充一下，就是"活着只有命，活好唯有心"。

4.2 行幸福之"术"

4.2.1 心灵演练：秦玥飞灵性的幸福

马克思所讲的幸福是建立在物质基础之上的有着崇高精神追求和道德正义的幸福，也就是我们所讲的灵性的幸福。请静心阅读秦玥飞的故事，并写下秦玥飞的经历告诉我们的灵性的幸福！

---

① 周国平. 幸福的哲学 [M]. 武汉：长江文艺出版社，2015.
② 马克思. 资本论（第三卷）[M]. 郭大力，王亚南，译. 上海：上海三联书店，2009：929.

大学生村官秦玥飞登上央视《朗读者》舞台①

"感动中国 2016 年度人物"获得者湖南省衡山县白云村大学生村官秦玥飞，2017 年 3 月 4 日走进央视热门节目《朗读者》，和 5 位小伙伴一起朗读迟子建的作品《泥泞》，并现场讲述任职大学生村官的心路历程。

当年以托福满分、全额奖学金进入美国耶鲁大学，毕业后选择到湖南一个名不见经传的小山村当了一名村官，并且一干就是 6 年，秦玥飞自身的故事比朗读更吸引人。现场坐着许多秦玥飞的同龄人，这些"85 后"对秦玥飞的经历颇感兴趣。有人问：当村官一个月挣多少钱？有人问：耶鲁毕业，到农村会不会大材小用呢？……秦玥飞真诚地回答："我不觉得我是一个大材，农村是广阔天地，给了我一个平台，使我这样的小材可以大用。"

主持人董卿也是一个问题接一个问题抛出来：当初为何作出这样让人意想不到的选择？当村官是不是有一个适应的过程？在村里干到什么时候？未来有自己的规划和时间表吗？……秦玥飞一一作答后坦陈："对于村官当多久，我没有刻意的规划。但未来，我做的事一定是和农村有关系的。2014 年我和耶鲁的一个中国同学发起了一个公益项目，叫黑土麦田，每年招募海内外优秀大学毕业生到国家级贫困村开展精准扶贫，这就是我们正在做的乡土创客计划。"

当时和秦玥飞一同亮相的 5 个小伙伴，就是黑土麦田招募的乡土创客。他们分别来自中国人民大学、中国社科院、清华大学、复旦大学、美国加州大学洛杉矶分校等国内外名校，他们有的和秦玥飞一起在白云村做山茶油合作社，有的在江西宜春的村庄种植有机水稻，有的在湘西花垣县的村庄服务。听着这些小伙伴的自我介绍，台下响起阵阵热烈的掌声。董卿也激动地说："这么多名校毕业的年轻人怀抱理想，回到广袤的田野，让人想起《在希望的田野上》那首歌。在你们身上，我们看到了希望。"

"今天，我们朗读的是迟子建的《泥泞》，谨以此篇献给我们服务的农村大地。"接着，秦玥飞和他的小伙伴一起朗读："我热爱这种浑然天成的泥泞，泥泞诞生了跋涉者，它给忍辱负重者以光明和力量，给苦难者以和平与勇气。一个伟大的民族需要泥泞的磨砺与锻炼，它会使人的脊梁永远不弯，使人在艰难的跋涉中懂得土地的可爱、博大和不可丧失，懂得祖国之于人的

———————————

① 资料来源：《朗读者》第一季第三期。

真正含义。当我们爱脚下的泥泞时，说明我们已经拥抱了一种精神……"对于电视观众来说，与其说是欣赏朗读，不如说是倾听年轻人的心声。

·+·+·+·+·+·+·+·+·+·+·+·+·

演练分享

A 同学：秦玥飞用朗读的《泥泞》和自己的事迹向世人表明，灵性的幸福是在自己热爱的事业中不懈地奋斗。一个人、一个国家、一个民族需要在泥泞中成长。

B 同学：秦玥飞有着属于自己的幸福之道与独有的心灵坚持，走在自己选择的人生道路上；享受着帮助他人一起奋斗奔向更美好生活的生命状态。他因为感受到了这种灵性的幸福而不忘初心，踔厉奋斗。

C 同学：一百多年前耶鲁大学毕业的詹天佑回到中国，建造了中国的第一条铁路。今天，同样是耶鲁大学毕业的秦玥飞，与志同道合的小伙伴一起，致力于贫困村庄的精准扶贫，只是为了心中的情怀和理想，为了让更多的农村百姓过上更好的生活！不仅为自己幸福，更为别人一起幸福而奋斗，这就是灵性的幸福。这才是我们应该学习的榜样！

·+·+·+·+·+·+·+·+·+·+·+·+·

4.2.2　知识巩固

答案

一、多选题

1. 弗洛伊德人格结构理论把我分为（　　）。

A. 本我　　　　　B. 自我　　　　　C. 超我　　　　　D. 无我

2. 人又叫作万物之灵，它的幸福，就是"灵性"的幸福，是由（　　）构成的。

A. 智力生活　　　　　　　　B. 心灵生活

C. 物质生活　　　　　　　　D. 灵魂生活

二、判断题

1. 由于人是自然之子，所以我把这种幸福叫作"灵性"的幸福。

2. 马克思认为，人的需要包括生存需要、谋生或劳动需要、自我实现和全面发展的需要。

3. 马克思的幸福观告诉我们，幸福是建立在物质基础之上的有着崇高精神追求和道德正义的幸福。

三、讨论分享题

什么是你理解的灵性的幸福？

第 5 问　如何获得灵性的幸福?

5.1　知幸福之"道"

精神能力来自你的"智、情、德"

亲爱的小伙伴们，前面讲过，我们人有一条命、一颗心，我们是自然之子，更是万物之灵。所以，我们每个人不光要享受生命本身单纯的快乐，更要享受精神丰盈充实的快乐。也就是说，要让自己的精神能力得以成长，让精神生活成为我们持久灵性幸福的源泉。

那么，这种精神能力表现在哪些方面呢？我们借鉴柏拉图的分类，把人的精神属性分为智、情、德三个方面。

潘维廉：不见外的老外

中央电视台采访过一个"不见外"的老外——潘维廉。他是福建省第一位获得中华人民共和国永久居留证的外国人，也是中国高校最早引进的 MBA 课程外籍教师之一。潘维廉原本是美国空军军人，20 世纪 70 年代末，因在中国台湾偶然看到"来自天堂的一封信"的中国大陆宣传单，萌发了到台湾海峡对岸看看的强烈好奇心。1988 年，在美国从商的潘维廉毅然卖掉公司，在家人朋友的强烈反对下来到厦门大学学习汉语，了解中国文化。这一来，就"不见外"地呆了 30 多年。这期间，他不仅为中国改革开放后国际贸易人才的培养作出了重要的贡献，更是先后多次自驾、实地考察了中国广袤土地上的风土人情、历史巨变。2019 年 11 月，潘维廉成为新航道"用英语讲中国故事"形象大使和"感动中国 2019 年度人物"。[①] 今天我们结合他智、

[①] 资料来源：中央电视台《面对面》栏目对潘维廉的采访。

情、德三个方面的生活来看看他如何获得灵性的幸福。

让头脑过上自由求真的智力生活

第一个方面是智，智慧的智，是说人有大脑，有理性思考的能力禀赋，要过智力生活，以探究真理。就是说，人要享受探究真理的智力生活的快乐。那么，人开展智力活动要具备的主要素质是什么呢？主要是好奇心和独立思考。从小到大，你心中可能有十万个为什么，这就是好奇心。你现在进入大学，依然带着好奇，动着脑筋，探究学科，思考人生。这就是在享受人作为万物之灵独有的智力的运用、真理的探究带给我们的精神上的快乐，这种快乐相比于其他动物，处在人性的更高层次上。

在潘维廉的人生中，好奇心让他下定决心，一定要看看中国大陆是什么样的。独立思考让他下定决心，举家来到中国，开启了他物质并不富裕但却精神富足的人生。他通过《我不见外——老潘的中国来信》这本书，记录了一个客观真实的、具体可感的、日新月异的中国。

小伙伴们，现在来说说你们，你们来大学，来干什么呢？其实就是不要让好奇心随着年龄增长而流逝，因为好奇心的满足以及独立思考就是学习，这样才能提高自己的智力素养，让自己更加理性，更加独立地面对世界和人生；让自己拥有一个自由的头脑，以追求真理，享受智慧生活的快乐。这是精神生活第一个重要方面。

让心灵过上丰富美好的情感生活

第二个方面是情，情感的情，就是人有心灵，有情感体验的能力禀赋，有情感生活，目标是感受美，感受喜怒哀乐，判断真假美丑与善恶。情感体验是指不仅要能够感受外在形式之美，更要能够感受内在人性之美，而形式之美都是服务于内在之美的。

潘维廉在中国几十年中，他有顺意快乐的时候，也有逆境痛苦的经历，但无论好坏喜乐，在他的心灵账簿上，似乎都没有成本，只有感受、感恩、成长和收获。2019 年，他重走了中国 26 个城市，纵横 2 万多公里，用自己亲身的经历和客观的笔触，不见外地感受到，中国的山川美景、中国的历史文化以及中国改革开放 40 多年的巨大变化。他把中国的外在风景之美以及中国内在文化基因故事讲给他美国的家人和朋友听，他甚至比我们中国人都更了解我们中国的历史和中国的故事，真的是感动中国。在中国的 30 多年，他收获了无价的亲情、爱情和友情，用心灵感受到丰富美好的情感生活。他的情感体验能力也是我们要学习的。

仔细想想，其实我们生活中也有许多美好的情感和心灵体验。比如，有一次我看到舟山滨海大道旁边的一个洗手间非常干净，就对保洁阿姨说："谢谢你，你做得很干净。"她高兴地回答："你们说干净，我就很开心！"还顺便夸了我漂亮！看，我也收获了快乐！再比如，家人为我们张罗了一桌饭菜，我们是觉得理所当然、不屑一顾，还是感恩有加呢？类似情况每天都在我们生活中发生着。但我们每天可能忙于工作、学习、赚钱、花钱、刷屏、应聘等，可能没有时间去感受一下：在我们生活中，有哪些精神的财富可以沉淀一下，去丰富我们的心田？又有哪些心灵的"老茧"应该被清理一下，以厘清我们的心绪？

所以，生活中，我们着实需要经常通过静心、阅读、做人、做事、历练、反思、日记等，去感受丰富的情感，去感恩生命的美好，用爱与被爱不断滋养我们干涸的心田，以提高我们情商水平和审美能力。这种"情"追求的是美，这种追求能够让我们的心灵过上丰富美好的情感生活，是我们第二层次的精神生活。

让灵魂过上高贵善良的道德生活

第三个方面是德，道德的德，就是说，人有灵魂，人有道德追求的能力禀赋，有道德生活，目标是追求善。也是孔子与苏格拉底理解的幸福的精髓所在。这里的道德是一种广义的理解，不仅有修身修德的能力，更有追求理想、担当使命的能力，所以，德追求的是善，它能成就你高贵的灵魂。什么是高贵呢，高贵就是有意义、有善心、有自尊。

有些官员不为民办实事，而是滥用手中的权力，我觉得这样的人很可怜，可怜到除了弄权没有什么可以去表达他生命的快乐。其实权力不是他们的，而是人民赋予他们的。还有一些顶流明星，打架斗殴、嫖娼、吸毒、代孕、强奸等，不仅是严重的德不配位，更是没有自尊。

这些人首先没有尊重自己的生命，连自己的生命都没有尊重，怎么会尊重别人的生命呢？这样的人权力再大，地位再高，流量再多，他的灵魂能高贵吗？他的精神能快乐吗？同理，对于潘维廉来讲，如果他只想过物质富裕的生活，那么他80年代来中国肯定不是好的选择，但他选择了追求自己想要的人生。他摒弃了许多西方人对于中国的傲慢与偏见，平等地与普通中国人交往，获得了许多美国人享受不到的自尊和尊人的顶级快乐，以高贵的灵魂感动了中国！所以，我们要修德修身，让灵魂过上高贵善良的道德生活！这是我们最高层次的精神生活！

"智、情、德"是"灵性"幸福的源泉

小伙伴们，通过"智、情、德"，追求"真、美、善"，这些都是我们人类灵性幸福的关键词。它们与儒家文化"仁、义、礼、智、信"的核心价值观，与"礼、乐、射、御、书、数"的古代六艺，与我国现代"德、智、体、美、劳"的五字教育方针，都有异曲同工之处。

所以，小时候，父母老师总是说，要立志、要善良，其实就是德的指引；要读诗、要有爱，其实就是美感培育；要计算、要作文，其实就是智力锻炼。这一切，都是在践行"德、智、体、美、劳"的五字教育方针，更是在践行教育的两个最大的功能：信仰的塑造和习惯的培养。信仰让你拥有更多的人生目标感，让你不再迷茫；习惯让你拥有更多的内在稳定性，让你不再犹疑。所以，我们的家庭、学校甚至社会，其实就是让你的求知得以满足、让你的心灵得以丰富、让你的灵魂得以充实的所在。但因为我们还小，所以可能不太理解，甚至有时还会有些逆反。

现在，小伙伴们，你明白了吧，陶冶"智、情、德"，追求"真、美、善"都是让你拥有智慧头脑、丰富心灵、高贵灵魂的灵性安排，是灵性幸福的源泉。

5.2 行幸福之"术"

5.2.1 自我测试：情商测试

要让自己拥有智慧的头脑、丰富的心灵和高贵的灵魂，我们就要陶冶"智、情、德"，追求"真、美、善"。而智、情、德不仅体现在我们以后各个专题要讲到的目标信念、热忱乐观、感恩仁爱、时间节制、自我控制等美德优势的养成上，更体现在你的"情商"上。

情商是指情绪商数（EQ），一般由自我认知能力、自我情绪控制能力、自我激励能力、认知他人情绪能力（同理心）和人际交往能力五种能力特征组成。它与智商、财商共同成为人类不可或缺的三大能力。情商高的人能够心怀理想，控制情绪，克制欲望，精诚合作，在情绪、情感、意志、耐受逆境等方面具有良好品质和美德优势，因而内心和谐、人际和谐，一般会拥有更多成功和幸福。

今天，我们来测试一下，看看我们情商方面有哪些优势和不足，这也是自我认知非常重要的一步！

测试题项

现在，请你静下心来，诚实地给出一个选择。请你按照你真正可能会去做的实际情况回答，而不要试图去猜哪一个是对的。

1. 你刷手机已经几个小时了，你父母忙里忙外做好饭多次催你吃饭，你会（　　）。

A. 继续刷屏

B. 告诉父母：看完一篇文章就来

C. 被催得烦死了，与父母吵架，摔门而去

D. 立即吃饭，并感谢父母

2. 你 8 岁的孩子与同学闹了点矛盾，情绪有点糟糕，你会（　　）。

A. 置身事外，让他自己处理

B. 给他喜欢的东西转移他的注意力

C. 告诉他高兴起来

D. 沟通后帮他一起想办法调节情绪，处理矛盾

3. 你期中考试一门课考砸了，你会（　　）。

A. 决心以后好好学

B. 制订并执行一个详细的学习计划

C. 告诉自己这门课考不好没什么，集中精力考好其他课程

D. 找任课教师请他给你及格

4. 你有一个创业计划，已经十多次被拒绝，没人给你投资，你会（　　）。

A. 认为明天可能就会有机会

B. 考虑一下自己的计划论证是否充分

C. 调整情绪，完善计划后再去努力寻找机会

D. 觉得自己不是创业的料，放弃吧

5. 你是单位领导，单位有不能歧视残障人士的规定。但你偶然听到一个员工在开残障人士的玩笑。你会（　　）。

A. 一笑了之

B. 把那员工叫到办公室去，严厉斥责他

C. 当场大声告诉他，这种玩笑是不恰当的，在你这里是违反规定的

D. 私下批评那个员工，并要求他向残障人士真诚道歉

6. 你的朋友开车时，别人突然危险地超车，朋友气得抓狂，而你试图让他平静下来。你会（　　）。

A. 告诉他算了吧

B. 讲一个笑话，转移他的注意力

C. 一起谴责这种危险行为，表示你理解他

D. 告诉他你也遇到过这样的人，但后来你看到那个人出车祸被送进医院了

7. 你和同学讨论问题，但发生了激烈的争吵，并开始互相进行人身攻击，虽然你们从心底都不愿这样做。这时你会（　　）。

A. 至少停止 20 分钟，然后继续说明自己的观点

B. 停止争吵，保持沉默，不管对方说什么

C. 向对方道歉，并要求对方也向你道歉

D. 先停一会，整理下自己的想法，然后尽可能清楚地阐明自己的观点

8. 你是单位领导，但员工之间不太团结，你会（　　）。

A. 与员工一起讨论制定一个共同任务目标，并一起去实现

B. 让不和的员工共同完成其中的一个任务

C. 鼓励每个人说出如何实现目标的想法，不管该想法有多疯狂

D. 随它去

9. 假如你比较胆小，有些社交恐惧症。你会（　　）。

A. 接受胆小的事实，避开一切社交活动

B. 寻求心理咨询医生和老师的帮助

C. 有目的地学习应用一些积极心理知识改变自己

D. 设计渐进的不容易失败的系列挑战性计划，学会正常地与人相处

10. 你一直想写一本书，但一直觉得自己没有时间，现在还是想尝试一下，你会（　　）。

A. 每天坚持写半小时

B. 每天至少写半小时，做完半小时奖励自己再写半小时

C. 情绪好的时候去写

D. 想一下子写完一本书

测试评分及解释

1. A = 0，B = 0，C = 0，D = 20。情商高的人有很强的自我认知能力，能够认知自己行为的不当，认知他人的情绪，即有同理心，并感恩、理解、珍惜拥有的一切。

2. A = 0，B = 0，C = 0，D = 20。情商高的父母善于利用孩子情绪不佳的时机对孩子进行情绪教育，帮助孩子明白是什么使他们不适，他们正在感受怎样的情绪状态，以及他们能进行怎样的选择。

3. A = 0，B = 20，C = 20，D = 0。自我激励能力常常体现在能够认知自己的不足，着眼未来的目标计划，注重当下的实施成长。

4. A = 5，B = 5，C = 20，D = 0。情商高的人会把遇到的挫折当作意志的挑战，能力的磨砺。他们不会怨天尤人，不会萎靡不振，会尽快从负面情绪中调整过来，不断尝试新的方法，实现自己可行论证基础上的目标计划。

5. A = 0，B = 0，C = 20，D = 5。形成良好组织氛围的有效方法是公开和执行规范。当有人违反时，明确告诉他你的组织不容许这种情况发生。

6. A = 0，B = 5，C = 5，D = 20。当一个人愤怒时，使他平静下来的最有效的办法是转移他愤怒的焦点，共情理解他的感受，用一种平和的方式让他看清现状，并给他以希望。

7. A = 20，B = 0，C = 0，D = 0。20 分钟是使愤怒情绪平息下来的最短时间。否则，争吵会降低感知他人情绪的同理心，让你只站在自己的角度看问题，甚至可能使你出口伤人。而平静了情绪之后，讨论才会更富有成效。

8. A = 20，B = 5，C = 5，D = 0。建立组织内部良好的人际关系是一个人领导力以及人际和谐的体现。民主自由、团结合作的组织才能积极情绪高涨，工作效率提高。

9. A = 0，B = 5，C = 5，D = 20。胆小以及社恐等社交障碍，是可以在心理医生帮助下，在系列渐进的针对性的挑战和训练后，以及在自己努力学习后得以改变的。这是人际交往能力的体现。

10. A = 5，B = 20，C = 0，D = 0。适度的挑战性的人生目标，更能激励生命，激发潜能。

测试要求：请把十个题目得分相加，得到你的总分。最高 200 分，最低 0 分。测试后请列出得分最高和最低的几个题项，作为自己今后要去利用和培养的美德优势目标，制订并实施培养计划。

结果分析

1. 约 2/3 小伙伴情商中等偏上。

描述性统计分析发现，情商为 0 ~ 60 分、61 ~ 100 分、101 ~ 150 分、151 ~ 200 分的占比分别为 3.2%、33%、55.2% 和 8.6%，中等以上情商的约 2/3，情商测试平均分为 112.22。表明现代青年的情商普遍中等偏上。

2. 越感恩的小伙伴往往情商越高。

相关性统计分析发现，我的幸福测试分、美德与优势测试总分、父母乐观开朗度、本人乐观开朗度、父母幸福度、父母尊重我意见的程度、财商测试分、人生目标、工作学习目的、**感恩测试分**、时间测试分、习惯测试分、魅力测试分、同感测试分、第二次幸福测试分等因素对情商测试分的影响十分显著，其中影响最大的是感恩测试分，即越感恩的小伙伴往往情商越高；反之，情商越高的小伙伴通常越懂得感恩。

5.2.2　知识巩固

 答案

一、多选题

1. "灵性"的幸福包括智、情、德这三种精神生活，就是要（　　）。

A. 让我们的头脑过上自由求真的智力生活

B. 让我们的心灵过上丰富美好的情感生活

C. 让我们的灵魂过上高贵善良的道德生活

D. 让我们的身体过上富裕满足的物质生活

2. 我们借鉴柏拉图的分类，把人的精神属性分为（　　）三个方面。

A. 智　　　　B. 情　　　　C. 艺　　　　D. 德

二、讨论分享题

你如何过好自己的智、情、德生活？

第 6 问　幸福可以计量吗？

6.1　知幸福之"道"

给幸福称称分量是一场心理学革命

前面讲到幸福都是定性的，那幸福是否可以用某一个定量的标准去衡量呢？在一般人的认知中，幸福看不见、摸不着，怎么可能称出几斤几两呢？但积极心理学的诞生，颠覆了长久以来人们对于幸福的认知。

积极心理学的产生是心理学领域的一场革命。2000 年，马丁·赛利格曼等人发表的论文《积极心理学导论》，成为积极心理学作为一个研究领域形成的标志。这第一次改写了以往心理学主要关注精神病态人格的历史，开始从积极正向角度研究幸福人格，研究普通人的活力与美德对于幸福的持久影响，因此也被称为幸福科学。更为重要的是，积极心理学采用量表法、问卷法、访谈法和实验法等科学原则和方法，研究人类的积极心理品质和健康和谐发展，用幸福影响因素构建了幸福公式，这使我们不仅能从定性角度，更能从定量角度，去分析、把握和应用幸福规律。今天，我们就看看，定量分析为我们提供的崭新的幸福分析视角！

西方幸福学验证了中国哲学思想和世界观

先请小伙伴们思考一下，如果让你用一个公式表示幸福，那么幸福可以等于什么呢？等于金钱？等于权力？等于名望？等于家庭？等于健康？等于精神？可能都不是。那幸福等于什么呢？

正如前面专题中我们提到的，积极心理学的核心元素很多都来自于中国的哲学思想和世界观，如孔子的"修身、齐家、治国、平天下"，其中的"修身"已成为"现代幸福科学的基本假设"（本－沙哈尔，2013）。这些中国古代身心合一的观念，对于我们中国人可能并没有什么新意，但在西方正在被运用科学方法加以验证和应用！幸福公式就是验证和应用这些方法的一个结果。这一公式是索尼娅·柳博米尔斯基《幸福有方法》中的研究发现。

颠覆认知的幸福公式

幸福公式是指，幸福（happiness）= 先天基因（genetic set range）50% + 后天外在环境因素（external circumstances）10% + 后天内在心理因素（intentional activities）40%（柳博米尔斯基，2014）。

这个公式代表什么意义呢？公式中有三个因素，其中的先天基因在幸福中的影响度占到 50%，而后天外在环境因素和后天内在心理因素分别占到 10% 和 40%。特别是我们不少人"心心念念"的金钱、名望、地位等后天外在环境因素，可能对于幸福影响的相关度也只有 10% 左右，这是不是有些颠覆了我们的常识认知。

无法"转基因"的"先天基因"

先看第一个因素，先天基因因素，占到 50%。看到这个因素，我猜肯定有人欢喜有人忧啦！有小伙伴说，我的爸爸、爸爸的爸爸是个乐天派，我这辈子肯定幸福啦！也有小伙伴难受着呢，我家里老爸老妈常常郁郁寡欢，我会不会从此就与幸福无缘了呢？

图 6-1 中 L_1 表示先天基因，是一条横线，因为基因所带来的幸福是不会改变的，是恒定型的。而且，人的基因也确实无法改变。所以，想获得幸福，在先天基因上打主意，可不是什么好主意。

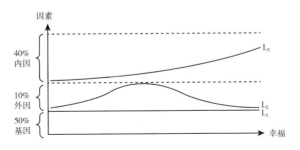

图 6-1　各因素对幸福影响的曲线

但科学家的研究也有一个好消息要告诉你，同卵双胞胎被不同家庭领养，结果却截然不同。一个认为我不应像家暴的父亲那样生活，他努力控制自己可以控制的后 50% 的影响因素，他过得非常幸福；但另一个却认为从小在父亲的阴影下生活，我这一生还能怎么样呢。他沿袭了父亲家暴带来的不幸，一生都不幸福。

所以关于先天基因对于幸福的影响，我们需要认清一个事实，先天基因虽然占比最高，但是我们不可控制、不能改变。所以，我们必须把目光投向还有 50% 的后天影响因素，尤其是后天内在心理精神因素的 40% 部分，可能这才是让你逆袭成功的关键。

认识到这一点，你可能才会明白，为什么有的优渥家庭子女的"一手好牌"却被他们打得稀烂，而有的贫寒家庭孩子的苦难勤劳却让他们逆袭成功。这也正应验了一句话：20 岁之前，幸福是父母给的；20 岁之后，幸福是自己给的！

不能持续长久的"后天外在环境因素"

哪些后天因素影响着幸福呢？这就是后天外在环境因素和后天内在心理因素。

后天外在环境因素，按照克里斯托弗·彼得森（2016）的观点，是指教育、阶层、名望、收入、外表吸引力、娱乐活动水平、健康等因素，占 10% 左右。这些因素多半是人的社会属性刺激出来的，比如，比尔·盖茨拥有着庞大的基金会等。世俗社会在衡量幸福时往往只看到这些显性的东西。但研究显示，这些在幸福中仅属于较低相关或者中等相关的影响因素。这就是为什么我们物质丰富了却不一定幸福的原因。

这样，你就能理解第 1 问所提到的"中国经济生活大调查（2016 – 2017）"中，为什么收入与幸福感基本正相关，但家庭收入 30 万元是一个拐点；为什么超过 30 万元的家庭，收入越高，幸福感却逐渐下降；为什么年收入在 100 万元以上的高收入群体，幸福感却低于 8 万~12 万元的家庭，感觉到不幸福的人群比例几乎与低收入群体，比如年收入 1 万~3 万元的群体相当。

所以，在图 6 – 1 中，代表外在环境因素的幸福曲线 L_2 呈金钟形，它可以带给你一些快乐，但多半是一时的，有些甚至是低级的放纵的快乐，也就是我们常说的幸福的假象，它并不能保证你一生持久幸福，即在一定的拐点之后，这些因素并不一定持久地与幸福正相关。总之，关于后天外在环境因素，你可能要记住两点：第一，它对幸福有影响但占比不大，仅占 10% 左右，并没有我们平时感觉的那么大；第二，它对幸福的影响是暂时性的，并不是一辈子的，并没有我们想象的那么久。

40%的后天内在心理因素是让你持久幸福的关键因素

幸福有 40% 取决于我们对世界的认知、诠释和我们的行动，即我们的所思所想和所作所为，所作所为是所思所想的外在表现，而所思所想更多表现为后天内在心理（精神）因素。

后天内在因素是指 20 岁之后你可以自我控制的因素，占 40% 左右。心理因素和精神因素通常不是显性的，是别人不知道的，有的甚至是连你自己也不知道的。按照克里斯托弗·彼得森（2016）的观点，它主要包括感恩、乐观、工作、夫妻关系、自尊、体验积极情绪的时间百分比等。按照马丁·塞利格曼（2012）的观点，它包括幸福五维要素 PERMA，即积极情绪（positive emotions）、投入（engagement）、人际关系（relationships）、意义（meaning）和成就（achievements），但支撑这 5 维要素的是后面将要讲到的智慧与知识、勇气、仁爱、正义、节制、精神卓越等 6 大美德及 24 项优势。

有了这些美德和优势，你就可以让你的头脑过上自由求真的智力生活，让你的心灵过上丰富美好的情感生活，让你的灵魂过上高贵善良的道德生活。一句话，这些优势和美德是让你拥有灵性幸福的最主要因素，所以，在图 6-1 中它是最上面的一条持续上升的曲线 L_3，是可控型的。如果过好了三种精神生活，它就可能持续看涨；但如果你过的是动物一样的仅有物质存在的生活，它也有可能蹭蹭下降。

基因不能转，外因不长久，内因最永远！

小伙伴们，幸福可以从定性和定量两个角度分析，两个角度得出结论基本一致：第一，幸福是物质生活和精神生活的统一，是建立在物质基础之上的有着崇高精神追求和道德正义的幸福，这是万物之灵"灵性"的幸福，"神性"越多，"灵性"越多，幸福越可能持久。第二，这种"灵性"幸福的决定因素更多地落在内在精神因素区域，是后天可以控制的。也就是说，通过后天对这些因素的感悟和修炼，我们可以做到，使幸福者更幸福，使不幸者变幸福。至于这些后天内在心理因素如何作用于幸福，如何感悟和修炼，则是我们以后各专题的重点！最后，关于影响幸福的三个因素，你要谨记：基因不能转，外因不长久，内因最永远！

6.2 行幸福之"术"

6.2.1 心灵演练：写和读一封感谢信

2017 年的央视《朗读者》的一期节目中，作家麦家朗诵了他给儿子的一封信《致信儿子》，打动了成千上万的听众。现在，请你在网上下载此书信，然后找一个安静的地方，阅读它，最后给父母或需要感谢的人写一封感谢信。如有机会，当面读给他（她）听，观察并记下你的感受。你还可以按照这种方式，给你自己每个成长阶段写封信，或者为人父母后给你儿女的每个成长阶段写封信。

╋╌╋╌╋╌╋╌╋╌╋╌╋╌╋╌╋╌╋╌╋╌╋╌

演练分享

阅读这封书信后，许多小伙伴给父母、姐妹、朋友、老师、阿姨、奶奶、朋友、青年志愿者组织等写了感谢信。有的是第一次给父母写信，更多的是第一次给父母读信，许多小伙伴感受到心灵的震撼。其中，有对父母的愧疚，有对感情的升华。还有一些原本天天想从父母的唠叨中逃离出来，现在却感受到父母唠叨的珍贵……

A 同学：一开始很难开口，不好意思，紧张害羞。从来没有这么直白地表达过对父母的爱与感谢。但是当我十分投入地读给父母听的时候，爸妈很感动，自己内心也很震撼，读着读着特别想哭，也越来越理解他们。读完后，感到之前错过了太多向家人表达感恩的机会。这个演练让我感受到心灵的愉悦，更让我感受到难能可贵的幸福。

B 同学："当父母对我小心翼翼时，这不是出于恐惧而是出于爱"。我也叛逆过，就连现在也时常和父母吵架，但视频里的这句话突然点醒我。我觉得我的爸妈很爱我，他们很多次小心翼翼地试探着生怕点燃我心中的脆弱。我印象最深的一个画面就是，我与妈妈吵得很凶，她却不停地往我包里塞吃的。其实谁都会有或多或少的叛逆。这些叛逆，会给我们带来沟通障碍和情感隔阂。我很感谢在我叛逆时依旧陪着我的人。他们忍受我的叛逆，安抚我的情绪。当然，最能做到这些的一定是父母。珍惜吧，这份伟大的父母之爱！

C 同学：麦家分析儿子和他之间的隔阂，可能只注意到基因和自己小时候的经历，即主要考虑了分别占 50% 和 10% 的先天因素和后天外在环境因素，但没有考虑到占比 40% 的后天内在心理因素。20 岁之后，如果他能意识到幸福和心理是由他自己掌控的，能用宽容的态度接纳小时候的不幸经历，不把不良情绪、不幸经历带给下一代，完全可以避免儿子被锁门在家三年的事情发生。

　　D 同学：一名父亲，是多么渴望与儿子的沟通，对于儿子满满的爱，却因为儿子的叛逆，产生了距离，他开始变得小心翼翼。那份父爱，也只能埋藏在心里，潜藏在每一刻漫不经心地瞄着儿子紧闭的房门的眼睛里。当儿子去远方时，他心里积攒的炽热的爱，终于爆发了，开始写信，一字一行间，都充满了最真挚的父爱，像中国千千万万个家庭里的父亲一样，他舍不得孩子，却也希望他去成长。我不想你，这是他最后的倔强，但我们怎能看不出来，这句话的意思，就是我想你了。

　　当远方的儿子读到这封信时，对于父亲，他心里的隔阂正被爱所溶解，他那份被藏匿于心灵角落里的对于父亲的温柔与爱，被重新释放了，泪水如决堤的洪水，汇聚成了手机上两个哭的表情。

　　当父亲收到那两个表情时，也哭了，因为他知道，儿子的心灵正慢慢地靠近他，太久了，他等这一刻等了太久了，父亲哭着，但心里是甜的，脸上的笑容是暖的，是充满幸福的。

　　E 同学：当我通过视频电话给父母读我写的信时，我想起 2021 年一整年我都没有回家，暑假一直在准备比赛。上大学以来我都没有好好陪过他们了。念的时候他们很沉默，我也很沉默。或许无法言说的感情就是亲情吧。

+·+·+·+·+·+·+·+·+·+·+·+·+·+·

6.2.2　先天基因影响因素问卷调查

　　请小伙伴回答以下四个表述的符合度：我父母乐观开朗；我乐观开朗；我的父母很幸福；父母很尊重我的意见。

结果分析

　　1. 父母越幸福、本人越乐观、父母越尊重子女，父母越乐观开朗。

　　描述性统计分析发现，"我父母乐观开朗"为非常不符合、不太符合、一般、比较符合、非常符合的分别占 1.9%、3.4%、21.1%、54.1%、19.5%。第一次幸福测试分、美德与优势测试总分、情商测试分、**本人乐观度**、**父母幸福度**、**父母尊重子女意见**的程度、财商测试分、人生目标、工作学习目的、感恩测试分、时间测试分、习惯测试分、魅力测试分、同感测试分、第二次幸福测试分等因素对父母乐观开朗度的影响非常显著，其中影响最大的是父母幸福度、本人乐观度、父母尊重子女意见的程度，说明父母越幸福、本人越乐观、父母越尊重子女，父母越乐观开朗；反之，父母越乐观开朗，父母越幸福、本人越乐观、父母越尊重子女，两代人之间越和谐。

2. 父母越乐观开朗、越幸福、越尊重子女，子女就越乐观开朗。

描述性统计分析发现，"我乐观开朗"为非常不符合、不太符合、一般、比较符合、非常符合的分别占 2.3%、3.7%、21.7%、53%、19.3%。相关性统计分析发现，第一次幸福测试分、美德与优势测试总分、情商测试分、**父母乐观开朗度**、**父母幸福度**、**父母尊重子女意见程度**、财商测试分、人生目标、工作学习目的、感恩测试分、时间测试分、习惯测试分、魅力测试分、同感测试分、第二次幸福测试分等因素对本人乐观开朗度的影响十分显著，其中影响最大的是父母乐观开朗度，其次是父母幸福度，排第三的是父母尊重子女意见的程度，说明父母越乐观开朗、越幸福、越尊重子女，子女就越乐观开朗；反之，乐观开朗的子女大多有乐观、幸福、尊重子女的父母。

3. 父母子女越乐观、父母越尊重子女的家庭里，父母越幸福。

描述性统计分析发现，"我的父母很幸福"为非常不符合、不太符合、一般、比较符合、非常符合分别占 1.8%、5.6%、22.5%、46.5%、23.6%。相关性统计分析发现，第一次幸福测试分、美德与优势测试总分、情商测试分、**父母乐观开朗度**、**本人乐观开朗度**、**父母尊重子女意见程度**、财商测试分、人生目标、工作学习的目的、感恩测试分、时间测试分、习惯测试分、魅力测试分、同感测试分、第二次幸福测试分等因素对父母幸福度的影响十分显著，其中影响最大的是父母乐观开朗度、子女乐观开朗度、父母尊重子女意见程度；反之，父母越幸福的家庭里，父母与子女越乐观开朗，父母越尊重子女。

4. 父母子女越乐观、越幸福的家庭里，父母越尊重子女意见。

描述性统计分析发现，"父母很尊重我的意见"为非常不符合、不太符合、一般、比较符合、非常符合分别占 1.1%、2.9%、19.2%、51.6%、25.2%。相关性统计分析发现，第一次幸福测试分、美德与优势测试总分、情商测试分、**父母乐观开朗度**、**本人乐观开朗度**、**父母幸福度**、财商测试分、对人生的目标、工作学习的目的、感恩测试分、时间测试分、习惯测试分、魅力测试分、同感测试分、第二次幸福测试分等因素对父母尊重子女意见的程度影响十分显著，其中影响最大的三个因素是父母乐观开朗度、本人乐观开朗度和父母幸福度，这说明父母子女越乐观、越幸福的家庭里，父母越尊重子女意见；反之，越尊重子女意见的家庭越乐观、越幸福。

6.2.3　知识巩固

答案

一、单选题

1. 下面幸福公式（　　）是西方心理学家的研究成果。

A. 幸福 = 先天基因 10% + 后天外在环境因素 50% + 后天内在心理因素 40%

B. 幸福 = 先天基因 50% + 后天外在环境因素 10% + 后天内在心理因素 40%

C. 幸福 = 先天基因 50% + 后天外在环境因素 40% + 后天内在心理因素 10%

D. 幸福 = 先天基因 40% + 后天外在环境因素 10% + 后天内在心理因素 50%

2. 影响幸福的三个因素包括先天基因因素、后天外在环境因素和后天内在心理因素。这三个因素与幸福关系的表述最为正确的是（　　）。

A. 基因负相关　　　　　　　　B. 外因不相关

C. 内因最永远

3. 在幸福公式"幸福 = 先天基因因素 50% + 后天外在环境因素 10% + 后天内在心理因素 40%"的三个幸福影响因素中，（　　）构成了本书的主线。

A. 先天基因因素　　　　　　　B. 后天外在环境因素

C. 后天内在心理因素

二、多选题

1. 按照马丁·塞利格曼的观点，后天内在心理因素包括幸福五要素 PERMA，即（　　）。

A. 积极情绪　　　　　　　　　B. 投入

C. 人际关系　　　　　　　　　D. 意义

E. 成就

2. 下面的（　　）是影响幸福的后天外在环境因素，但对幸福的影响仅为 10% 左右。

A. 阶层　　　　B. 名望　　　　C. 收入　　　　D. 积极情绪

·+·+·+·+·+·+·+·+·+·+·

大学生幸福感调查问卷分析

前面讲过，我们把学习幸福课的小伙伴 3906 人作为实验组，把未学习幸福课的小伙伴 2716 人作为对照组，做了问卷调查。研究有以下几个发现。

第一，未学习幸福课的小伙伴幸福指数为 3.46，低于学习幸福课的小伙伴，高于美国平均值。未学习幸福课的小伙伴幸福感的加权平均值为 3.46（5 分制，相当于 7 分制的 4.844），分别低于学习小幸课程的小伙伴们的学习前后的幸福测试平均分 3.59（相当于 7 分制的 5.01）和 3.79（相当于 7 分制的 5.32），但高于美国的平均分 3.42（相当于 7 分制的 4.8）。

第二，五个重要因素影响幸福。超过半数的被调查者认为：自己和家人身体健康、能和自己爱的人生活在一起、有知心朋友、有个幸福的家庭、事业成功是最能提高自己幸福感的五个选项。

第三，父母亲性格对大学生有较大影响。在置信度（双侧）为 0.01 时，父亲与子女性格特征显著相关，相关系数为 0.316。

第四，内在精神因素对于幸福影响更大。因子分析发现，精神卓越、勇气、节制、家庭因素由强到弱影响着大学生的幸福感。

第五，学过幸福课的小伙伴更注重内在心理因素。回归分析发现，未学过幸福课的对照组的幸福公式为：幸福 = 先天基因因素 14.9% + 后天外在环境因素 35.7% + 后天内在心理因素 49.4%。即在幸福影响因素中，父母性格等家庭基因等因素对于他们幸福的影响大约为 14.9%；而经济开支、名利等后天外在环境因素对幸福大约有 35.7% 的影响度；属于美德和优势的内在心理因素对幸福的影响度约为 32%。

上过幸福课的实验组的幸福公式为：幸福 = 先天基因因素 12.9% + 后天外在环境因素 12.4% + 后天内在心理因素 74.7%。与对照组相比，上过幸福课的小伙伴对先天基因因素和后天外在环境因素关注度降低，对后天内在心理因素关注度却提高了约 25%。

而实验组数据与西方幸福公式" 幸福 = 先天基因 50% + 后天外在环境因素 10% + 后天内在心理因素 40%" 相比发现，先天基因因素影响度降低，后天外在环境因素影响度基本相当，但天内在心理因素的影响度却提高约 35%。

这帮助我们找到了通往持久的灵性的幸福的路径。

专题3　后天外在环境因素对幸福有影响但并不长久

▶▶专题导读

亲爱的小伙伴们，现代脑科学和心理学的研究证据颠覆了原有的幸福不可捉摸、不可计量的认知，正像前面所讲的幸福公式，"幸福 = 先天基因因素50% + 后天外在环境因素10% + 后天内在心理因素40%"。这一公式中，基因影响虽然占到50%，但基因不能转，也不可控，所以，本书不进行重点论述。而后天内在心理因素40%则是全书的重点，本书将在专题4~专题11中阐述。

本专题我们先讲讲10%的后天外在环境因素，也就是许多人倾其一生追求的金钱、名望、成功等因素是如何影响幸福的。我们要搞明白，我们要为金钱打工还是为幸福打工；更要弄清楚，金钱、名望、成功等10%的后天外在环境因素为什么不能让你持久幸福，也就是为什么"外因不长久"；还要想明白，我们天天想着财务自由，财务自由了我们是否就一定幸福了呢等问题。本专题的这些问题可能也会颠覆我们的认知。

第 7 问　如何实现财务自由？

7.1　知幸福之"道"

金钱可能只带给我们一会会和一丢丢的幸福

亲爱的小伙伴们，本问的主题与金钱相关。

从小到大，父母老师可能经常会要求我们像"别人家的孩子"一样，上学、读书、工作、赚钱、出名、成功等，但从前面的学习中我们已经知道，金钱、成功、地位等后天外在环境因素对幸福的影响度也就 10% 左右，而且不太长久、不可持续。为什么看似左右我们幸福的金钱、名望、成功等与幸福的影响度并没有我们感觉的那么高呢？为什么这些后天外在环境因素不能让我们永远幸福呢？或者说白了，为什么有了钱还不一定幸福呢？

我们想要独立和自主

如果我问你，上了大学你最想做的事情是什么？你可能会说是经济独立，也可能会说财务自由。是的，小时候，我们总是盼望着早日从父母的唠叨里独立出来，甚至逃离出来。其实，真正的独立，不仅取决于物质上"我"的独立，更多取决于精神上"我"的自主。

经济独立可以很容易

先来搞清楚什么是经济独立？卡耐基（2005）的《人性的弱点》中说："真正的经济独立无非是量入而出，如果你每个月只挣 500 元，但能够把开支控制到 499 元，你就是经济独立了"。道理似乎再简单不过，但好像许多小伙伴都没有做到，包括我自己。我上大学时，有时父母一个学期给一次生活费，现在想来，完全可以将手中的资源至少分为六份，两份日常生活消费，一份学习经费，一份社交经费，一份未来基金用于修身和旅游，一份甚至可以做点小投资！但当时完全没有概念，钱就在不知不觉中被浪费掉了，有时甚至还不够。小伙伴们，从我大学时不怎么样的理财状况，你应该可以悟出，只要你有了固定的生活费或者工资收入，控制好开支，就能实现经济独立。

财务自由没有你想的那么简单

那么，什么是财务自由呢？财务自由就是资产的被动收入能够覆盖日常支出，不必为钱工作，而是让钱为你工作，你可以做自己喜欢的事情。这里讲的被动收入，是一种只要付出一些努力进行维护，就能定期获得的收入。比如房租、利息、股息、基金、稿费、版税、电子书收入等。有人将这部分收入称作"睡后"收入，睡着就把钱给赚了，想想就偷着乐去吧！当然，对应的，工资收入也叫作主动收入，就是工作才能获得的收入。

所以，简单说，经济独立＝工资收入（主动收入）＞花销，财务自由＝被动收入＞花销。

想财务自由要有点财商

但如何做到这一点呢？这就是你要有点财商。财商是什么？财商包括两方面的能力：一是创造财富及认识复利等财富倍增规律的能力；二是驾驭财富和应用财富的能力。财商与你挣多少钱没有关系，与你拥有多少钱更没有关系。财商是测量你能留住多少钱，以及让你的钱为你工作多久的指标。财商是与智商、情商并列的现代社会不可缺少的三大能力之一。智商是你作为自然人的生存能力；情商是你作为社会人的生存能力；而财商则是你作为经济人的生存能力。

说到底，你要搞清楚钱从哪里来和钱到哪里去的问题。

钱从哪里来？

钱从哪里来呢？我们借用罗伯特·清崎《财富自由之路》一书中的一张现金流象限图来说明，你的收入可以来源于这四个象限（见图 7 - 1）。

图7-1　现金流象限图

资料来源：罗伯特·清崎等. 富爸爸财富自由之路［M］. 萧明，译. 成都：四川文艺出版社，2015：40.

第一，你可以做一个打工者，比如像我一样做一名教师，或者做公务员、公司雇员等，从E象限赚取收入；第二，你可以做一个小老板，比如开个监理公司、会计师事务所、餐馆等，为自己打工，从S象限赚钱；第三，你可以做一个系统拥有者，比如你拥有像肯德基、喜茶这样的可以赚钱的系统，从B象限赚到钱；第四，你可以做一个专业投资者，让钱为你工作，从I象限赚到钱。这一类人一般有B象限的基础，有投资的知识、眼光与毅力，比如巴菲特！

所以，小伙伴们，你可以从任何职业中挣到钱，但每一种职业都可能富有，也可能贫穷，都可能快乐，也可能不快乐。在收入一样的情况下，如果你的收入来自两个或两个以上的象限，你的财务会相对更加安全或者更容易实现财务自由。清崎（2015）认为富人收入70%来自右侧象限，30%来自左侧象限。

钱到哪里去？

刚才讲了钱从哪里来，现在再来看看钱到哪里去。

钱到哪里去呢？小伙伴们可能会说：用掉呗，这还不容易，给我多少我都能用掉。真的吗？

与你分享一个电影故事！电影《西虹市首富》中，处于人生最低谷的主人公，突然获得台湾二爷的巨额遗产，本以为幸福生活就此开始，但却必须通过一个过关考试，就是一个月要花光十亿元，但不能浪费、捐赠等。他第一次感到"花钱特烦恼"。这是不是让我们感叹，想要人生反转走上巅峰，真的没有你想的那么简单。

那么，钱可以用到哪里去呢？

借着这些思考，我们来看投资等级图（见图 7-2）。在图 7-2 中，有 8 级投资者。你看看你是第几级的投资者？小伙伴们可能说，别开玩笑了，我一个学生哪能成为投资者。其实，这是我们生活的误区。从图上看，每个人都可以成为投资者。对于 1 级投资者月光族和 2 级投资者购物狂们，也没那么悲观，如果点燃你的"财商"，稍稍规划克制一下，你的教育、旅游准备金可能就有了，你可能立马就可以进入第 3 级。如果你再稍稍用点心，你就可以存点利息、买些基金，进入第 4 级。但要做真正意义上的投资就是后面几级，特别是第 8 级巴菲特那样的投资者，当然这是少之又少的，他们才真正是 I 象限里的人。

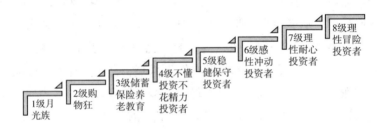

图 7-2 投资等级图

自我节制的"棉花糖实验"

大家可能都知道心理学中有一个著名的棉花糖实验。受试者多是四五岁的小朋友，他们面前有一块棉花糖，可以马上吃掉，但如果等待 15 分钟，就可以得到两块。不同的孩子有不同的表现。有的忍不住，直接吃掉了棉花糖；有的用唱歌、蒙眼睛等方法转移自己的注意力，抵抗住了诱惑。

实验跟踪受试者大约 30 年，结果发现，当年那些能够抵制诱惑的小朋友，有更好的人生表现，比如有更好的学业成绩、更高的教育成就和更强的身体素质。这证明了自控力和"延迟满足"的能力对于个人成就的影响。这其实就是情商的自我控制能力，在财商中就表现为你克制欲望的能力。

挣钱是学问，花钱是责任

小伙伴们，经济独立就是你的工资收入（主动收入）大于你的花销，财务自由就是你的被动收入大于你的花销。但无论如何，挣钱都是学问，花钱都是责任。收入全部用掉毫无克制，你就选择了贫困；而收入及早规划、合理开支，并投资于资产、头脑，就能提高财商，增加主动收入和被动收入，让金钱为你工作，你就可以经济独立甚至财务自由，为幸福创造必要的外在物质条件！

7.2　行幸福之"术"

7.2.1　自我测试：财商测试

财商是你实现成功人生理想的关键因素。但良好的财商是精神境界与商业悟性共同养育、熏陶和历练出来的，也是一个人正确的价值观、人生观、幸福观、金钱观的生命体现，所以直接决定了你幸福的持久和灵性。财商具体包括五项技能：理解分析财务数据知识的能力；钱生钱的科学投资战略；运用市场供求关系、社会政策导向，满足社会和市场需要的能力；遵守会计、税收等法律规章的能力；克制欲望的能力。财商的培养是从青少年开始的。

下面我们就来测试一下自己的财商，看看哪些方面需要补强。请按照实际情况选择一个答案，记录在演练本上。

1. 你购物时（　　）分清物品是"需要的"还是"想要的"。

A. 不去　　　　　　B. 不太能　　　　　C. 能够

2. 你日常购物时（　　）。

A. 随意性很大，看心情

B. 有一定计划，但偶尔也会被情绪左右

C. 会列好清单，不被情绪左右

3. 你投资的股票从 50 元跌到了 1 元，你会觉得（　　）。

A. 跌到底了，没啥风险了

B. 跌了这么多，风险很高了

C. 应该结合公司基本面分析一下了

4. 如果你有足够资金，你购买大件商品时可能会（　　）。

A. 立即现金购买

B. 信用卡免息分期购买

C. 等商家促销时再结合恰当的付款方式购买

5. 你发现几分钟前你离开的商店多收了你一块钱，而你又要急着赶回家，你会（　　）。

A. 赶紧回去要回来

B. 先回家，有时间再向那家店打电话要求退回多收的钱

C. 忘掉这件事

6. 你感情深厚的朋友向你借钱，你会（　　）。

A. 即使感情深厚，也不借给他

B. 竭尽所能帮助他

C. 在手头宽余情况下借给他，但请他写下借条及归还日期

7. 你设定的目标任务（　　）。

A. 多数没执行多久就停掉了

B. 少量中途不得不修改或取消

C. 绝大多数都按时完成了

8. 为备不时之需，你手头的现金，一般会相当于你（　　）的收入。

A. 1 个月　　　　　B. 2~4 个月　　　　　C. 5~7 个月

9. 你的会计、财务、储蓄、投资、保险、税务筹划等理财知识（　　）。

A. 欠缺　　　　　B. 一般　　　　　C. 丰富

10. 你对于国际国内财经新闻、财经类刊物和法律行业政策调整等（　　）。

A. 不太关注　　　B. 偶尔关注　　　C. 经常关注并形成习惯

测试标准：选 A 得 1 分，选 B 得 2 分，选 C 得 3 分。请你在做好选择之后，自己对照测试标准，加计出你的财商得分。

得 14 分以内：你也太不注意财商了吧！当心"你不理财财不理你"，补补财商知识与技能可能是你当务之急哦！

得 15~24 分：你的财商水平还比较高，对财商有一定认识，但知识储备略显不足，执行力尚显不足。建议你经常关注财经新闻、法律法规等，也可以与理财专家交流学习，提高你的财商知识和素养。

得 25~30 分：你的财商水平很高。你的财商知识储备很充足，能够很好地控制自己的欲望和情绪，用理性的眼光分析问题，记得继续学习就可以了。

测试要求：请你测试你的财商得分，并找出得分不高的选项，作为自己今后要去培养的财商目标，制订并实施你的财商培养计划。

结果分析

描述性统计分析发现，"00 后"一代财商中等偏上的占到 90% 以上。财商测试分为 1～14 分、15～24 分、25～30 分的学生占比分别是 2.9%、77.1% 和 20%。财商测试平均 20.75 分。对照一下，看看你在财商分数如何。

相关性统计分析发现，财商越高的小伙伴情商越高。第一次幸福测试分、美德与优势测试总分、**情商测试分**、父母乐观开朗度、本人乐观开朗度、父母幸福度、父母尊重子女意见程度、人生目标、工作学习目的、感恩测试分、时间测试分、习惯测试分、魅力测试分、同感测试分、第二次幸福测试分等因素对财商影响非常显著，其中影响最大的是情商，这说明财商越高的小伙伴情商越高；反之，情商越高的小伙伴财商也高。这其实也不难理解，财商中欲望的克制能力也就是情商中的自我控制能力的体现。

7.2.2 知识巩固

 答案

一、多选题

1. （　　）是现代社会不可缺少的三大能力。

A. 爱商　　　　　B. 智商　　　　　C. 情商　　　　　D. 财商

2. 下列（　　）表述是正确的。

A. 经济独立 = 工资收入（主动收入）> 花销

B. 财务自由 = 被动收入 > 花销

C. 经济独立 = 被动收入 > 花销

D. 财务自由 = 工资收入（主动收入）> 花销

二、判断题

财商是衡量你能挣多少钱的指标。

第 8 问　应该实现怎样的财务自由？

8.1　知幸福之"道"

财务自由实现的目的

亲爱的小伙伴们，我们为什么要实现财务自由？看到这个问题，你可能第一个反应是：这不是废话吗？谁不想发财？可你有没有静下心来想想：这个问题的实质是什么？我们思考这个问题的真正目的是什么？

可能你曾经看到过网友们对于财务自由划分的等级，从菜场自由到国籍自由，共 9 个等级。这个划分玩玩可以，但不要把自己套进去，特别对于这种说法："我们很多人为什么每天都在工作，为什么都在打拼，其终极目的还不是为了实现财务自由"。乍看起来，似乎挺有道理，但请小伙伴们认真思考我开头提出的问题的本质：第一，我们工作打拼和财务自由的目的是什么？第二，我们应该实现怎样的财务自由？

三个目标之后

我曾在"学习强国"中看到余秋雨先生的散文《三个目标之后》[①]。文中的主人公美国企业家贝林，出身贫苦，曾为自己提出了三个阶段的目标。"第一阶段是多，即追求钱多、厂多、房多、车多、雇员多；第二阶段是好，即在多的基础上淘汰选择，事事求精，物物求好，均是名牌，或比名牌还好；第三阶段是独，即在好的基础上追求唯一性，不让自己重复别人，也使别人无法模仿自己。"但在完成这三个目标之后，一度，他甚至不想活下去

---

① 余秋雨. 三个目标之后［EB/OL］.（2022 - 06 - 28）［2022 - 08 - 20］. https：//www. xuexi. cn/lgpage/detail/index. html？ id =9132168660318250133&amp；item_id =9132168660318250133.

了。之后，他从一个越南残疾女孩使用轮椅时，双眼闪现出的他从未见过的光亮中，看到了自己生命的意义；从一位津巴布韦青年帮助一位素昧平生的残疾妇女得到轮椅的言行中，感受到大爱的珍贵。最后，贝林终于感悟到："慈善，是一种寻找人生意义的自我救赎""我把梯子搁错了墙，爬到墙顶才知道搁错了"。其实很多人还没有攀到高处，在半道上就已经感到无聊。这时，我们需要更换梯子搁置的方向，更换目标。新的目标会是什么呢？可以多种多样，但是贝林先生认为，那就是超越个人功利，为大善、大爱、大美留出更多的地方。

故事告诉我们什么呢？

其实这样的故事在我们身边可能也经常发生着，可以帮助我们思考和解决本问开始时提出的两个问题。下面与大家分享三个观点。

第一，财富带来的快乐是有限的和短暂的

我们经常会说：知足常乐！这个"足"要从两方面来看。人有自然属性和精神属性。从自然层面看，人作为自然之子，首先要有基本的物质保障。比如马克思认为，人类进行的"第一个历史活动就是生产满足这些需要的资料，即生产物质生活本身"①。所以，作为物质利益的重要体现，财富对于我们确实很重要，可以让我们过得更加舒适；可以让我们在追逐梦想的时候少一些牵绊，多一些缓冲；可以让我们不要为钱而工作，而去做自己喜欢的事情；可以让我们过得更有尊严等。但当你有了一定物质基础之后，财富带给你的快乐就会逐渐减少，此时，作为万物之灵的你，有比物质财富更高的自我实现需求，而这种需求不是单靠物质财富可以满足的。这就是贝林先生实现三个目标之后不想活下去的原因，因为当时他没有比财富更高的自我实现目标了；这也是为什么前面讲过的30万元家庭收入是一个幸福的拐点的原因。

而一些研究结果也验证了这一观点。比如，丹尼尔·吉尔伯特的研究表明：人类对于未来情绪的预知能力有限。好房子、好车子、晋升、加薪只能短暂影响我们整体幸福感。负面经历的影响也一样，如经历了感情破裂、失业等经历之后，我们也很快会回到之前的状态。②再比如，在新加坡商业学院的学生中，那些看重物质价值的人，其自我实现度、生命力和幸福感普遍

① 马克思恩格斯选集（第一卷）［M］. 北京：人民出版社，1972：32.
② 泰勒·本-沙哈尔. 幸福的方法［M］. 汪冰，刘骏杰，译. 北京：中信出版社，2013：65.

较低，更多的是焦虑，并且健康不良状况频发。① 正如卢梭所说，人们拥有的金钱是自由的工具；追逐的金钱则是奴役的工具。② 我们所追求的金钱，则可能是使自己成为奴隶的一种工具。

第二，实现物质知足的财务自由

我们要实现怎样的财务自由呢？正像网友给财务自由分级一样，每个人心目中财务自由的目标是不太相同的。一个自给自足的农民，几亩地、几万元甚至几千元，可能就足够财务自由了；但一个富翁，天天想着移民火星，日日伴着醉生梦死，纵然腰缠万贯也不一定财务自由。所以奢侈、贪婪的人永远也不会实现真正的财务自由。

其实，我们看看生活中真正幸福的人对于物质的要求都没有那么高。比如马克思，一生贫困交加，却把一生奉献给了"为人类福利而劳动的事业"。而前面的研究结论也表明，在所有的阶层中，越看重金钱的人对他们的收入越不满意，同时对自己的生活也不满意，也不是我们想象的那么幸福。所以，在我们小康社会中，中等收入家庭满足较好的物质需求即可"知足常乐"，实现财务自由。

就像图 8-1 一样，我们要在人生的终点，画出人生完美的财富曲线，也就是，在人生的终点，我们的财富最好与我们的支出相当。当然，如果那时你能留下更多财富，一是对你人生价值的奖赏，二是要像贝林先生一样以慈善的方式回馈给社会。但如果那时你的支出大于收入，你的晚年可能会是无法想象的悲凉。

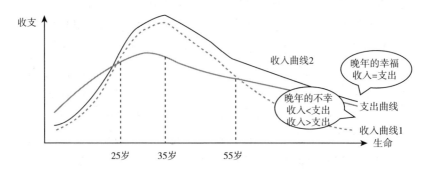

图 8-1　人生财富曲线

① 泰勒·本-沙哈尔. 幸福的方法 [M]. 汪冰，刘骏杰，译. 北京：中信出版社，2013：69.
② 卢梭. 忏悔录 [M]. 焦文逸，译. 北京：北京燕山出版社，1999：29.

第三，财务自由的终极目标是幸福

马克思指出，幸福并不是脱离物质条件而由纯粹的主观抽象生成的，幸福有其实现的客观要素，有其判断的客观尺度。[①] 幸福这种人的主观感受必然依赖生产力这一物质力量，这是因为，人只能在物质生活资料所提供的条件下满足自己的吃、穿、住、行等基本需要。一方面，人在基本的物质需求得到满足后才能更好地发展自己、完善自己和丰富自己；另一方面，人的物质生活的状态总是会影响和制约人的精神生活。

显然，马克思始终避免抽象地、机械地、教条地讨论幸福问题，而总是告诫我们要具体地、辩证地、现实地看待幸福，立足于现实的生产力发展和具体的物质力量讨论幸福问题。生产力发展为人提供了必要的物质生活资料的同时，也为人的精神生活的满足提供了保障，为人的精神享受提供了便利，进而为人的自由全面发展创造了条件。人的自由全面发展既是创造幸福的内在要求，也是实现幸福的主体样态。[②] 所以，人的自由全面发展才是我们实现财务自由的真正目的，更是我们人生的终极目标，也才是真正的持久的灵性的幸福。

金钱是幸福的手段而不是目标

但你想想看，现实中，太多太多的人不快乐，不正是因为他们把财务自由当作人生的终极目标了吗？比如，拼命工作、赚钱、花钱、再工作、再赚钱……，像"老鼠跑圈"一样赚了 10 万元，还想赚 100 万元、1000 万元、1亿元甚至更多，有的人有了钱，甚至去炫富、吸毒等，这实际上是用低级的放纵的快乐去掩饰心灵的荒芜。殊不知金钱最重要的功能是满足我们的精神需要，是让我们不为生计烦恼，物质生产的目的，也就是有钱后的目的，最终是让喜欢科学的就搞科学研究，喜欢艺术的就搞艺术创作，让人的能力得以全面发展，让人类能够享受自己的精神禀赋，这才是万物之灵应该做的事情。但我们经常忘记了财务自由是为了满足精神需要，我们经常搞不清楚目标与手段的关系，而以牺牲幸福目标来换取金钱手段。有些人一生就在赚钱花钱中过去了，而许多生命的美好可能都没有体验到，正如贝林先生前半生把财富的手段当作了目标，幸好他发现了，及时调整并实现了自我救赎，开始享受生命的快乐和持久的灵性的幸福。

①②　颜军 . 历史唯物主义：马克思幸福思想的理论出场［J］. 江苏大学学报（社会科学版），2020（2）：4.

永远不要为金钱而活

小伙伴们，明白了吗？永远不要为金钱而活，那样会让你成为一个金钟摆，看着是金钟，其实是在贫瘠与可怜之中摇摆。我们在基本物质需求得到保障后，就要为自己的幸福打工，把幸福当作人生的目标，这样才能得到真正的持久的灵性的幸福。这个时候，你才能实现真正的财务自由，即人的内心自由！内心不自由，穷富都不会自由！而物质上的财务自由，"知足"就好！肯尼·谢尔登的研究也告诉你：在那些创造幸福和成就感的心理需求列表中，金钱的得分排在最后一位。

8.2　行幸福之"术"

8.2.1　自我测试：获得幸福途径测试①

这是一份通过快乐、投入、意义、成功四种途径获得幸福的测量问卷。以下所有问题都是人们期望达到的一种境界，但是请从最能够描述你当前生活状况的角度来作答。

计分标准：绝对像我：5 分；很大程度上像我：4 分；有些像我：3 分；基本不像我：2 分；完全不像我 1 分。

测试要求：四个部分当中哪个分数最高，哪个就是主导取向。如果四个方面都高于 15 分，你追求的就是一种高品质的生活，极有可能对生活高度满意；如果都低于 9 分，可能生活比较空虚，很有可能对生活感到不满，你应该对你的生活做许多改变，做些不同的事；如果四个中有一两个分数比较高，你可能生活还比较满意，但生活中还有不足可以提高你的幸福感。请根据测试分析你的不足，并提出改进计划。

1. 快乐取向：我愿意做的。

（1）生命如此短暂，没有时间把享受它带来的快乐放在次要地方。

（2）在选择做什么的时候，我总是考虑此事是否会让自己感到快乐。

---

① 克里斯托弗·彼得森. 打开积极心理学之门［M］. 侯玉波，译. 北京：机械工业出版社，2016.

（3）我同意这句话：生命是短暂的，所以想吃什么就吃什么。

（4）我喜欢做让自己感到刺激的事情。

2. 意义取向：被需要做的，有使命感和价值感的。

（1）我的生活是为了一些更有使命感的目标。

（2）我有责任让世界变得更美好。

（3）我的生活是有最终的生命意义的。

（4）我做的事情对于社会来说很重要。

3. 成功取向：做成事。

（1）我经常反思自己的生活。

（2）无论做什么事，赢对我来说都很重要。

（3）我想比别人更成功。

（4）我喜欢竞争。

4. 投入取向：感受心流体验①。

（1）我总是想要寻找那种具有挑战性的工作。

（2）无论是工作还是玩乐，我总是陶醉其中，甚至觉察不到时间过得很快。

（3）我总是沉浸在我所做的事情中。

（4）我很少被周围发生的事情所干扰。

8.2.2 讨论分享

请分享你对"为什么永远不要把金钱作为人生目标？"观点的看法。

·+·+·+·+·+·+·+·+·+·+·+·+·+·+·+·

演练分享

A 同学：金钱带来的快乐是有限的和短暂的。在所有的阶层中，越看重金钱的人对他们的收入越不满意，同时对他们的生活也不满意，也不是我们想象的那么幸福。金钱、名望、成功等外在环境因素不能作为人生目标，因为外因不长久。所以成功的衡量标准不仅包括外在的物质的标准（金钱、名望、地位），更应该包括精神富有。精神富有是活成我们想要的样子，做成我们想做的有意义的事。精神富有表现为内在精神因素，是我们幸福的最为关键的最为长久的因素，也是我们成功的标准，更是我们幸福的标准。所以我们应当把幸福作为人生的目标，而不是金钱。

---

① 心流体验由英文 flow 翻译而来，也有人翻译成福流、心流感应等，是心理学名词，是指一种人们在专注进行某行为时所表现的心理状态。后面专题会具体讲解。

B同学：金钱、名望、成功这几个目标都是追求幸福路上必不可少的外在环境因素，但不是人生目标，人生目标是追求更高层次的精神生活。金钱是人的生活必不可少的物质基础，但是在获取一定的金钱后，要能够守住自己内心底线，不要迷失自我。

8.2.3 调查问卷

你现在每月消费支出是（　　　）。

A. 500元以下　　　　　　B. 500～1000元

C. 1000～2000元　　　　D. 2000～3000元

E. 3000元以上

结果分析

描述性统计分析发现，近75%小伙伴消费支出在1000～3000元，每月消费支出为500元以下、500～1000元、1000～2000元、2000～3000元、3000元以上的分别占1.6%、20.1%、59.3%、14.2%、4.8%。

相关性统计分析发现，幸福与每月消费支出之间基本没有相关。

第9问　成功了是否一定幸福？

9.1　知幸福之"道"

亲爱的小伙伴们，你们聚在一起是不是经常会谈论成功，谈论某一天成功了我们就能幸福了？那么，成功了是不是就一定能够幸福了呢？今天我们就来谈谈这个问题。

为什么人们经常会用金钱衡量成功

我们在机场、车站，经常会看到各种各样所谓成功的书以及成功培训的视频。其中有些是教人赚钱，有些是教人如何在名利场上打拼，等等。有些书名甚至都很直白，什么"经营自我"啊，什么"财富圣经"啊。这些所谓的捷径和鸡汤，真真亵渎了哲人们关于成功和幸福的定义。说实话，我真不喜欢这些书，我喜欢周国平的《幸福的哲学》之类的书，既深邃，又浅出，真诚亲切而不世故，建议大家可以去看看。

成功，是不是一定会幸福，要看我们衡量成功的标准是什么。

我们理解人类经常把物质的外在的需要作为成功标准的习惯，因为从进化的角度看，在远古时代，人们为了免受自然灾害，除了吃饱穿暖，就必须储备一定的物质资源。在新中国成立之前，许多穷苦百姓吃不饱、穿不暖，以至于那个时代过来的老人还是经常会把冰箱塞得满满的，见到便宜的东西也会囤得多多的，其实都是为了生存。还有一个原因，就是物质资源看得见、摸得着，比较容易计量，所以人们习惯上会把身价过亿元等显性标准作为成功的标志。但拥有这些是否真的一定幸福呢？

盲童瞬间完胜王石

央视《朗读者》曾经采访王石。

如果成功的衡量标准是外在的物质的标准，比如财富、名望、地位等，那么，王石，万科集团创始人，好像很早就成功了。2003年，王石因为攀登珠穆朗玛峰在拉萨做短暂停留，当地的朋友向他提起一所由盲人姑娘开办的西藏盲童学校。王石形容自己当时的心态是："觉得无非就是给点钱。去的时候也是带着一种给予者的优越感去的。"但这种"优越感"随后就被那些盲童们的歌声给彻底瓦解了。王石被孩子们面对苦难时所表现出来的乐观、积极、自信打动了，王石不禁问自己，面对相同的境遇，我是否也能像他们那样笑对人生。王石从校长那里知道了一个男孩的故事，这个男孩最大梦想是当一名出租车司机，但当校长告诉他这个梦想永远都不可能实现时，他想了想说道："既然开不了车，那我就当出租车公司的老板！"

听完这个故事，王石突然觉得，真正给予的人不是自己，而是面前这些可爱的孩子。2003年，王石成功登上珠峰，当时他52岁，成为中国登顶珠峰年龄最大的一位登山者。他曾被医生诊断可能下半辈子将在轮椅上度过，但此后四年成功登上 11 座高峰。真正让他灵魂受到震撼的不是他的企业和成功，而是孩子的乐观善良，赶走了他的傲慢，唤回了他的仁爱，以及对于道德灵魂的追求。

善良的灵魂成就天使

再举个例子。我曾在东方卫视《妈妈咪呀》看过一期节目，一个中国小伙子娶了一个美丽的俄罗斯姑娘，生了一个像小天使一样的小姑娘，主持人问小姑娘，你问问你妈妈，她喜欢你爸爸的哪一点，小天使回答：妈妈说，他喜欢爸爸善良的灵魂。善良的灵魂，能够成为成功的标准吗？

还有，你今天从幸福课中汲取到了幸福的精髓，你今天是不是很成功呢？在世俗的眼光中，这些精神上的成长与快乐似乎并没有算作成功！

事实上，像马丁·塞利格曼这样的积极心理学家都在呼吁，衡量成功的标准不应当仅仅是创造更多的 GDP，而是要创造更多的幸福。公共政策的成功与否也要以此为标准来衡量。虽然这是对于国家来说，但对于个人，幸福之道是不是也差不多呢?!

人的幸福立足于人的物质需要和精神需要的共同满足

幸福是建立在物质基础之上的有着崇高精神追求和道德正义的幸福。也就是说，从需要的内容看，人的需要一般包括生命存在需要、精神愉悦需要和炫耀占有需要。生存需要是人最基本的生理要求，精神愉悦是人从文化角度实现幸福生活的重要方式，而炫耀占有需要则是一种被物欲挟制了的人的异化现象，并表现为消费的异化，应予摒弃。因此，人的幸福的实现要立足于人的生存物质需要和精神愉悦需要的共同满足。虽然马克思一生颠沛流离、贫困交加，但马克思并不反对正常物质需要的满足带给我们的享受和幸福。他还认为，与物质需要的满足相比，精神需要的满足带来的享受和幸福是更为深刻、更为高级、更加持久的享受和幸福。人如果仅仅把名利、地位、成功等外在物质需求的满足作为唯一的终极目标，那么人的丰富性就还原为动物的本能，人的生活存在也就沦为了动物的本能存在，幸福就成为了人的异己感受。①

---

① 颜军. 历史唯物主义：马克思幸福思想的理论出场 [J]. 江苏大学学报（社会科学版），2020（2）：4.

人真正的高贵是优于过去的自己

小伙伴们，明白了吗？财富、名望、成功等后天外在因素可以帮助我们没有后顾之忧地去追求自己的理想、价值和全面发展，让我们可以去做自己喜欢的事，而不是去做自己不喜欢的事，是手段，而非目的。但现实中，许多人错把手段当作目的，所以很物质、很功利、很贪婪，极端一些的，最后甚至毁灭了自己，比如一些贪官、一些奸商、一些走上歧途的明星等。

一个人通过正当手段让家人过上物质富裕的生活，可能只成功了一半，甚至一小半。另一半是什么呢？那就是精神富有，就是活成我们想要的样子、做成我们想做的有意义的事、在别人的需要中实现我们的人生价值，让我们拥有单纯质朴的生命、自由求真的头脑、丰富审美的心灵、高贵向善的灵魂，真正过上万物之灵的生活。所以，不要努力成为一个世俗意义上成功的人，而要努力成为一个有意义有价值的人；不要努力成为优于别人的人，而要努力成为优于过去的自己的人。

物质富裕、精神富足成就灵性的幸福

所以，"物质富裕、精神富足"的成功才是真正的成功，这一点也被心理学家的研究结论证实：幸福的人在生活的各种层面都非常成功，包括婚姻、友谊、收入、工作表现以及健康状况。而且幸福与成功之间存在强烈的相互作用，即成功一定可以带来幸福，幸福也可以带来更多成功。但这里的成功一定是"物质富裕、精神富足"的成功。

至于如何成就"物质富裕、精神富足"的成功，请记住孔子的谆谆教诲：修身、齐家、治国、平天下。修身是核心，修身就是让自己优秀、更优秀。这已成为西方幸福科学的基本假设。你自己越优秀，你为他人的奉献越多，你被需要的使命感越强，我们定义的"物质富裕、精神富足"的成功便会来敲门，水到渠成的幸福就会翩然而至。这时候，你的成功，不就是你的幸福吗？

你幸福，所以我幸福

最后，与小伙伴分享一下我自己的经历。曾经不止一个人对我说"你很成功"。我问："你指的成功是什么？"多数人会说："你看，你教学优秀、科研获奖，30 多岁评上教授，又是省教学名师、大学女校长。"往往，他们

还要带一句"副厅级女领导"等。但其实，说句老实话，不是"凡尔赛"，这所有的一切曾经让我快乐过一会会儿，但都不是我孜孜以求的，尤其是大学校长更不是我可以"求"得的。

也就是说，30多年的职业生涯中，让我一直拥有"乐呵呵"人生的，真的不是大家所能看到的那些功名和利禄，而是我从人生的一个"驿站"奔赴另一个"驿站"过程中，头脑积累的心流智慧①、心灵感受的美好情感、灵魂滋养的仁爱善良。所以，如果说有些成功，我觉得这些才是让自己持续成功的重要因素；如果说这样的成功是一种幸福，那我真的是很幸福。

而且，在选择了提前退居二线开设小幸课程之后，我又抵达了另一个人生"驿站"，在这个新的"驿站"里，在这个小小的人生舞台中，我认真踏实地跳着"你幸福，所以我幸福"之舞，让学习的小伙伴们提升了幸福感和幸福力，也让自己变得更加充实和幸福，让自己真真正正感受到幸福不是从外面寻找的，而是内心所感受的。

9.2   行幸福之"术"

9.2.1   行为演练：快乐地与内心交谈②

行为演练主要是为了你的幸福养成而设计的。如果说，心灵演练是为了让你内化于心，那么行为演练更多是让你外化于行，从而把幸福知识放到你的内在记忆中，与你大脑中的神经元形成新的联结、心的共鸣，并逐渐消化，形成你独立生长的自我系统和相对自足的内心世界，使你认知自己的局限性，悟得幸福之"道"；突破自己的"舒适区"，习得幸福之"术"。最终，帮助你形成自主成熟的心智模式，提升丰富美好的幸福感知。

请在读下面一段话之前先给自己的情绪打个分（5分制），然后尽量发自肺腑带着感情像与朋友说话一样大声朗读下面的句子。尽量控制语速、慢慢读，每一句后停一会，再继续读。读完再给自己的情绪打个分（5分制），对比写下自己的感受。

---

① 心流智慧是指心流和智慧，即人生积累的心流及其产生的智慧。
② 理查德·怀斯曼．正能量［M］．李磊，译．长沙：湖南文艺出版社，2012.

我今天感觉特别好/我觉得我能成功/我很高兴别人都对我很友好/我知道如果一门心思去做一件事，一定能够成功/我现在激情四射/我现在精力充沛，感到压力不值一提/今天我效率特别高/我现在很乐观，感到能和所有人相处愉快/我感到今天周围的一切都很美好/我现在兴致高昂，特别具有创造力/我确信我的大部分朋友都不会离我而去/我感觉生活就在我的掌控之中/我心情愉悦，希望能有人播放些美妙的音乐/我很喜欢做这一切，并且享受这一切/今天感觉太妙了，我一直期待过上这样的日子。

・+・+・+・+・+・+・+・+・+・+・+・

演练分享

A 同学：读前 2 分，读后 4 分。乐观积极的东西总是会在不经意间给人以积极的影响，潜移默化地改善着人们的心情。专注平静地读完，好像我也被这积极向上的正能量所感染，感觉我又有了源源不断的精神动力了，人也自信了不少。

B 同学：刚开始的心情是 2 分，朗读后我感觉每个人都很友好，事情很顺利，没有什么可以难倒我，一切都特别棒，心情随着朗读也越来越好。我发现只要相信自己，什么烦恼都是会被打败的。我现在的心情是 4 分。

C 同学：1 分；3 分。最近课比较多，社团、部门工作多，比较疲惫，不是很开心，也有点心力不足，但这些满满正能量的句子，仿佛给我注入了一针强心剂，挤压出我胸中的嗔怒，扫清了我心中的阴霾。我不再那么疲惫，而对生活充满了希望。感觉好运就要来了。

・+・+・+・+・+・+・+・+・+・+・+・

9.2.2　知识巩固

 答案

判断题

1. 人如果仅仅把名利、地位、成功等物质外在需求的满足作为唯一的终极目标，那么人的丰富性就还原为动物的本能，人的生活存在也就沦为了动物的本能存在，幸福就成为了人的异己感受。

2. 本问所指的成功是"物质富裕"。

3. 人真正的高贵是优于过去的自己。

专题 4 后天内在心理因素对幸福的影响更深刻更持久

▶▶ 专题导读

亲爱的小伙伴们，为什么我们有所贡献的时候都会特别幸福？为什么真善美的人或事都会让我们景仰？那是因为这些事物会激发我们积极向上的神经。幸福是我们人体内最长的神经通道，它通过我们的脑干出去，经过我们的颈部、心、肺、胃等，到达我们躯体的各个地方。当这个神经通道舒展的时候，我们特别快乐、积极；当这个通道紧缩的时候，我们特别郁闷、消极。显然，心理因素对于幸福的影响已被现代脑科学研究证实了。

通过上一专题，小伙伴可能已经领悟到：不要努力成为一个世俗意义上成功的人，而要努力成为一个有意义有价值的人；不要努力成为优于别人的人，而要努力成为优于过去的自己的人。而这一切都与"自我"的认知心理相关。

有人说，"自己"这个东西是看不见的，撞上一些别的什么，反弹回来，才会了解"自己"。所以，跟积极的、强大的、水准很高的东西相碰撞，才能知道"自己"是什么，才知道持久维持"自己"幸福的关键因素是什么，这才是自我。认清了自我，才可能认清整个世界。认不清自我，是我们许多烦恼产生的原因。

从上一专题我们已经知道，金钱、名望、地位、成功等后天外在环境因素在我们的幸福中仅占10%，而且也不是永远正相关，甚至还会让我们焦虑、功利、抑郁甚至毁灭，所以，我们永远不要为这10%打工，而要用这10%去为幸福打工。这就是我们上一专题所讲的"外因不长久"。

那怎样才能获得持久幸福呢？只能寄希望于自己可控的40%的后天内在心理因素。所以，从这一专题开始，我们用8个专题27问，用本书最多的篇幅，从自我认知开始，寻找自我的三观价值、人生意义、5维要素6大美德24项优势等，最后解开这些后天内在心理因素如何影响幸福的谜底。

学完这一专题，希望你能认识到，这些后天内在精神因素正是我们获得持久灵性幸福最为关键的因素，也是贯穿小幸的一根主线。

第 10 问　为什么要认知自我？

10.1　知幸福之"道"

认识自己的无知是最大的智慧

亲爱的小伙伴们，如果在街上有人采访问你：你认识你自己吗？你会做何反应呢？你可能会说，我怎么能不认识我自己呢！

小伙伴们，可别那么快下结论哦。

先来分享一个故事。有人问哲学家泰勒斯，什么是最困难的事？泰勒斯回答：认识你自己；那什么是最容易的事呢？泰勒斯回答：给别人提建议。[①] 这位最早的哲人，其实是在讽刺世人，世上有自知之明者寥寥无几，好为人师者却比比皆是。所以，古希腊阿波罗神庙门楣上有一句话：认识你自己。苏格拉底领会了箴言的真谛，他说："我只知道我一无所知"[②]，所以被称为最智慧的人。在我国古代，老子也说过：知人者智，自知者明。这些都告诉我们认识自己可不太容易。就像一个魔方有六个面，你看到了红色，就说是红色的，但殊不知，还有至少 5 个面，你根本就没有看到。你看别人如此，看自己也是如此！

什么是自我认知？

那什么是自我认知呢？人作为万物之灵，我们可以对自己的感知、思维和意向等方面进行自我观察，对自己的想法、期望、行为以及人格特征进行

---

① 孙婷婷. 朱迪斯·巴特勒的现代性自我身份书写［J］. 华北电力大学学报（社会科学版）. 2015（2）：91 - 96.

② 洪祖利. 从苏格拉底的审判到"认识你自己"［J］. 青岛农业大学学报（社会科学版），2018，30（1）：64 - 68.

判断与评估，这种心理和意识活动就是自我认知。它因人而异，因时而变。所以人最为复杂，复杂到你不认真观察自己，你真的不能了解自己，那又怎能自我控制寻找到你想要的幸福呢？

认知自我的什么呢？

那么我们要自我认知些什么呢？我认为至少要认知以下三个方面。

第一，认知自己的内心情绪。我们在世界上要认知和处理三种关系，也就是，自己与自己、自己与他人、自己与自然的关系。三对关系经常会发生冲突，但主要根源是在自己内心的冲突。你知道吗？一个人成熟的标志，就是能够明白发生在自己身上 99% 的事情。我们有时困顿，有时苦闷，其实都是因为自己与自己的关系没有处理好，我们内心不够和谐，所以搞不清楚有些事情，特别是不好的事情为什么会发生在我们自己身上。经常是，感性的"本我"要往东，但理性的"超我"却要往西，而真实的"自我"就在两者之间纠结、犹疑。要减少纠结犹疑，就要树立正确三观，认知自我内心，提高情商中的情绪觉知能力！

第二，认知自己的三观及生命意义。自我认知就是认知自己的世界观、人生观、价值观，以及三观指引下的幸福观、人生意义、初心使命、目标路径。也就是，你如何看待这个世界，你要成为什么样的人，你喜欢做什么样的事，与谁一起去做事，等等。有了这些认知，你就可以为自己设计一张人生地图，上面标明，你从哪里出发，到哪里去，在哪里找到自己的幸福。这样，你的人生便有了意义和方向，也就不会轻易地郁闷和彷徨。

第三，认知自己的美德与优势。每个人都是自己的天使，都有独一无二的生命潜能和美德优势。乔韩窗口理论告诉我们，每个人有四个自我。一是公开的自我，也就是透明真实的自我，这部分自己很了解，别人也很了解；二是盲目的自我，别人看得很清楚，自己却不了解；三是秘密的自我，是自己了解但别人不了解的部分；四是未知的自我，是别人和自己都不了解的潜在部分，只能通过一些契机激发出来。所以，有人说，人类大概只用上自己大脑潜能的 10%，其他潜能可能都浪费掉了。如果说潜在能量更多连接着你的天赋，而美德和优势则是后天可以培养的。不断对内进行审视，可以在天赋基础上形成更多的人生优势和精神禀赋，你就更容易找到自己喜欢的人和事，而成就更加优秀的自己。

认知自我的路径

最后讲讲认知自我有哪些路径？这里重点讲两条路径。

一是多角度内省。苏格拉底有一句名言：未经省察的人生没有价值。我国《论语》中也有："吾日三省吾身"。那如何三省吾身呢？第一，省视自己眼中可以实际观察到的客观真实的自我；第二，省视自己心中期许的理想的自我；第三，省视别人眼中的我，也就是与别人交往时，由别人对你的态度、情感反应而觉知的我。不同关系的人对自己的反应和评价不同，它是个人从多数人对自己的反应中归纳出的统觉。但对他人的态度与评价，我们既不能盲从，也不能忽视，可以作为我们决策判断的更多参照。其实，无论是真实的自我，还是理想的自我，还是别人眼中的我，都最终整合到自我个人的意识中，让自己从不同角度更加客观地了解自己。

二是全周期学习。孔子有两句话我们经常听到："学而时习之，不亦说乎？""人不知而不愠，不亦君子乎？"这就回答了"人为什么要学习"。因为，人是一个感性的存在，欲望的存在。人任由感性导航和欲望膨胀是要坏事的，所以人需要理性。如何才能理性呢？那就是要学习悟道。为什么要学习？学习不是为了名利地位，而正是为了解自己，理解自己与自己、与他人、与自然的关系，而这将伴随你一生。只有自己了解了自己，了解了自己人生的三观、使命、意义、目标，你的内心才更加明白，才足够自由，当别人不理解你时，你依然知道该干什么，别人不理解你，你也不会郁闷。所以，人是活在感性和理性之间的，而学习的过程其实就是不断拉近理想与现实、感性与理性距离的过程。在这个过程中，我们在兽性和神性之间找到了具有人性的、良知的、真实的自我！也就是说，我们一生只有通过学习、悟道、实践的不断历练和不断循环，才能在一生有限的时间里发挥最大的人生价值。

认知自我让我们活得更加自由通透

经常会有人说，我想自由自在地活，什么是真正的自由自在呢？是有钱任性花，还是来一场说走就走的旅行，还是……其实都不是，真正的自由自在在你的内心深处。而认知自我则是非常重要却可能经常被忽视的第一步。

我们每天都在认知着自我，只是不够深刻而已。只要我们留意一下，就会发现，我们做人做事的过程中，"本我""超我"总会在我们耳边唠叨，对的错的，美的丑的，真的假的，善的恶的，喜欢的讨厌的，等等，这些都是你的认知。但真正自觉的深刻的认知自我一定是在你独处内省时，独自与自己谈心时，才能不断省察，才能有所觉悟。只要坚持自省自知，渐渐地，你会发现自己渐渐明白了幸福的大道理，也会更加懂得幸福的小感念；慢慢地，你会活得更加通透、更加睿智、更加自由。

10.2 行幸福之"术"

10.2.1 心灵演练：认知自我

1. 认识真实的我。

请找一个能够静下来的地方，设好时间，备好纸笔，听段瑜伽音乐，列表写出真实的自我、理想的自我、别人眼中的我（见表 10 - 1），相关项目不限于表中所列举的，随意写，写得越多越好，说明对自己的认知越深刻，而且可以定期去做，比如一年一次，直到你活得明白通透。

表 10 - 1   认识自我

项目	真实的自我	理想的自我	别人眼中的我
身高			
体重			
相貌			
性别			
性格			
文化程度			
特长优势			
人际关系			
职业			
配偶			
家庭			
收入			
爱好			
健康状况			
住房面积			
理想初心			
使命意义			

续表

项目	真实的自我	理想的自我	别人眼中的我
人生目标			
……			

对照所填内容，分析出哪些是可以改变的，哪些是不可改变的，并想出应对之策。对于可改变的，努力的方向是什么，如何去改变等，对于不可改变的，如何用积极心态去面对等，这对于你想成为什么样的人至关重要。

2. 我是谁。

如果你觉得心灵演练 1 有些长，没有时间做，可以选择下面的心灵演练。请在演练本上尽量多地写下"我……"，回答"我是谁?""我是一个怎样的人?""我有什么美德和优势?"等问题，记下你对自己认知变化的感受。多次演练后，可加上后面人生目标的演练。这样，你对自己的认知可能会渐渐清晰，你可能会走出迷茫、焦虑甚至抑郁。

演练分享

A 同学：经常自我回答"我是谁?""我是一个怎样的人?"可以更清楚地认识自己。而且多次演练，使我对自己的认知由表及里，由浅入深，有时会不知不觉中找到如何解决自身问题、如何更好地发展自己的方案。我还发现了一些并不明显的，别人不知道的性格特征和美德优势。开始写的时候基本上是不假思索的，越到后面越引导我认真思考自己的人生，好像进入了自己的"哲学时间"。

B 同学：通过认知变化，我对自己有了更加深刻全面的了解，我能够正确地认识自己、评价自己和接受自己，我明白自己的优点和不足，做到不骄傲也不自卑。同时，我也学会了理性地重视、客观地分析他人对自己的态度和评价，做到不盲从，也不忽视。最后，这些认知变化，使我对自己充满了信心，也对自己的未来有了更加合理的规划。

C 同学：我是一名大一新生，有着初生牛犊不怕虎的朝气。我是一个心地善良的人，认定一个好朋友，便会真心相待。我是一个喜欢听歌的人，又是一个自律性不好的人，还是一个学习不能高效的人……通过演练，我认清现实中真实的我与理想中的我依然有些差距，但我不会因此而羞愧，而是推动自己成为理想的更好的自我。

D 同学：通过不断的演练，我由刚开始的不太了解自己变得更加了解自己。我开始认真思考自己是一个怎么样的人，自己想要什么，自己追求什么，自己的性格优势和不足是什么……系列的演练和思考，明确和坚定了自己的初心。

10.2.2 知识巩固

 答案

一、单选题

1.《论语》中有："吾日三省吾身"是指认知（　　）的重要性。

A. 社会　　　　B. 他人　　　　C. 自然　　　　D. 自我

2. 在我国古代，关于认知自我，老子的一句箴言是（　　）。

A. 认识你自己　　　　　　　B. 吾日三省吾身

C. 知人者智，自知者明　　　D. 省察你自己

二、多选题

1. 本问讲到，我们要自我认知的方面有（　　）。

A. 认知自己的内心情绪

B. 认知自己的三观及生命意义

C. 认知自己的美德与优势

2. 要"三省吾身"就要静心分析观察三个"我"，即（　　）。

A. 自己眼中客观真实的自我　　　B. 别人眼中的我

C. 自己心中期许理想的自我　　　D. 我喜欢的我

第11问　为什么三观是人生的第一粒扣子？

11.1　知幸福之"道"

门卫一不小心就成了哲人

亲爱的小伙伴们，你有事要到朋友家，可能会遇到严厉的门卫拦住你，很严肃地连问你三个问题："你是谁？你从哪里来？你要到哪里去？"你知道

吗？这可是连他们自己可能都没意识到的哲学经典三问！你看，一不小心，他们就成了哲人了！

这三个问题似乎有点玄，在我们人生中又是什么意思呢？第一，你是谁？这个问题是说：你认识你自己吗？你有什么优势？你有什么不足吗？第二，你从哪里来？是说你是上帝所创，还是女娲所造？还是正如马克思所说，是在进化中，在劳动中被创造呢？第三，你要到哪里去？作为自然之子，我们源于自然，最终归于自然。但作为万物之灵，我们要把生命用到哪里去呢？我们又如何在社会中规划、在劳动中创造，让生命更有意义，让人生更有价值呢？

幸福离不开的三观

每天，我们过着平常的甚至有些无意识的日子，可能很少有人会经常思考幸福、三观这似乎有些"宏大"的问题。如果突然有一天你问家人这些问题，她们甚至有可能过来摸摸你的脑袋，看你是不是"发烧"啦。直到当我们走着走着，有"小石子硌着我们脚"的时候，我们才有可能会停下来思考一下"怎么回事"。其实，与其说这些是所谓的哲学终极问题，不如说这是我们人生想要幸福，而不能绕开的世界观、人生观和价值观的三观问题。

以前，我们思政课中经常会讲到世界观、人生观、价值观，当时也学得糊里糊涂。在研读了《大众哲学》《新大众哲学》后，我才把以前背过的什么物质啊、意识啊、物质决定意识、意识反作用于物质等弄得明白了点，相应地，对三观问题也更有感悟。

世界观：我们对整个世界以及我们与其关系的根本看法

世界观，说得简单点，就是关于世界起源的问题，就是世界是由上帝创造的呢，还是客观存在呢？马克思辩证唯物主义认为，世界是一种客观存在，有着自己的运行规律，也就是老子所说的"道"，是不依人的意志为转移的，人们可以认识它、利用它并改造它。这一马克思主义世界观，最为完整的表述是在马克思的墓志铭上，我在德国参观柏林洪堡大学时也看到过这句话：全世界的哲学家都在想方设法解释这个世界，但问题在于改变世界。

如果说世界观让我们明白，我们不是什么神创造的，我们是从客观存在的自然界中来，是从劳动进化中来的，那么，我们就可以在自然界中、在社会中，认识规律、利用规律，处理好人与自然、与社会、与自己的关系，幸福地生活在这个世界上。那么接下来的问题就是：我们怎样才能幸福地活在这个世界上呢？我们究竟为什么活着？人生的意义是什么？我们应当成为一个怎样的人？这些问题的思考与回答构成了我们的人生观。

人生观：我们对于人生意义和价值等的根本看法

人生观，是我们在实践中形成的对于人生目的意义、人生道路、生活方式的总的看法，它决定着我们实践活动的价值取向以及人生目标和人生道路的选择，也决定着我们的具体行为模式和对待生活的态度。

人生观是世界观的一个重要组成部分，受到世界观的制约。人生观主要是通过人生目的、人生态度和人生价值三个方面体现出来的。

所以，人生观其实就是世界观在人生问题上的具体表现，包括你的幸福观、苦乐观、荣辱观、恋爱观、友谊观、得失观、生死观等。对这些问题不同理解，就形成各种各样的人生观，如享乐主义、拜金主义、悲观主义、禁欲主义、乐观主义和马克思主义人生观等。

马克思主义人生观是在辩证唯物主义世界观的框架下，把人的生命活动历程看作认识客观世界和改造客观世界的过程。这一过程中，人类实现了人的彻底解放，使人成为"完整的人""真正的人"和"自由的人"，而最后建成自由人的"联合体"，即共产主义社会。它是迄今为止最为先进的人生观。说它先进，是因为它是一种崇高的理想，虽然今天还不能完全实现，但它就像我们人生的北斗星，在它指引下，我们能够探索出人生的目的、意义和价值等，这就形成了我们每个人的人生观。所以，我们说马克思主义其实就是关于全人类幸福的学说，其揭示的人类社会的发展规律和人类幸福之"道"就是我们人生最好的指引。

回顾一下，前几年抗击新冠疫情的战役中，一个个最为普通的白衣天使们的抗疫事迹，无一不折射出奉献大爱、爱国敬业等社会主义核心价值观的人生观。这其实都是辩证唯物主义世界观、人生观、价值观的自觉体现。在享乐主义者把及时行乐、物质炫富、"躺平"投降等作为自己的人生喜好时，我们的天使们，把自己的勇气、仁爱、善良全部奉献给了他人和社会，他们在全社会的幸福中实现着自己最大的人生价值，践行着积极的、科学的、四个统一的马克思主义幸福观。这种幸福才是一个人最为持久的幸福。

而反观西方抗疫的事实，我们发现，当每个人都极端自由自私自利时，社会是不可能幸福的。他们以所谓民主自由为由不愿意让渡一些个人自由的权利，肆意泛化个人自由，其实损害的是包括自己在内的公众自由和公众利益，这些所谓的绝对个人自由导致了极端自私，最后的结果只能是个人和社会都不幸福。

所以，我们所讲的三观落实在我们日常生活中，就是把个人的理想信念，融入各行各业为他人的尽心尽责中。在你为"人人"工作的同时，其他人也在为你工作着，这样每个人的幸福和社会的幸福就可以辩证统一地得到保障。正像爱因斯坦在《我的世界观》中所说："我的精神生活和物质生活都依靠别人的劳动，我必须尽力以同样的分量来报偿我所领受了的和至今还在领受的东西。"

价值观：我们对于人与事是非曲直的总看法

三观中的价值观是基于人的一定的思维感官之上而作出的认知、理解、判断或抉择，也就是人认定事物、辨定是非的一种思维或取向，从而体现出人、事、物一定的价值或作用。人的价值观一旦形成，具有稳定性、持久性、历史性、选择性、主观性等特征。它受一个人的世界观、人生观影响，即：每个人的世界观、人生观不同，就有不同的价值判断，也就是价值观，就是每一个人都具有不可替代的价值。比如抗疫中，"大白"们认为爱与奉献代表着他们人生的使命、价值与担当，而拜金享乐主义者却认为这些"大白"们都是"傻白"。所以，你可以成为自己的天使，也可以成为自己的魔鬼。如果你只要物质生活，那你就走向拜金主义、享乐主义；如果你只要精神生活，那你就走向禁欲主义；如果你坚持的是物质生活与精神生活的统一，那你就成就了"物质富裕、精神富足"的马克思主义的灵性的幸福。

写到这里，想起"人民英雄"张定宇的报道。抗击新冠肺炎疫情的战役中，身为渐冻病患者的他"用残缺的身体燃烧出的微弱之光，疗愈世间的伤痛"。现在，他又决定捐赠遗体用于渐冻症研究。面对死亡，他淡定从容："人一出生就是奔着死亡去的，我不过更早看到生命的尽头。生命的意义在于体验这个过程，踏实做事，才能看到沿路的风景"①。正是这样的人生观和价值观，使得救护病人的壮举以及捐赠遗体的决定，成了他无私无畏生命的最佳注脚。

---

① 余瑾毅．"人民英雄"张定宇决定捐赠遗体用于渐冻症研究［EB/OL］．（2022 - 08 - 20）［2022 - 09 - 14］．https：//www. xuexi. cn/lgpage/detail/index. html？id = 16807776748708178662&amp；item_id = 16807776748708178662.

三观是人生的第一粒扣子

哲学家罗素（2007）认为：不幸在很大程度上应该归因于一种错误的世界观；而幸福是人的一种权利，是人们应该追求的东西。不同的三观决定了不同的幸福观（见图 11 - 1）。幸福观则是人们对幸福的根本看法和态度，是人生观在幸福问题上的特殊表现，是人生观的重要组成部分。人们生活的价值目标不同，幸福观也就不同。所以，三观决定了你的幸福观，确定了你精神行走的大方向，方向对头，速度越快，价值越大；反之，方向不对，速度越快，毁灭越快。所以，三观是生存与毁灭的大问题。正如习近平主席一直告诫年轻人的"人生的扣子从一开始就要扣好"[1]。

图 11 - 1　三观与幸福观关系

11.2　行幸福之"术"

11.2.1　心灵演练：终极思考

该心灵演练请你思考"你想成为什么样的人？"的问题，帮你找到你的人生愿景，也就是你的初心。而初心可能是从人生的终极思考开始的，此所谓以终为始。

有人曾说：死是一件不必急于求成的事，死是一个必然会降临的节日。每个人都是向死而生。

现在请找一个可以安静地与自己谈心的地方，认真写下对下面问题的看法。尽量多写。写好放一段时间，可以补充或者再写一篇，直至问题越来越清晰。

请你认真思考并写下：你希望人们对你及你的生活有什么样的评价？你是个称职的丈夫、妻子、父母、子女或亲友吗？你是令人想念的同事或者伙

---

① 习近平谈治国理政（第一卷）［M］. 北京：外文出版社，2018：172.

伴吗？你希望他们怎样评价你的人格？你希望他们回忆起你的哪些成就和贡献？你希望对周围人的生活施加什么样的影响？①

+·+·+·+·+·+·+·+·+·+·+·+·+

演练分享

A 同学：这是一次自己与自己的心灵对话，以前我从来没有认真思考过这些问题。我希望人们对我的评价是正面的，是顺应社会主流的正能量。我希望我的生活是物质生活与精神生活相统一的。我是个称职的丈夫、父亲、儿子、亲友，因为我明白从我具有这些身份开始，我的肩上就开始承担起了应负的责任，而这，是作为一个人所不可缺少的人生观和价值观。我是令人想念的同事和伙伴，因为和他们在一起，我们总有很多令人愉快的话题可聊。希望他们可以肯定我的人格，或许不一定伟大，但一定是一个为了实现自己人生价值、追求精神生活而不懈努力的人。希望他们回忆起我那些年所追求的目标以及自己不放弃而实现了的成就。希望自己乐观开朗的性格感染周围人，世界从不缺乏善意，只是人们往往消极看待世界而忽略了它的善意。

B 同学：我希望他们一想到我就能想到开心果，想到我带来的欢乐，我觉得我是个称职的亲人，是个令人想念的伙伴，我想把我的笑容传染给更多的人，我觉得在他们难过伤心时，哪怕有一瞬想到我的真诚、我的搞笑能够稍微缓解他们的压力，我觉得就值了。

C 同学：我想成为一个勇敢的人，但我并不在意别人对我的评价，我只在意我是否言行一致，我做任何事是否无愧于心。我希望当我的亲人朋友想起我时，会觉得我勇敢坚毅，我足够大方磊落。也希望我能对国家，对社会有所作为，希望有一天我的发声能被听见。所以，如果还没有美好回忆，那就趁还活着，去创造。

D 同学：这个演练导引我开始认真思考我的人生，我进入了我的"哲学时空"。我希望大家可以对我给予积极肯定的评价，也希望自己是令人怀念的同事和伙伴，我希望自己在亲朋好友心中，是一个善良、乐于奉献和积极乐观的人，希望他们可以回忆起我之前做过的善良而有意义的事儿。我始终相信，温暖是可以传递的，也希望能把温暖传递给更多的人！

我还想成为一个对社会有用的人。尽管我可能不一定为国家发展作出什么惊天动地的突出成就，可能只是普通的老百姓，但是我愿意在我自己热爱的教师岗位上为培养积极向上的新一代青年，发出自己的光和热，永远充满热情和爱意。我愿意相信美好和善良，真实做自己，真实去爱与被爱，也算是实现了人生的价值吧！

+·+·+·+·+·+·+·+·+·+·+·+·+

---

① 史蒂芬·柯维，等. 高效能人士的七个习惯 [M]. 高新勇，王亦兵，葛雪蕾，译. 北京：中国青年出版社，2014：113.

11.2.2　知识巩固

一、多选题

"三观"通常是指（　　　）。

A. 世界观　　　　　B. 人生观　　　　　C. 价值观　　　　　D. 幸福观

二、判断题

1. 马克思的墓志铭上有这样一句话：全世界的哲学家都在想方设法解释这个世界，但问题在于改变世界。

2. 爱因斯坦在《我的世界观》中曾说："我的精神生活和物质生活都依靠自己的劳动，我必须尽力以同样的分量来报偿我所领受了的和至今还在领受的东西。"

第 12 问　什么是你生命的意义？

12.1　知幸福之"道"

一组令人痛心的数据

亲爱的小伙伴们，今天我们先看一组数据，我希望你不只从中感到痛心，而是要从中感受到人生意义讨论的必要。

世卫组织数据显示，全球每年大约有 100 万人死于自杀，大约每 40 秒就有一条生命因自杀而逝去。① 据《柳叶刀》估计，全球每年抑郁症患者已

---

① 中国青年网. 每 40 秒就有一个人自杀，灰色的世界需要的不仅是理解［EB/OL］. https：//baijiahao. baidu. com/s? id = 1678860649750193621&wfr = spider&for = pc. 2020 – 09 – 26/2022 – 08 – 20.

达到 3.5 亿人，占总人口的 5%。2020 年由于新冠病毒流行，世界范围抑郁症患者增长了 28%。世卫组织数据显示，在我国，抑郁症患者已超 5400 万，占总人口 4.2%。[1] 我国每年大约有 28 万人自杀，其中大部分为抑郁症患者。[2]

小伙伴们，看到这组数据你会想到什么。对于想自杀的人来说，他们多半会说，活着没有了意义，比如我们曾讲过的贝林先生，他在实现三个目标之后就曾感到，"不想活下去了"。而反过来，人的伟大之处就在于：人是唯一能够追问自身存在之意义的动物。

人为什么要探寻生命的意义

人到底为什么而活呢？人存在的意义与价值究竟是什么呢？记得大学时代曾经思考过类似的问题，成家后也与家人探讨过这些问题，但有时家人会纳闷，过得好好的，为什么要问这样的问题。是啊，这种似乎有些形而上的问题不回答，日子不是照样过？是的，是照样过，但思考了以后，你会发现，一个可能是被动地过，另一个可能才是主动地过；一个可能只是数日子，另一个可能才是过日子。性质好像完全不一样。虽然每个人都说好好活着，但让你几句话讲明白生命的意义，你可能还真不一定说得明白。

《大耳朵图图》中的生命意义

曾经看过一个小朋友爱看的动画片叫《大耳朵图图》，从中我们能看出小朋友世界里的生命的意义。

故事中图图帮妈妈择菜和擦桌子，说菜叶和灰尘死了。图图想到每个人都会有离开亲人的那一天，就哭着说："不要离开妈妈，永远爱妈妈"。这让他茶饭不香。爸爸决定用自己的方式让图图明白生命的意义。

他带图图去看毕加索的画展，并告诉图图，毕加索老爷爷不在了，但他给这个世界留下了很多美丽的画作当作礼物，而他的生命就活在这些礼物中永远陪伴着我们。在公园游玩，爸爸告诉图图："这片叶子看似是死

---

① 个人图书馆.《柳叶刀》最新报告：全球每年超 3 亿成年人患抑郁症［EB/OL］. http：//www.360doc.com/content/22/0221/21/29234429_1018441008.shtml. 2022－02－21/2022－08－20.

② 胡强. 每年超 28 万人死于自杀，警惕这 7 个迹象［EB/OL］. https：//www.thepaper.cn/newsDetail_forward_14839756. 2021－10－12/2022－08－20.

掉了，但其实它是去土里发挥了作用，它跟新叶子活在了一起，这就是树叶留给世界的礼物"。图图问："那爸爸妈妈能给世界带来什么礼物呢？"妈妈回答说："很多啊，其中图图就是最大的一个礼物。"图图最后理解了活下去的意义，他说："每个人都能给世界留下礼物，每个人也都能永远活下去"。

那我们会留给这个世界什么礼物呢？

每个人都可以赋予自己生命的意义

小伙伴们，心理学家维克多·弗兰克尔（2018）说："我生命的意义，在于帮助他人找到他们生命的意义"。这话什么意思呢？就是说，在你的生命中，你越被别人需要，通过你受益的人数越多，时间越长，你生命的价值就越大。如果想废掉一个人，你就让他衣来伸手、饭来张口，像动物一样活着；你要想成就一个人，你就要让他去追寻这世界上有什么人、什么事需要他，要让他去经历生命的酸甜苦辣，让他在寻找生命意义的同时解放和发展自己，这就是，让他幸福，你自己才会更幸福。还是那句话：助人即助己！但我更喜欢说：助人即度己！

人是自然之子，要按照自然规律生与死，这一点，大自然都很公平，都给你规定好了。大自然也很开明，除了生与死，其他生与死之间的事情，大自然给了我们完全的、充分的自由，让我们在人世间尽情享受和经历生命的欢悦与痛苦。那我们不是更要找一个理由向世人证明，我们为什么活着、有什么使命、有什么价值吗？

小伙伴们，每个人生命的意义都是自己赋予与归因的，请记住，不是他人。当我们面临百年未有之大变局之时，当世界不怎么太平之时，当全国人民在中国共产党领导下为中国式现代化努力奋斗之时，当我们国防卫士和外交人员为我们负重前行之时，当抗疫英雄为我们守护健康守护静好岁月之时，当我们在享受这个世界上那么多美好礼物之时，我们是不是应该好好去追寻一下，我们将为这个世界留下什么美好的礼物？找到了，那便是你生命的意义。

生命的意义在于向内的追寻

要让自己持久幸福，最重要的就是培养自己的使命感，让自己被别人需要。一个人一生只满足自己需要那可不就是自私的人吗！自私的人是不太可能善终的。善始善终，才能一生美好而丰富，才能让自己拥有更多心流体验。其实，生命到底有没有意义？只要你这样问了，答案就肯定是"有"。因为这疑问已经是对意义的寻找，而寻找的结果无外乎是有和没有。要是没有，你当然就该知道没有的是什么。知道没有的是什么，才知道有的是什么，即所谓"无中生有"，这便是对意义的猜想，或者描画，而这猜想或描画正标志着意义的诞生。这也是我们小幸为什么叫"幸福36问"的原因。

12.2　行幸福之"术"

12.2.1　心灵演练：寻找使命

请静心回答"你想要什么，你能放弃什么？"，这决定着你的使命。请你一周或一月做一次，直到能立刻回答出下列问题，并写出演练的感受。

（1）在你的人生中，你认为哪5件事最为重要？

（2）在你的人生中，有哪3个最重要的目标？

（3）假如你还有6个月生命，如何利用？

（4）假如你现在成为亿万元富翁，在哪些事情上，你的做法会有不同？

（5）有哪些事是你想做，但又一直不敢尝试去做的？

（6）在生活中，你觉得有哪些活动是最重要的？

（7）假如你确定自己不会失败，你会敢于梦想与实现哪一件事？

•+•+•+•+•+•+•+•+•+•+•+•+•+•+•+•+•+•+•

演练分享

A同学：我觉得这个演练让我开始认真思考了我人生的使命。人生短暂，我该如何使用我自己的生命呢？（1）见证中国强大、见证社会主义实现、见证人民思想强大、见证财富分配公正且自由，为上述四件事而努力。（2）活着、体面地活着、为了理想活着。（3）如果有钱，希望冰封自己见证未来。如果现在没钱，我会做好手头所有的事，然后在青藏高原的日落下逝去。（4）为未来的生活不再担忧。（5）放弃。（6）一切需要我或者我需要的活动，包括团学、辩论和党团活动。（7）实现共产主义。

B同学：我觉得最重要的5件事是：（1）纯真的友情。朋友是一笔财富、是志同道合的友人、能够有共同的理想和追求是人生大喜事。（2）浪漫的爱情。总有一个人疼我懂我，会陪伴我走过下半生，让我感受到幸福。(3) 温暖的亲情。父母、家人是无可替代的，他们抚养我塑造了我。(4) 健康的体魄。身体是革命的本钱，健康才能追求更多想要的东西。(5) 实在的金钱。衣食住行样样都要花钱，没有钱难以度过理想的生活。

C 同学：这个演练可能会令我终生难忘。(1) 通过自己不懈的努力实现自己的理想；能够过上幸福美满的生活；家人能够健康快乐、幸福；锻炼好自己的身体；尽自己所能为社会、为人民做贡献。(2) 在学习上能够获得好的成绩；每天都要锻炼身体；找到一份好工作。(3) 学习、阅读；旅行，看看多姿多彩的世界；帮助有困难的人们。(4) 让我的父母过上好日子。把剩余的资产投入公益活动中，让越来越多的人过上幸福的生活。(5) 我很想去创业，但考虑到资金等因素，所以一直不敢尝试。(6) 我觉得成人礼很重要。虽然只是一个仪式，但是这是一个人即将步入成人阶段的标志。还有公益活动，不仅能够帮助那些有困难的人，还能提高自己的道德水平和思想素养。(7) 假如我确定我不会失败，我会当一名合格的律师，做到明理诚信、诚实守法，为人民服务、为社会服务。

D 同学：(1) 最重要的五件事是亲情、友情、爱情、现在、未来；(2) 三个重要目标是让父母过得更好、让自己幸福、为将来而奋斗；(3) 6 个月要去自己一直想去的地方，吃自己想吃的东西，最后陪在父母身边；(4) 做慈善；(5) 周游世界；(6) 听歌看书；(7) 成为宇航员。

+·+·+·+·+·+·+·+·+·+·+·+·+·

12.2.2 知识巩固

答案

一、判断题

1. 人的伟大之处就在于：人是唯一能够追问自身存在之意义的动物。

2. 心理学家维克多·弗兰克尔说："我的生命的意义，在于帮助他人找到他们生命的意义。"

3. 在你的生命中，你越被别人需要，通过你受益的人数越少，时间越短，你生命的价值越大。

二、讨论分享题

你认为生命意义的讨论有没有意义？

+·+·+·+·+·+·+·+·+·+·+·+·+·

演练分享

A 同学：我认为对于生命意义的讨论非常有必要，虽然不讨论也是照样过日子，但是对人生意义的思考能够帮助我们找到自我，内心才会更加明白，才足够自由。

"生命不在于长，只在于好"。生命的意义价值在于对他人、社会等作出的贡献，奉献自我便实现了生命的意义。

　　B 同学：你是谁，从哪来，到哪去？从古到今，每个人对于这些问题都有不同的诠释。我认为它们就是生命的意义，每天对自己有一个清楚的定位，对目标有一个清晰的认识，就会对未来有一个确定的方向。

　　C 同学：生命的意义是你带给这个世界的"礼物"。这个礼物可以是一幅画、一本书，甚至一句话，更或者是新的生命。

第 13 问　你有哪些美德和优势？

13.1　知幸福之"道"

　　亲爱的小伙伴们，除了要构建正确的三观，认知人生的意义外，我们还要发现培养自己的美德和优势，才能获得灵性幸福。那么要培养哪些美德和优势呢？

人类的美德和优势

　　马丁·塞利格曼（2010）等心理学家，在研究了世界各国文化、哲学等文献后，总结出几乎世界上每种文化都认同的六大美德——智慧与知识、勇气、仁爱、正义、节制、精神卓越，来说明人的最高追求是和动物不一样的道德追求。同时又以获得幸福的 24 个优势来设计、建构和测量这些美德。根据这些研究，本书绘制了人类美德与优势思维导图（见图 13 - 1）。

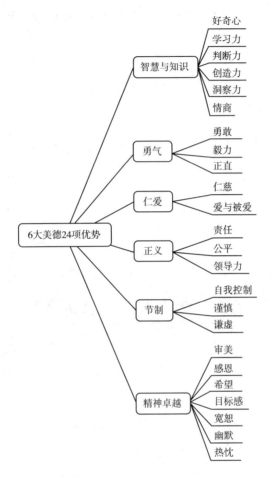

图 13-1　人类的美德与优势

人类美德优势的具体分类

第一类美德，智慧与知识。有 6 个优势展示这一美德，即好奇心、学习力、判断力、创造力、洞察力、情商。第一，好奇心。好奇心驱使我们主动去观察世界，追寻人生，探索真理。但被动地刷屏、看电视可不是好奇心的体现哦。第二，学习力。学习力是除自身工作、学习之外，你是否愿意学习一些新事物，比如去博物馆，去尝试新技术等。第三，判断力。判断力是客观地、理性地、全面地、实事求是地判断事物的能力。第四，创造性。创造性是你能用新奇独特的方法，创造出有社会价值的产品的能力，也叫创造力。有社会价值意味着创造的结果具有实用价值或学术价值、道德价值、审美价值等。第五，洞察力。洞察力是一个智者经过人生积累修炼出来的能力，是智力能力的最高层次。第六，情商。情商是认知、控制、激励自己的能力，是同理心以及团队合作、关怀他人的能力，是处理自己与自己、自己与他人关系最重要的能力。6 种能力中，前 5 种多半是智力能力的体现，是头脑自由求真的智力生活的重要保证；第 6 种是情感体验最重要的能力，是心灵丰富的情感生活的重要保障。

第二类美德，勇气。勇气是在不利情况下或者危险情况下依然能为理想和目标而勇往直前。勇气包括勇敢、毅力与正直 3 个优势。勇敢就是虽然害怕，依然能克服心理上的不适，直面危险或者苦难。毅力是做人做事有始有终，不轻言放弃。正直是对自己真诚，对别人真诚。

第三类美德，仁爱。仁爱包括仁慈以及爱与被爱。仁慈是指善良、慷慨地对待别人，会全力帮助别人，包括不太熟悉的人。爱与被爱是珍惜自己的亲情、爱情、友情，同时也希望被别人一样珍惜。

第四类美德，正义。正义是指你与集体、组织、国家以及世界的关系，你是否能在集体和国家需要时放弃小我，成就大我，包括责任、公平、领导力等。责任是指对于组织、团队、国家、民族，你是否忠诚、干净、合作和担当。公平是指不让个人感情影响你的决定，给每个人以同等机会。领导力是指有良好的组织才能，并带领组织成员实现预期工作目标，既讲效率，又讲人道。

第五类美德，节制。节制是指你能适度地表现你的需要，包括自我控制、谨慎、谦虚。自我控制是指能够自我认知并控制自己的情绪、欲望、需求和冲动，是情商的一部分。自我控制能力强的人比较有毅力。谨慎的人不说或者不做以后会后悔的事，他们会在反复确认后再实施，能为将来抵抗眼前的诱惑。谦虚的人不爱出风头，宁愿让成绩为自己说话。

第六类美德，精神卓越。这是人类最高层次的道德追求和目标追求。包括审美、感恩、希望、目标感、宽恕、幽默、热忱 7 个优势。审美是对你经历的一切美好的欣赏，不论是自然的，还是人为的。感恩是对别人优秀道德情操的一种感谢和欣赏，会使被赞美的人或事增值。希望是乐观积极的情绪，相信只要努力就会成功。目标感是指一个人知道自己生命的意义，知道自己想要什么，是自己世界观、人生观、价值观的具体体现。有目标的人更有信仰和毅力，更容易成功。宽恕是指原谅那些曾经对不起自己的人。幽默的人不仅给别人带来欢乐，也给自己带来欢乐，是一种豁达的、乐观的人生态度。热忱是充满热情、全心全意地投入工作、学习和生活。

获得美德优势的榜样法

这 6 大美德和 24 项优势来自哪里呢？其实，我们的核心价值观、英雄、身边优秀的人、媒体宣传、父母言传身教、学校教育、交流、寓言、格言、童话、阅读、自我省察、阅历等，都可能成为我们人生美德的发源地。所以，获得美德和优势的方法之一就是榜样法。做法如下：

先想出一个想作为榜样的第一个人的名字。这个榜样可以是你的偶像，也可以不是，因为你不一定想过你偶像那样的生活。你的这个榜样一定是你想成为的人，你想过他那样的生活，而且，最重要的，是榜样的三观要与你吻合。这一点很重要，有些小伙伴，受不良价值观影响，把享乐主义的炫富公子当作榜样。不正确的三观会把你的人生好牌打得稀烂。据说，新冠肺炎疫情发生之后，许多医学专业的男生想成为钟南山，女生想成为陈薇。而一些有实业强国理想的小伙伴，想成为任正非父女那样有着不屈灵魂的实业家。

在树立榜样时，可以是一个或多个，这是为了让你可以集合他们优势而成就最好的你。比如，我的榜样是孔子、钟南山、陈薇、王亚平、奥黛丽·赫本、林徽因、功夫熊猫等的集合。你可以写出 5 ~ 7 个榜样的三观、愿景、使命、目标、美德和优势。要把他们的核心竞争力或者硬本领都写出来，每个人写上 3 个左右，一共写上 15 ~ 21 个。当你写出后，你会发现他们有些硬本领是相同的，例如，钟南山和林徽因，他们英语都很好；钟南山、陈薇都把守护人民生命健康作为自己的使命担当……你把 15 ~ 21 项硬本领中那些相同的选项圈出来，并从多到少排列，取最前面的 3 ~ 5 项，这些本领可能就是你努力的方向。

小伙伴们，这 6 大类 24 项美德和优势，能够让我们的头脑过上自由求真的智力生活，让我们的心灵过上丰富美好的情感生活、让我们的灵魂过上高贵善良的道德生活，实现自由的全面发展的人生价值，是影响我们幸福的最持久的内在精神因素。

叶嘉莹大师的美德与优势[①]

最后，我们来看看中国古典诗词大师叶嘉莹，是如何用自己的智慧、勇

---

① 文汇报社. 我和我的祖国：时代人物故事 [M]. 北京：人民出版社，2022.

气、仁爱、正义、节制和精神卓越，来成就自己的"诗意"人生的。

作为诗词研究泰斗，叶嘉莹先生从北京到台湾，到美国、加拿大，再到天津，虽历经劫难，颠沛流离，但在古典诗词领域倾心尽力、默默耕耘 70 余年，将中国古典诗词和文化的火种播布于世。她身兼加拿大皇家学会院士和中央文史研究馆馆员。她不但全身心教研中国古典诗词，更在 90 多岁时，捐赠了 3568 万元支持中华优秀传统文化研究。这是她的毕生积蓄，包括变卖天津和北京的房产所得，是真真正正的"裸捐"。

凤凰涅槃，浴火重生。面对母亲的溘然离世、父亲的杳无音讯、丈夫的暴戾无情、女儿的猝然长逝等一个个人生关隘，在生命的离乱颠沛、生活的无助悲凉中，她曾经想到过放弃自己，但一首首《哭母诗》《哭女诗》唤醒了她濒死的灵魂，渡她走向新生的彼岸。正如叶先生所说："我是历尽平生各种不幸的一个人。""我们学习古典诗词，最大的好处就是让我们的心灵不死！""人生要有一种持守，不管落到什么地步，经历什么样的事情，你要有自己的持守，不能够失去自己。"借助诗词，她收获了智慧与坚强。

我们都知道马斯洛五个需求层次：生理、安全、归属与爱、尊重、自我实现。一般人都是由低到高，叶嘉莹先生却直接实现了"需求跨越"。她说，"我只不过是一直以诚实和认真的态度，在古典诗歌的教研道路上不断辛勤工作着的一个诗词爱好者而已。我的生活并不顺利，我是在忧患中走过来的，诗词的研读是支持我走过忧患的一种力量。我亲自体会到了古典诗歌里的美好、高洁的世界，而现在的年轻人，他们进不去，找不到一扇门。我希望能把这一扇门打开，让大家能走进去，把不懂诗的人接引到里面来。这就是我一辈子不辞劳苦所要做的事情。""我已经 90 多岁了，虽然老了，可是我有一个梦，我的梦是什么？我在等待，等待因为我的讲解而有一粒种子留在你的心里。多少年之后，等着这一粒种子有一天会发芽，会长叶，会开花，会结果——'千春犹待发华滋'"。

晚年的叶嘉莹先生将西方文艺理论引入中国古典诗词研究，把传承古典诗词、"再生"古典诗词当作自己的责任。在这崇高的精神追求中，她提升了自己的精神品格，快乐了自己的心灵世界。

99 岁，一生，一件事。叶嘉莹先生用一生的时间，只做了一件事，将中国古诗词的美带给世人。其对理想信念的坚守、对中国古典文化的传承，让世人敬佩与感动。"感动中国"组委会给予叶嘉莹先生这样的颁奖词："桃李天下，传承一家。你发掘诗歌的秘密，人们感发于你的传奇。转蓬万里，情牵华夏，续易安灯火，得唐宋薪传，继静安绝学，贯中西文脉。你是诗词的女儿，你是风雅的先生。"标题是：蕴玉抱清辉。

13.2 行幸福之"术"

13.2.1 自我测试：美德与优势测试

本测试根据马丁·塞利格曼的《真实的幸福》测试编写，有些长，但也比较简单，可以帮你找到自己的优势和不足，客观全面认知自我，把控人生。

测试题项

请你先对下列表述给出你属于的状态：A 非常符合，B 比较符合，C 有点符合，D 不符合，E 非常不符合。

1 智慧与知识

1.1 好奇心：我能长时间保持好奇心

1.2 热爱学习：我喜欢并能积极主动学习新的东西

1.3 判断力、批判性思维、思想开放：不管是什么主题的人或事，我都可以很理性地去思考它

1.4 创造性（实用智慧）：我喜欢以不同的方式去做事情

1.5 情商（社会智慧、个人智慧）：不论是什么样的社会情境我都能轻松愉快地融入

1.6 洞察力（睿智）：我可以看到问题的整体大方向

2 勇气

2.1 勇敢：就算害怕或面对强烈的反对，我仍会去做我认为对的事情

2.2 毅力、勤劳、勤勉：我做事总是有始有终

2.3 正直、真诚、诚实：我总是信守诺言

3 仁爱

3.1 仁慈与慷慨：我总是会主动去帮助别人

3.2 爱与被爱：在我的生活中，有很多人关心我的感觉和幸福，就像关心他们自己一样

4 正义

4.1 公民精神、责任、团队精神、忠诚：为了集体，我会尽最大努力

4.2 公平与公正：我对所有人都能一视同仁，不管他是谁

4.3 领导力：我可以让员工为了共同的目标而努力，而且不必反复催促

5 节制

5.1 自我控制：5.1.1 我擅长控制自己的情绪；5.1.2 我能经常阅读、规律运动以保持身心健康和生命的良好状态

5.2 谨慎、小心：我尽量不说或不做以后会后悔的事

5.3 谦虚：当别人称赞我时，我常会转移话题

6 精神卓越

6.1 对美和卓越的欣赏：我经常会被音乐、艺术、戏剧、电影、运动、科学或数学等领域的作品或者成果感动

6.2 感恩：即使别人帮我做了很小的事情，我也会对其表示感谢

6.3 希望、乐观、展望未来：我总能发现事情好的一面

6.4 灵性、目标感、信仰、宗教：我对自己的人生有强烈的目标感

6.5 宽恕与慈悲：我能够原谅别人的过错，让过去的一切成为生命的财富

6.6 幽默：大多数人会说，跟我在一起很有趣

6.7 热忱与热情：对生活、学习和工作充满热情，能全心全意投入工作

测试标准：A 非常符合 5 分、B 比较符合 4 分、C 有点符合 3 分、D 不符合 2 分、E 非常不符合 1 分。

测试要求：现在请把你的测试分数填入"美德与优势测试"表（见表 13 - 1），其中 5.1 是两道题的平均数，并分析自己的优势和不足。

表 13 - 1   美德与优势测试

六大美德	24 项优势	分数	排序	评价分析
1 智慧与知识	1.1 好奇心			
	1.2 热爱学习			
	1.3 判断力			
	1.4 创造力			
	1.5 情商			
	1.6 洞察力			
	小计			

续表

六大美德	24 项优势	分数	排序	评价分析
2 勇气	2.1 勇敢			
	2.2 毅力			
	2.3 正直			
	小计			
3 仁爱	3.1 仁慈与慷慨			
	3.2 爱与被爱			
	小计			
4 正义	4.1 公民精神			
	4.2 公平			
	4.3 领导力			
	小计			
5 节制	5.1 自我控制			
	5.2 谨慎			
	5.3 谦虚			
	小计			
6 精神卓越	6.1 美感			
	6.2 感恩			
	6.3 希望和乐观			
	6.4 灵性即目标感			
	6.5 宽恕			
	6.6 幽默			
	6.7 热忱			
	小计			
总计				

评价分析：现在你已经得到了相应的分数，请将你的 6 大美德 24 项优势的分数排序。一般来说，你会有 5 项或少于 5 项得到 4 分或 5 分，这是你突出的优势，至少你是这样觉得的。请把它们圈出来。你也会有一些项目得了 1~3 分的低分，这些就是你的劣势。建议你在日常生活中将自己的优势尽量发挥出来，并弥补你的劣势，努力将劣势转化为优势。美德和优势是影响你幸福最重要的后天内在心理（精神）因素，构成幸福课的主线。这也是我们要分析自己"美德与优势测试"表的意义，它为我们寻找幸福的路径提供科学的依据。

测试发现

1. 大多数小伙伴的美德优势分都在中等偏上。

描述性统计分析发现，智慧与知识美德 6～11 分、12～18 分、19～25 分和 26～30 分的分别占 3.2%、24.2%、60.2% 和 12.4%，平均分为 20.62，占该项总分的 68.73%；勇气美德 3～5 分、6～8 分、9～11 分和 12～15 分的分别占 2.6%、18.8%、55.8% 和 22.8%，平均分为 10.08，占该项总分的 67.20%；仁爱美德 2～3 分、4～5 分、6～7 分和 8～10 分的分别占 1.8%、12.9%、50.5% 和 34.8%，平均分为 7.04，占该项总分的 70.40%；正义美德 3～5 分、6～8 分、9～11 分和 12～15 分的分别占 2.3%、15.7%、53.1% 和 28.9%，平均分为 10.41，占该项总分的 69.40%；节制美德 3～5 分、6～8 分、9～11 分和 12～15 分的分别占 1.9%、23.8%、53.9% 和 20.4%，平均分为 9.88，占该项总分的 65.87%；精神卓越美德 7～13 分、14～20 分、21～27 分和 28～35 分的分别占 3.1%、19.9%、55.7% 和 21.3%，平均分为 23.77，占该项总分的 67.91%；美德与优势测试总分 24～47 分、48～71 分、72～95 分和 96～120 分的分别占 2.6%、16.4%、63.7% 和 17.3%，平均分为 82.53，占该项总分的 68.78%。

总体而言，小伙伴的平均分都接近总分的 70%，其中仁爱美德的得分最高，为其总分的 70.40%，节制美德的得分最低，为其总分的 65.87%。表明大多数小伙伴的美德优势分都在中等偏上且富有爱心，但在自我控制等方面还需继续修炼。相比之下，你处于哪个位置呢？

2. 越懂感恩的小伙伴美德优势越明显。

相关性统计分析发现，第一次幸福测试分、情商测试分、父母乐观开朗度、本人乐观开朗度、父母幸福度、父母尊重子女的意见程度、财商测试分、人生目标感、工作学习目的、**感恩测试分**、时间测试分、习惯测试分、魅力测试分、同感测试分、第二次幸福测试分等因素对美德与优势测试总分的影响十分显著，其中影响最大的是感恩测试分，这表明越懂感恩的小伙伴美德优势越明显；反之，美德优势越明显的小伙伴越懂感恩。

3. 6 大美德因素之间是互相促进、相互联系的。

6 大美德因素之间的相关性分析显示，六大美德因素之间是互相促进、相互联系的，而且许多都与财商之间存在非常显著的相关关系，这表明，我们想赚钱可能要从美德优势的培养做起，人做好了，事做成了，钱自然也就赚到了，这也就是我们古训所说："厚德载物"；但反之，咱们老祖宗也有一句话："德不配位，必有灾殃。"所以，认知自我，修炼美德，寻找优势，才能持久幸福。

13.2.2 知识巩固

 答案

一、单选题

按照马丁·塞利格曼的观点，支撑幸福五要素 PERMA 的是六大美德及 24 项优势。六大美德是指智慧与知识、勇气、仁爱、正义、节制和（ ）。

A. 积极情绪　　　B. 投入　　　C. 意义　　　D. 人际关系

E. 成就　　　　　F. 精神卓越

二、多选题

1. 6 大类 24 项美德和优势，能够（ ）。

A. 让我们的头脑过上自由求真的智力生活

B. 让我们的心灵过上丰富美好的情感生活

C. 让我们的灵魂过上高贵善良的道德生活

2. 有 6 个优势展示"智慧与知识"这一美德，即（ ）。

A. 好奇心　　　B. 学习力　　　C. 判断力　　　D. 创造力

E. 洞察力　　　F. 情商　　　　G. 财商

三、判断题

6 大美德 24 项优势，是影响我们幸福的最持久的内在精神因素。

四、讨论分享题

请与小伙伴分享本专题印象最深的一句话、一个观点或者一个故事。

专题 5　目标信念是你幸福的方向盘

▶▶专题导读

有人说：只有把所有喜欢的事都做了，才算不枉此生，才能安心地数着日子，睡个好觉，做个好梦，等待永逝降临。那什么是你喜欢的事呢？你喜欢的事成为你的人生目标了吗？它对你的人生有什么意义呢？

亲爱的小伙伴们，在"自我认知"了"三观价值""人生意义""5 维要素 6 大美德 24 项优势"之后，从专题 5 开始，我们挑出目标信念、热忱乐观、感恩仁爱、时间节制、自我控制等最重要的美德优势，用 5 个专题研究它们如何持久影响我们的幸福，我们又如何修炼美德。这 5 个重要美德优势，恰似你幸福的方向盘、发动机、润滑剂、动力源和刹车器。有了他们，还怕掌控不了你的人生列车吗？掌控了你的人生列车，还怕幸福不来敲门吗？！

在本专题中，我们用四个问题讨论一个人的初心、使命、目标如何让你的人生更有目标感和掌控感，也就是，为什么要建立人生目标？什么是自我和谐的人生目标？人生目标体系如何建立？为什么要立大志？

从小到大，父母老师都会让我们立大志、树理想，我们可能有些不以为然。但今天，如果说你成熟了，那一个重要标志就是，你能够明白发生在你身上的 99% 的事情为什么会发生在你身上，为什么对于你有着重大意义，为什么对于别人却可能都毫无意义。但经常，你把 99% 的时间都给了喧嚣的世界，其实这些应该属于你的。你分享了那么多信息，有多少人会真正在意？真正在乎你的人，也不会只在朋友圈里关心你。你真正要过的，其实可能就是剩下的那 1% 的日子。即使是这 1% 的日子，我们可能依然茫然、盲目和忙碌。这就是我们经常看到的生命状态："做人茫然""做事盲目""活着忙碌"！这三个"mang"，都离"亡"不远了吧！要想远离它，那就重拾你的目标感吧！

也就是，我们要想明白，在有限的生命里，我们要成为什么样的人、要去做什么样的事，这就是我们目标的意义。可不要小看它，这可是我们人生的方向盘！

第14问　为什么你要建立人生目标？

14.1　知幸福之"道"

亲爱的小伙伴们，从小到大，你可能和我一样，都被父母老师教导过，要有志向、有志气。有时我们被父母叨叨得可能都会有些不耐烦。遇到朋友邻居时，大人也会问：长大后你想做什么啊？其实，这些都是我们对于人生目标的普通认知。其中包含着一个国家、一个民族、一个家庭、一个人的世界观、人生观和价值观，只是我们说这些话时可能没有想得这么深远。

留守女孩钟芳蓉火了

2020 年夏天，一个留守女孩，钟芳蓉火了。央视采访了她和家人。她火，不是因为她考了 676 分，而是因为她以这样的高分，选择了北京大学考古专业。父母长年在外打工，家境贫寒，网友好意忠告：没"钱"途。面对忠告，小姑娘淡然回答："我个人特别喜欢，我觉得喜欢就够了呀！"母亲说："什么专业能赚钱我们不懂，我们只能尊重她的选择。"父亲说："农村人，最主要是担心钱的问题，但她金钱看得淡，我也认为孩子做自己喜欢的事会更开心。"

不知小伙伴们怎样看待这件事，我有三个观点与大家分享。

第一，目标是初心，明晰你的成长方向

我为这家人，至少点 3 个赞。

一赞小姑娘的初心。小姑娘，用朴实的言行告诉成年人，什么是人生的初心和幸福的根本！如果有一天我们开始嘲笑穷人以及梦想，那么我想，该反思的，应该是我们。

二赞父母的支持。文化程度不高的父母，在金钱和孩子的梦想之间，选择给孩子权利，让孩子选择孩子喜欢的、孩子自己的梦想。这是这对父母最值得钦佩的地方。因为现实中，孩子往往被迫选择了父母的梦想。这一家人，物质上，不富有，甚至有些贫乏，但他们又很富有。不是吗?! 女儿有清晰的目标，清醒的自制。父母虽然陪伴女儿不多，但有善良、朴实的人品，特别是尊重女儿的选择，支持女儿的梦想。这一点，不是太多的家长能够做到的。父母尊重小姑娘的成长权，这是她走向独立人格的重要一步！小伙伴们，你的选择是你做主的吗？

三赞小姑娘的担责。这个出身贫寒的小姑娘，没有赢在所谓的起跑线上，却在关键的人生节点，不随波逐流，不唯利是瞻，选择内心所爱。这不是简单的鲤鱼跳龙门，而是更高维度的人生选择。小姑娘选择了考古专业，不论以后结果如何，她都要独自负责她的人生。现实中，许多父母剥夺儿女选择的权利，儿女被迫放弃了自己选择的权利，就意味着放弃了人生担责以及人生体验的机会，以至于产生了一批对自己不负责任，对父母、他人和社会更不负责任的，几百个月的"宝宝"、巨婴、啃老族等生命奇葩。所以，责任是人生必修的重要一课，它让人成长，而且是精神的发育和成长。

第二，目标是关注，决定你的积极心态

我们现代人经常迷茫、焦虑和抑郁，主要原因是没有解决好心理冲突和人际冲突。也就是，没有解决好自己与自己、自己与他人、自己与自然的矛盾。心理冲突，主要表现在自己做与不做、坚持与放弃，甚至生存与毁灭的矛盾纠结。当小姑娘有了人生目标，她就不会在别人扎堆时去凑热闹，因为她的征途是星辰大海，她忙于自己的理想，忙于寻找实现目标的路径，所以她更加专注，更有定力。她不会为了一点眼前利益与别人计较，会更有情怀，更加大度，因而有更多的自我和谐和人际和谐。所以，这一类人，更加辩证积极地看待事物，更具同理心，更会关怀他人，更好合作，更有效率，更为淡定。他们不拖延、不抱怨、不找借口，即使有压力、焦虑，也会自行缓解和修复。

第三，目标是激励，发掘你的人生潜能

我们讲过，在我们心里，经常是"本我"和"超我"在纠结。"本我"说，我不能，所以，我们就不去改变了；"超我"说，我试试，于是人生便有了动力，改变也就开始了，然后还会孕育出蝴蝶效应和指数增长的力量。

大家可能知道这么一个真实的故事。古希腊有一个"一英里"赛跑项目。近 2000 年来，所有人都认为，1 英里 4 分钟是人类的极限。而牛津大学罗杰·班尼斯特，突破了"我们不行"的固有观念，发誓要成为第一个突破 4 分钟极限的人。他利用他的医学知识进行训练。1954 年 5 月 6 日，他用 3 分 59 秒 4 跑完了 1 英里。一举创造了多年来人们一直想努力突破的纪录。在接下来的 1 个月，一位澳大利亚人跑出了 3 分 57.9 秒，后来很多选手陆续完成了同样的壮举。① 这就是说，人最大的障碍在人的脑子里，只要我们认为我们能，我们的人生潜能就能更多被发现，我们人生的动力就会不断激发，生命能量就会不断涌现。

为人生小船装上方向盘

小伙伴们，如果你的人生是一艘小船，你就要明确哪里是你的彼岸，也就是为你的人生小船装上人生方向盘。如果不知道哪里是你的彼岸，那么无论是东南风，还是西北风，对你都毫无意义。只有明确了彼岸在何方，你才能借势扬帆、披荆斩棘，直至最终抵达。所以，如果你有了清晰的航行方向、有了积极的静心状态、有了内在的动力激励，你所要做的，就只剩下了人生美景的欣赏，以及等待到达彼岸的时刻了。如果我们既欣赏了人生美景，又收获了春暖花开，你说，这是不是人生持久的灵性的幸福呢！

14.2　行幸福之"术"

14.2.1　行为演练：锻造美德②

（1）请在演练前按 1~5 分为自信心打分（1 非常不自信，2 有点不自信，3 有点自信，4 比较自信，5 非常自信）。

（2）参考下列美德优势表现出的人格特质，选择最能反映你最好的美德

---

① 罗杰·班尼斯特：四分钟内跑完一英里的第一人 [EB/OL]. https：//www. guinnessworldrecords. cn/records/hall-of-fame/first-sub-four-minute-mile.

② 理查德·怀斯曼. 正能量 [M]. 李磊，译. 长沙：湖南文艺出版社，2012.

和优势的词以及最能反映你最差特质的词。人格特质：有目标、热爱学习、忠诚、亲切、冷漠、雄心勃勃、不主动、关心他人、好奇心、善良、无情、不愿合作、不守规矩、勇敢、粗鲁、优柔寡断、积极主动、正能量、热情、冷淡、灵活、固执、不依不饶、专注、节俭、思想开放、领导力、有判断力、慷慨、自我控制、感恩、努力、懒惰、诚实、不诚实、有创造力、公民意识、有洞察力、谦逊、自大、猜忌、不成熟、乐观、悲观、守时、坚持不懈、领导力、毅力、正直、自信、缺乏安全感、真诚、没条理、自命不凡、浮夸、活力、宽容、幽默、仁慈、公平、谨慎。

（3）用非惯用手写出最差特质，用惯用手写出最好的美德与优势。

（4）再次按 1～5 分为你的自信心打分。

（5）对比分析前后自信心分数差异。

（6）试着在日常生活中发挥你的最好美德优势，改变你的劣势特质。

（7）写下你演练的感受。

+·+·+·+·+·+·+·+·+·+·+·+·+·+·+

演练分享

A 同学：前 3 分。最好：善良；最差：不主动。后 5 分。通过对比，发现人更应该聚焦于自己身上的闪光点，才能让自己更自信。在生活中，应该学会取长补短，客观看待自己的短处，告诉自己："嘿，兄弟，你这方面多做点功课下次可以做得更好，没事，自信点。"

B 同学：前 4 分，后 5 分。演练前看着最差人格特质心里总是充满了犹豫困惑和迷茫，自我思考，这是我的人格特质吗？我有那么差劲吗？演练之后我开始注意我有很多美好的人格特质，开始逐渐变得自信开朗。

C 同学：前 3 分，后 5 分。演练让我更能直面自己的缺点，不再害怕将自己的劣质特征暴露，而是直面缺点逐个击破，发挥优势，保持优势。最后，我相信，我一定可以成为我心里想去做的那个人，特别喜欢一句话"不要忘记要成为什么样的人"，无论经历什么，希望心中那个想要到达的岛屿一直没变。

D 同学：前 3 分。优势：专注，劣势：缺乏安全感。后 5 分。演练中我花了大量时间对照文本找出了自己的优势与劣势所在，让我发现了自己并没有想象中的那么不好，然后我按照演练过程操作，发现自己很顺利地就写出了自己的优势项，劣势项则相反。劣势项与优势项字体的对比显得优势项更加明显，突然觉得优势是我很容易做好的，是我前进的动力，劣势难改变，但也是可以改变的，这让我对自己有了更清晰的认识，增强了信心。

+·+·+·+·+·+·+·+·+·+·+·+·+·+·+

14.2.2　知识巩固

答案

一、判断题

人最大的障碍在于人的脑子里。只要我们认为我们能，我们的人生潜能就能更多被发现，我们人生的动力就会不断激发，生命能量就会不断涌现。

二、调查问卷

请问你的人生是否有目标？

A. 有清晰长期的目标　　　　　　　B. 有清晰短期的目标

C. 目标模糊　　　　　　　　　　　D. 没有目标

结果分析

1. 85%左右的小伙伴对自己人生目标有着很好的自我认知。

描述性统计分析发现，31.1%有清晰长期的目标，54.5%有清晰短期的目标，13.2%目标模糊，1.2%没有目标。这表明调查群体的85%左右的小伙伴对自己人生目标有着很好的自我认知，能够主动去追寻自己的目标，铸造自己的幸福。但也有10%左右的小伙伴目标模糊，还有少部分比较茫然。

2. 美德优势越明显的小伙伴人生目标越清晰。

相关性统计分析发现，第一次幸福测试分、**美德与优势测试总分**、情商测试分、父母乐观开朗度、本人乐观开朗度、父母幸福度、父母尊重子女的意见程度、财商测试分、工作学习的目的、感恩测试分、时间测试分、习惯测试分、魅力测试分、同感测试分、第二次幸福测试分等因素对人生目标的影响十分显著，其中影响最大的是美德与优势测试总分，即美德优势越明显的小伙伴人生目标越清晰；反之，一个人目标感越强，其美德优势越明显。

第 15 问　什么是自我和谐的人生目标?

15.1　知幸福之"道"

自我和谐的人生目标的三要素

亲爱的小伙伴们，上一问，我们讲了，为什么要建立人生目标。今天我们讨论，应该建立怎样的人生目标! 我的观点是，我们要建立自我和谐的人生目标。那么，自我和谐是什么意思呢? 自我和谐包含三层意思：优势、快乐和意义。

目标要能发挥自身优势

关键词是优势。前面我们让大家自我测试了自己的美德和优势。发现自己美德和优势做什么呢? 就是在你选择的人生目标中，补短板、铸长板，而更多的是铸长板，把你深藏不露的潜能，挖掘出来，实现马克思所说的"人的能力的发展"。

中央电视台曾有个关于任正非先生的采访《任正非：再穷不能穷教师》。从中我们可以发现任正非先生的优势与美德。

任正非，华为背后那个伟大的领航者，之所以赢得那么多尊重，是与他的 6 个特质分不开的。这就是，家国情怀、危机意识、低调朴实、共享精神、乐观坚强和自我批判。他在采访中说，"我关心教育不是关心华为，是关心我们国家。如果不重视教育，实际上我们会重返贫穷的。"所以他呼吁：再穷不能穷老师，再穷不能穷未来! 这是不是"先天下之忧而忧"的悲悯之心和家国情怀呢? 而"唯有惶者才能生存"，这是他多年来常挂在嘴边的一句话，也是他危机意识的最佳注脚。正是这种危机意识，华为研发了鸿蒙系统、海思"备胎"芯片。针对社会对华为被列为美国实体清单的关切，在接受国内媒体的集体采访时，华为给记者提供的资料中有一张图片是一架伤痕累累的飞机下写着一行大字"没有伤痕累累，哪能皮糙肉厚，英雄自古多磨难"。① 这既表现了任正非带领华为人战胜困难的坚定决心，也反映了他积极面对困境的乐观主义精神。

如果你仔细分析一下，这6项特质，基本上涵盖了我们所讲的智慧、勇气、仁爱、正义、节制、精神卓越这6大美德以及24项优势中的绝大多数。比如，目标感、学习力、判断力、创造力、洞察力、领导力、节制、自我控制、谦虚、勇敢、希望等。所以，从这里，你应该可以悟到，任何人的成功都不是偶然的。

事实上，美德和优势是在不断变化的。在我们没有经历某件事时，我们可能是无知无能，但经历以后，我们可能会变得有知无能、有知有能和无知有能（见图15-1），人生的境界也会从自我，走向无我、知我和超我（见图15-2）。这个过程中，有研究表明，如果我们的目标太过低小，没有挑战性，我们会感到无聊无趣；如果太过高远，又会挫伤我们的积极性，让我们感到无望。因此，心理学家告诉我们，我们的目标挑战程度，要与美德优势相匹配，此时，你才能体会到，将个人精神完全投注在目标活动中产生的高度的兴奋感及充实感，这就是心流体验，是我们持久灵性幸福的源泉。

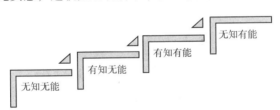

图 15-1 人的认知与能力成长

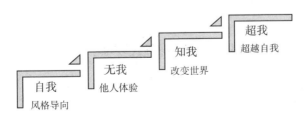

图 15-2 人生境界阶段

---

① 资料来源：中央电视台《面对面》栏目对任正非的采访"再穷不能穷教师"。

目标要使自己内心快乐

关键词是快乐。亚伯拉罕·马斯洛说过：人类最美丽的命运、最美妙的运气，就是从事自己喜爱的事情，并获得报酬。[①] 孔子也说过："知之者不如好之者，好之者不如乐之者。"在我国的甲骨文中，"志"字上面有个之，下面是个心，原意是"心之所之"，是心灵内在想要去往的那个地方，不是外在的你想要去的地方。换句话说，什么目标能使你快乐呢？一定是发自你内心深处、你最最喜欢做的事情。就像任正非、钟芳蓉想做的，都是他们的初心，也是他们能跑得更远更快的原动力，也使他们更加享受过程。享受过程的人，获得的精神层面的回报是最多的，心灵是丰富的。

那我们如何找到快乐的初心呢？分享一个方法。找一个安静的地方，在你的成长记录簿上，按照下列步骤去做一个心灵演练。第一步，写出你能做的事情。就是在分析自己美德和优势的基础上，把你能做的事情尽量多地写出来。第二步，找出你想做的事情。就是在第一个问题答案中，尽量多地找出你想做的事情。第三步，找出你内心最渴望做的而且是社会需要的事。就是在第二个问题答案中，找出你内心最最渴望做的事情，具有优势、快乐和意义的事业，这就是你的初心。这就是优势快乐意义关系图（见图 15 – 3）的核心部分。

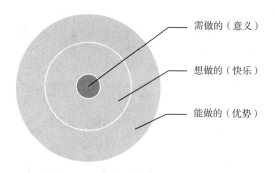

图 15 – 3　优势快乐意义的关系

目标要有人生意义

关键词是意义。还记得《大耳朵图图》怎么说的吗？留给世界的美好礼

---

① 泰勒·本 – 沙哈尔. 幸福的方法［M］. 汪冰，刘骏杰，译. 北京：中信出版社，2013：97.

物就是你生命的意义！生命意义，就是你的所作所为能够满足他人和社会的需要，这样既使你自己有目标感、使命感和责任感，又对社会具有价值和贡献，也就是价值感，实现你个人幸福与社会幸福的统一。这就是为什么我们国家每五年就要制定五年规划，华为这样的公司过一段时间就要整出一个奋斗目标，每个人在每个人生阶段都要有追求的原因。这些目标都是有意义的，因为它们朝着马克思描述的"人的能力的发展"的理想社会更进了一步，哪怕是一个非常理想化的，甚至有些虚幻的意义。人有时还真的要有点理想主义，太功利了，有时可能连你自己都觉得缺少了目标感和使命感，没有了生命激情。因此，一个目标感很强，能清晰生动地向身边人描绘未来的人，或者有些理想主义色彩的人，就像一个"意义塑造师"，或者就像《盗梦空间》里的"造梦师"。他们心里只有自己想要做的事，他们有强大的气场，让你心甘情愿跟着他们一起干！这就是为什么任正非身边，总是有人跟他一起干，而有的老板让你加个班你都要吐槽的原因，因为你那个老板的企业可能没有企业之"魂"：理想和目标。

内心和谐、人际和谐成就自我和谐

小伙伴们，自我和谐的目标，包含了优势、快乐和意义三层含义。优势和快乐表明你的目标必须是发挥你的优势、你内心喜欢的，也就是你的人生目标不是父母的，不是偶像的，不是网友的，而是你自己的，所以你的内心是和谐的；而意义表明，目标是利于他人、贡献社会的，你与他人、与社会、与自然也是和谐的。而内心和谐、人际和谐则会成就你的自我和谐。

15.2　行幸福之"术"

15.2.1　行为演练：找寻自我和谐的人生目标①

按照本问提供的方法，静心找到能发挥你优势、让你快乐的多项活动。写出这些活动如何满足社会或他人的需要，即活动的价值和意义。

（1）找出 6~9 项能让你快乐、发挥你特长的又有意义的活动。

（2）将一张纸分成 6~9 份，每一份填上一项活动。

---

① 理查德·怀斯曼. 正能量［M］. 李磊，译. 长沙：湖南文艺出版社，2012.

（3）将每一份揉成一个小球，放在一个小盒里。

（4）每一周开始，任意取出一个，在一周内完成纸上所写的活动。

（5）记录下是否发挥你的特长、喜欢程度以及意义所在。

（6）经过多次演练，你一定能够寻找出发挥自己特长（能做）、有意义（需做）并真心喜欢（愿做）的自我和谐的人生目标。

（7）如果你找到了你的自我和谐的人生目标，那是什么呢？如果还没有找到，请继续寻找，并写出做过演练的感受。

+·+·+·+·+·+·+·+·+·+·+·+·+·+·+·

演练分享

A 同学：成为一名工程师。刚开始十分迷茫，不知道自己的人生目标是什么，但是我一直酷爱参加竞赛，通过演练，我突然明白我其实一直都有一颗想当工程师的心。

B 同学：我找到的人生目标是做一个服装设计师。感受：我发现能让人快乐的事情一定都是发自内心且无法抗拒的，我每取出一个纸球之前内心都会充满期待。通过这个活动，我更加清楚如何把自我优势及爱好与人生目标合理地结合在一起；如何对自己的优势和目标进行规划，从而发挥自己最大的长处；如何在兴趣爱好和现实目标中找到一个平衡点，真正达到自我和谐。

C 同学：当我每周完成纸上所写的活动，过程和结果都是令人开心快乐的，这让我知道正确的目标给我带来更多美好的体验，正确的目标能够使人既活在当下，又对未来有把握。有正确的目标能够规划出正确的人生路线，按照这个目标所做的事能使我们感到幸福、快乐、充满希望。

D 同学：在一一列举自己的优势、价值、意义前，觉得似乎没有找到自己特长又有意义的活动，学习以及生活都感觉是漫无目的的，心里有些轻微焦虑。演练后，我在随机抽到小球中，发现自己原来有着一些优势与特长，发现自己开始学会自我审视，以及对周围的人或事进行深度思考，去想为什么、是什么等。我发现了自己要奋斗的方向，感到了自我与未来的联系，建立了自我和谐的人生目标。演练还告诉我，即使我还没找到自己的人生目标，但是在这一过程中，去寻找目标本身就是一个目标！

+·+·+·+·+·+·+·+·+·+·+·+·+·+·+·

15.2.2　知识巩固

 答案

一、多选题

建立自我和谐的人生目标，其中自我和谐包含三层意思：（　　　）。

A. 优势　　　　B. 快乐　　　　C. 金钱　　　　D. 意义

二、判断题

1. 亚伯拉罕·马斯洛说：人类最美丽的命运、最美妙的运气，就是从事自己喜爱的事情，并获得报酬。

2. 孔子说：知之者不如好之者，好之者不如乐之者。

第16问　怎样建立人生目标体系？

16.1　知幸福之"道"

人生有个目标体系

小伙伴们，我们每个人，可能都做过年度计划，这是人生目标吗？是，但不是全部。真正要建立自己的人生目标，实现自己的持久幸福，还真是个技术活。因为人生目标是一个体系，它包括人生愿景、使命和目标。

我们来看这张三观与人生目标体系关系图（见图16-1）。

图16-1　三观与人生目标体系关系

人生愿景，和理想、志向、初心有些相似。愿景，就是在你三观主导下，你愿意看到的社会及人生图景。说白了，就是你志愿向哪里去，你的理想是什么，你有什么初心。也是给你的未来人生画个蓝图，回答你要成为什么样的人的问题！使命呢，就是在愿景、初心指引下，回答如何使生命更有意义的问题，回答你有什么、你最想要什么、你能放弃什么等问题。两者加起来，就是我们经常说的，初心和使命。初心和使命的具体化就形成了人生的具体目标，是对我们人生预期取得的主要阶段成果的期望值。又可分为1~2年短期目标、3~5年中期目标、5年以上长期战略目标，在此基础上你就可以排出年度计划、月度计划，甚至每周计划了。

几个原本凡人的目标体系

我们列举了三位先哲的人生目标体系（见表16-1）。

表16-1　　　　　　　　　　　　　　　目标体系列举

姓名	初心：成为什么样的人	使命：有什么、想要什么、能放弃什么	目标：长期、中期、短期计划
孔子	大道之行也，天下为公	修身、齐家、治国、平天下	为学、教学
马克思	共产主义	选择"最能为人类福利而劳动的职业"	《共产党宣言》《资本论》
王阳明	圣人：立德、立功、立言"三不朽"	《教条示龙场诸生》圣贤之路，唯有四事相规：一曰立志，二曰勤学，三曰改过，四曰责善	读书、习武、悟道

孔子一生的理想是天下为公，所以他就以修身、齐家、治国、平天下为使命，一生为学、教学，成为中国历史上第一位职业教师。

马克思一生以共产主义作为他的愿景，试图通过解释世界和改造世界，使人成为社会的主人、自然的主人、自身的主人。所以，在21岁时，他就选择了"最能为人类福利而劳动的职业"。在这一使命的召唤下，他写下了《共产党宣言》和《资本论》，成为"千年第一思想家"。

王阳明，上学时就不稀罕父亲读书做状元的教导，立下立德、立功、立言"三不朽"的圣人之志。所以，就有了圣贤之路上的"立志、勤学、改过、责善"的使命，也有了读书、习武、悟道的人生目标和计划（董平，2010）。

这三位先哲，是时间和历史编辑出来的圣贤和伟人，但当时他们哪个不是平凡之人呢？

构建人生目标体系的小方法之一：需求法

我们该如何构建自己的人生目标体系呢？除了终身学习、理性思考、增加阅历等，这里再分享一些小方法。

需求法，就是发现国家、社会和他人的需求，将自己的人生愿景嵌进去，这是保证你茁壮成长和能力发展的关键。比如，马克思通过研究发现，当时最广大的劳动阶级，虽然没日没夜地劳作，但依然越来越贫穷，从而发现了私有制和资本的罪恶本性以及人类社会的发展规律，并为此奋斗一生。而中国共产党人，把人类最美好的共产主义社会作为自己的远大理想；把为中国人民谋幸福，为中华民族谋复兴作为自己的使命；所以就有了小康社会、现代化国家的奋斗目标。

小伙伴们，你可能会说，这些似乎有些高远，那我们就说说任正非吧！

任正非在"丰富人们的沟通和生活"愿景下，把"聚焦客户关注的挑战和压力，提供有竞争力的通信解决方案和服务，持续为客户创造最大价值"作为使命，不断去发现现代与未来社会信息与通信技术的需求，最终成为全球知名的信息与通信技术解决方案供应商。

小伙伴们，以此类推，你是否可以结合你的优势和专业，去发现他人的、社会的乃至全球的需求呢？找到了，于己，可以发挥你人生的最大价值；于社会，可能可以推动社会的发展和进步。你说你的人生有没有意义呢？

构建人生目标体系的小方法之二：榜样法

榜样法，我们曾经讲到过，就是找到榜样的目标体系然后借鉴学习。

我们来讲讲"人民英雄"陈薇的故事。陈薇，军事医学科学院院士，阻击过"非典"、抗击过埃博拉，如今，她再次成功研制出重组新冠疫苗。当初，她已经被大公司录用，因为取实验抗体前往军事医学科学院。在那里她听到一个故事，就是在抗美援朝时期，美军竟然使用了细菌武器。周总理抽调全国顶尖科学家，担当防御生化武器与核武器的重大使命，于是便有了军事医学科学院。有时人生似乎充满了意外，就像歌中所唱：只是因为在人群中多看了你一眼，再也没能忘掉你容颜。看似偶然，但其实这时三观起了重大作用，又令其必然。这段历史，让陈薇热血翻涌。她放弃了大公司的职位，改志要为这项伟大的使命奉献才智。所以，陈薇，在习近平主席为她颁授"人民英雄"国家荣誉时说："要成为为人民负重前行之人，为人民守护岁月静好之人"①。

有网友说：像陈薇院士这样为国为民的人，才够资格成为国民偶像，如果可以，请让更多人知道她的事迹。所以，如果今天，你的专业与医学相关，你可以以陈薇为榜样；如果你学的是考古，你可以追随樊锦诗的足迹。你可以用同样的方法对第二个、第三个榜样进行分析，让他们的初心、使命和目标，成为你的指南针或者北斗星。

构建人生目标体系的小方法之三：SMART 原则

遵循 SMART 原则。就是在将愿景、使命具体化为人生规划和计划时，我们可以借鉴 SMART 原则。就是你的目标要具有明确性（specific）、可衡量性（measurable）、可实现性（attainable）、相关性（relevant）、时限性（time–based）等特征。一是目标的明确性。就是我们要制订具体的一年、三年甚至五年要达成的、明确的清晰的成果目标，如果是美德优势方面的不足，则要有针对性地强化。二是目标要可量化。比如，每周要跑 3 次步，每次 3000 米。三是目标要具有可实现性。比如，两年内要开出一门幸福课。四是目标要具有相关性。即目标是你可控的、可负责的自我和谐的目标。五是目标要具有时限性。目标必须有一个起始时间。通常，我们会规定一个完成时间，但事实上，最早开始时间比完成时间更有效。比如，你说"我这个月要去跑步了"，不如说"我现在就开始跑 3000 米"。但要注意的是，我们的人生涉及学习、工作、生活等各个方面，一个时期的目标不应设置太多，一般最多不超过 3 个，完成后再去设立新的目标会比较好。

20 岁之后幸福是自己给的

上述这些方法，可以帮助我们定义、设计、创造和实现我们自己的幸福，是我们成为独立自我的必修之课。如果没有这些幸福的教育，我们可能会在未来被生活教训。所以，我们经常会说，20 岁之前幸福是父母给的，20 岁之后幸福是自己给的。小伙伴们，课后试试看看吧！静下心来，即使你已经有了一些目标，也可以运用上述方法进行确认和调整，一次不行，可以两

---

① 《中国新闻发布》编辑部．"人民英雄"陈薇：不负时代 不辱使命［EB/OL］．（2022–03–20）［2022–08–20］．https：//www. xuexi. cn/lgpage/detail/index. html？ id = 16737748867828857731 &amp；item_id =16737748867828857731.

次，甚至多次，相信你一定能明晰你的初心、使命和目标，你一定能够看到你未来五年、十年甚至更长时间你幸福的样子。

16.2　行幸福之"术"

16.2.1　行为演练：建立人生目标体系

在第 10～15 问的演练思考基础上，提炼并按表 16－2 的格式填上自己的初心、使命，并据以制订自己的短中长期目标和计划。如果还写不出来，你可以用榜样法对第一个、第二个榜样进行分析，让他们的初心、使命和目标，成为你的向导。

表 16－2　　　　　　　　　目标体系的建立

愿景（志向、初心）：成为什么样的人	使命：你有什么、想要什么、能放弃什么	目标：长期目标、中期目标、短期目标、工作计划

·+·+·+·+·+·+·+·+·+·+·+·+·+·

演练分享

A 同学：我想成为一个对社会有用的人，做一个优秀的教师。我真诚待人，乐于助人，桃李满天下。我能放弃我休息的时间去帮助学生。长期目标是桃李满天下，中期目标是向优秀的老教师学习，短期目标是成为一名新教师。我的工作计划就是做好教学工作，生活上也要给予学生关心和爱护。

B 同学：愿景：成为在某一个行业拥有专业性、不可替代的人；成为一个孝敬父母，服务社会为国家作出贡献的人。我拥有梦想与努力的冲劲，想要向自己的梦想不断进发，我愿意付出我的金钱和精力。长期目标：做个设计师或者从事记者工作为社会发声。等老了，想开一家敬老院，帮助更多老年人。中期目标：在一家公司完整待 3 年。短期目标：度过公司试用期。

C 同学：愿景：成为科学家。使命：有毅力，想要获取更多的知识，能放弃打游戏。长期目标：成为科学家。中期目标：大学毕业。短期目标：考英语六级。工作计划：每天背 40 个英语单词。

·+·+·+·+·+·+·+·+·+·+·+·+·+·

16.2.2　知识巩固

答案

多选题

1. 人生目标体系一般包括（　　）。

A. 行动　　　　B. （愿景）初心　　C. 使命　　　　D. 目标

2. 目标管理中有个 SMART 原则，就是你的目标要具有（　　）等特征。

A. 明确性　　　B. 可衡量性　　　　C. 可实现性　　D. 相关性

E. 时限性

第 17 问　为什么人生要立大志？

17.1　知幸福之"道"

取乎其上得乎其中

亲爱的小伙伴们，今天，我们要来讲讲，目标感主题中的"人生为什么要立大志？"

问及未来，有人说，将来有"老婆孩子热炕头"的生活也就可以啦。可以吗？当然可以，这是你的自由。但古语有："取乎其上，得乎其中；取乎其中，得乎其下；取乎其下，则无所得矣。"就是说，如果我们人生目标定得过低，没有任何压力和挑战，我们恐怕连"老婆孩子热炕头"的生活也不一定能得到哦，更不用说品尝更大的志向和挑战带给我们的幸福啦。

念头不是志向

古人曾说"人若无志，与禽兽同类。""志不立，天下无可成之事。"足见立志对于一个人一生的重要性。

小时候，大人经常会问小朋友：长大后想干什么呀？你可能会说当个科学家、做个医生、成为大富翁、当个明星等。这些是立志吗？其实不是，这些只是念头，念头只是意向，它们随时而生，随时而灭，所以不是立志，更不是大志。而真正的大志一定是你的世界观、人生观、价值观所主导的，你一生中的初心和使命；真正的立志是以天理为志的，是不涉及任何具体的事物的，但它却像人生的北斗星一样一直指引着你精神之我行走的大方向。

你想成为哪一个人

有人曾问三个砌砖的工人："你们在做什么？"第一个说："砌砖"；第二个答："赚钱"；第三个最为自豪："建造世界上最富特色的房子"。后来，前两个人一直是普普通通的砌砖工人，而第三个人却成了有名的建筑师。你想成为哪一个人呢？

志向与利益人数、影响时间成正比

其实，我们有良知的那颗心，不管是大人物还是小人物都是一样的。无志者，天才归于庸碌；有志者，垄亩可飞鸿鹄。所以，一个人是成为大人物还是小人物，在于他是否立大志还是无大志。志向越大，人生的境界值越高，越能满足人的全面发展和自我价值实现的最高层次的需求。

曾经在崔开源老师的幸福报告中看到过一个公式，即：

人的境界值＝志向利益人群数量的多少×志向影响时间的长短

志向利益人群数量的多少，是指如果你只为了你自己，你利益的人就是1；如果你为了你的家，你利益的人就是你家里人的数量，比如3；如果你为了单位组织，你利益的人就是单位员工数量；如果你为了国家，你利益的就是国家人口的数量；如果你为了全人类，你利益的人就是世界人口的总数。志向影响时间的长短，就是你的目标能够影响人与事的时间长短。

圣人、伟人的大志

圣人、伟人其实一开始都是普通人，甚至有些条件还不如现在的你我。

比如马克思，一生的物质生活水平绝对不能与你我相比，但成就他的可是你我都没有的"大志"。马克思，一生为全人类的解放和幸福事业而奋斗，成为"千年第一思想家"。他的思想有多少人受益呢？其他不敢说，至少把马克思主义中国化的 14 亿中国人民是其思想的受益者。圣人孔子，为天下而生，其"修身、齐家、治国、平天下"的思想，不仅成为现代幸福科学的基本假设，更使自其以后的无数代人受益。今天，习近平主席致力推动的人类命运共同体，不仅受益于中国传统文化，更是可能造福全世界的伟业，不仅如此，世世代代的人都可能是无穷无尽的受益者。这就是圣人、伟人，他们可能会使受益的人变成无穷大，他们的影响足够久远，他们人生价值也可能是无穷大。

普通人郭小平的大志

上面讲到的都是圣人伟人，而对于普通人，道理其实是一样的，因为他们成为圣人伟人之前也都是你我一样的普通人。我们来看一个艾滋病学校校长郭小平的故事。

郭小平，这个中国大地上最普通不过的名字，也可能是中国重名率最高的名字之一。但今天要讲的这个郭小平却又非常地不普通。2004 年之前，他是临汾第三人民医院院长。2004 年，在看到艾滋病区的几个孩子到了上学年龄却没法上学，善良和仁爱促使他和同事一起办起了"爱心小课堂"。2006 年 9 月 1 日，在社会各界的帮助和支持下，临汾红丝带学校正式挂牌成立。截至 2016 年，临汾红丝带学校成为中国唯一一所艾滋病患儿学校。

郭小平说："我应该把精力集中到这。好多人迷惑，医院院长不当，跑来干这，好像不可理解。换一个院长其他人也能做，但是这个学校的校长不是换一个校长就能做成了，因为这些孩子认人，就认我这个人，不是认这个位置。"郭小平认为中国不缺一名院长，而缺一名校长、一个家长。他最大的愿望就是随着社会的进步，社会对艾滋病患儿能少些歧视，多些宽容，能让艾滋病患儿到正常学校去上学。为此，郭小平获得"感动中国 2016 年度人物"等称号。①

郭小平的志向，不是"老婆孩子热炕头"，过好自己的生活就够了，而是把爱的种子播撒到 33 名艾滋病儿童患者心中，并由他们把爱的种子传播

---

① 资料来源：中央电视台《朗读者》节目。

下去。什么叫大爱大德？这就是大爱大德。只有与理想信念、初心使命相关联的志向才是大志，只有与大爱大德相连接的志向才能永恒。我们的 1 个、3 个、5 个影响人数虽然与之相比有些逊色，但只要我们志向更大些，我们的 1 个、3 个、5 个影响人数就可能会变成 10 个、300 个、5000 个甚至更多。

大志之人至少有五个特点

按照这一道理，我们的志向越大，我们的人生价值越大。我们的能力全面发展之时，就是我们的幸福人生到来之时。如果你像范仲淹、任正非那样"先天下之忧而忧"，你可能就更有家国情怀；如果你能"为天地立心，为生民立命，为往圣继绝学，为万世开太平！"也许你就是下一个改变世界之人。

所以，一个有大志的人会有这样几个特点。一是更有定力。大志者心中更有方向和动力，不会受外界干扰诱惑，不太会迷茫，更容易成功。二是更有毅力。"古之立大事者，不惟有超世之才，亦必有坚忍不拔之志"告诫我们，立志并不难，难的是时时刻刻按照自己的志向去踏实苦干，去勤恳地践行自己的志向，即立长久之志，才能行路万里而不忘初心。一遇挫折或世态变迁，就给自己找个理由，违背自己的志向而忘记初心，是许多人的通病。初心和大志可以激励我们不懈努力。如周总理少年时代就发出"为中华之崛起而读书"的誓言，并为投身革命、践行初心，刻苦学习，奋斗终生。三是更有感召力。大志者有一种强大的磁场，能够吸引同道中人，做成大事业，贡献大社会。四是更能适应社会发展。大志者更能够审时度势，有大格局。而在百年未有之大变局的中国和世界这个舞台上，唯有大气者方可上演精彩人生。五是更能自我完善。生命中没有任何一种表情不被记忆，只不过有些细微你没有发现而已。远大的志向，持续的努力，如同雕刻机一样，在人的脸上、身上、眉宇之间，显示出与众不同的气场、福相和气质，让女生越来越美，让男生越来越帅，越来越贴心。敬爱的周恩来总理生前对身边的每位同志都有无微不至的关怀，虽然细微，但举手投足都令人感到无比温暖。接触过周总理的国外政要，无一不佩服他的能力、才华和气度。这些都是长期修养修炼的结果。

志当存高远

小伙伴们，人越是树立远大的理想，投身于某种事业或献身于所爱的人或事，他就越有人性的光辉，他的小宇宙会越来越强大，他越能实现自己的价值，越能拥有持久的幸福。远大的志向是幸运之根，成功之道，幸福之魂。所以，诸葛亮说"志当存高远"；《一代宗师》中也有这样一句台词"一念既出，万山无阻"。小伙伴们，你明白了吗？

17.2　行幸福之"术"

17.2.1　行为演练：改变不良性格特质①

请评价自己的不良性格特征处于哪种状态，比如我认为我自己"一点都不情绪化"，就打 A；"非常情绪化"就打 E。以此类推，找出打了 C、D、E 的性格特征，即是你不良的性格特征。并给 A、B、C、D、E 分别赋分 5、4、3、2、1，计算一个总分（见表 17－1）。试着在一段时间内（如一周或两周）表现出相反的特质，并再做一次演练计算出总分，对比分析前后变化，并写下你的感受和进步。你可以多次演练。

表 17－1　　　　　　　　　　性格特质调查

不良性格特质	A 非常不一致	B 比较不一致	C 有点一致	D 比较一致	E 非常一致
情绪化					
爱发脾气					
不爱运动					
不爱学习					
感到无聊					
对人挑剔					
专横					
自我为中心					
不诚实					

① 理查德·怀斯曼. 正能量 [M]. 李磊，译. 长沙：湖南文艺出版社，2012.

续表

不良性格特质	A 非常不一致	B 比较不一致	C 有点一致	D 比较一致	E 非常一致
不耐心					
世故					
吝啬					
散漫					
沉默寡言					
无创造力					
自己认为的不良特质					

17.2.2　知识巩固

答案

一、判断题

公式"人的境界值＝志向利益人群数量的多少×志向影响时间的长短"说明，我们的志向利益的人数越多，时间越长，人生境界值就越高。所以，我们要立大志，立善志，立长久之志。

二、讨论分享题

党的十九大报告提出：到2035年"全体人民共同富裕迈出坚实步伐"。请你查查"共同富裕"的含义是什么？与你的幸福有关系吗？

专题6 热忱乐观是
你幸福的发动机

▶▶专题导读

亲爱的小伙伴们，为什么有人一想起工作学习就痛苦不堪，而有人一工作学习就废寝忘食呢？为什么有人一遇到凄风冷雨就呼天抢地，而有一种人，愈是风雨如晦之际，心灵却愈是宁静呢？

研究表明，正向的人幸福感更高。正能量的人不是没有负面情绪，是人都有负面情绪，就像人总会生病一样，但他们积极情绪与消极情绪之比都会大于3∶1①，他们能够尽快地、自愈地恢复积极常态。

他们为什么能够自愈呢？这是因为他们在工作学习中拥有幸福的秘诀，那就是"福流"。它源自心理学家米哈里·奇克森特米哈伊为感到快乐而定义的境界即flow experience②，又叫"心流体验""心流感应""福流体验"等。

拥有"福流"，你就不再把工作学习视为痛苦，即便痛苦，你也能浴火重生，痛并快乐着！也就是说，凡是拥有掌控幸福能力的人，都经历过与痛苦同行！正像孟晚舟在《月是故乡明，心安是归途》中的那一句"没有在深夜痛哭过的人，不足以谈人生"。痛苦让你更加深刻地理解人生意义，而"知道为什么而活的人，便能生存。"

所以，专题6我们讨论热忱乐观这些美德优势是如何影响幸福的，以学会如何满腔热忱对待工作学习，让工作学习不再痛苦，让热忱乐观与心流体验成为你工作学习的发动机。那么如何做到这些呢？又如何把自己当"人"，乐观积极地看待逆境、走出逆境，塑造出你的积极情绪呢？其实你是否积极、乐观、热忱，在生活中有一个检验标准，就是：做人做事有没有被催促。这些都是本专题的重要内容。

---

① 芭芭拉·弗雷德里克森. 积极情绪的力量 [M]. 王珺，译. 北京：中国纺织出版社，2021.
② 米哈里·契克森米哈赖. 心流：最优体验心理学 [M]. 张定绮，译. 北京：中信出版社，2017.

第18问　如何工作/学习不痛苦?

18.1　知幸福之"道"

"我"就是不想上班/上学

亲爱的小伙伴们，2020 年初，一场突如其来的新冠肺炎疫情，让我们的情绪几度起伏。起初，疫情可能让你十分恐慌，而之后的超长假期可能又使你心中窃喜：太棒了，这下可以继续享受美好人生了。但后来发现，锄禾日当午，睡觉好辛苦! 睡了一上午，还有一下午。晚上接着睡，实在太痛苦。那时你看着满园春色，总在想，烟花三月下扬州，愿我三月能下楼。还有妈妈的红烧肉已经吃了第 15 遍了。

那时，好想开学啊，好想开工啊。但真要开工开学，焦虑、郁闷就又找上门了。就像有个网友所说："休了个有史以来最长的寒假之后，第 106 天，我终于要上班了。但心情居然还是不想上班。"

不想工作/学习还真有些渊源

为什么一想起工作学习，有些人就热血翻涌，有些人却萎靡不振呢? 为什么在工作学习时人们会感到痛苦呢?《幸福的方法》中讲到，在希伯来语中，工作"avoda"和奴隶"eved"同源，而且亚当和夏娃偷吃了禁果，被惩罚必须终身劳作，这些可能都加重了人们对于工作就是劳苦劳累的认知。除了这些原因，工作学习是痛苦还是享受，更多取决于我们对于工作学习的认知。

"放羊娃式"的存在

你可能知道 20 世纪 90 年代有记者在陕北黄土高原的一个穷山沟里与放羊娃的一段对话："今年几岁?""十六。""怎么不上学?""我放羊""你放羊是为了什么？""挣钱。""挣钱干什么？""娶媳妇。""娶媳妇干什么？"
"生娃娃。""生下娃娃将来干什么？""放羊。"……

发布这段对话的记者，其本意绝对不是挪揄有些可笑甚至有些可悲的放
羊娃；他其实是用隐喻的方式，揭示了社会现实中为数不少的可怕现象：动
物型生存，即作为"人"却丧失了"人存在的意义"。更直白地讲，就是
"人"有别于动物的那些生活目标和精神追求在某些人身上消失了。

这是 20 多年前的对话，可能那里人们的生存方式早已发生了变化。但
细细观察一下我们周边，类似"放羊娃"的生存方式并不在少数，但可能我
们却并不自知，而且可能还在嘲笑"放羊娃"。

想想自己，"我"是不是就是这种状态呢？

"你每天干什么？""上班。""上班为了什么？""挣钱。""挣了钱呢？"
"娶媳妇。""娶了媳妇呢？""生娃。""生了娃，让他干什么？""上班。"……

如果"放羊娃"有些可笑可悲，那么，"我"是不是一不留神也成为同
类而不自知呢？

我们每个人，偶然地来到这个世界，又必然地会离开这个世界，在这偶
然和必然之间，你可以选择"放羊娃"式的存在，但静心思考一下，我们是
否可以选择更像"人"的存在方式和意义呢？事实上，每一个正常人，从开
始明事理、懂道理时起，在你的内心深处，肯定会有一种获得尊重的愿望，
也肯定会有一种积极向上的力量。尤其是，在活力四射、血气方刚的青春岁
月，理想、信念、初心、使命、拼搏、奋斗等这些富有激励作用的词语一定
经常在自己脑海里浮现，你也一定有过真实而有效的行动。

那为什么"我"现在成了"放羊娃"了呢？可能有一句话就是问题的
答案——"生命的悲哀不在于目标不可达成，而在于没有了目标"。

你"内卷""躺平"了吗

"内卷化效应"是美国人类文化学家利福德·盖尔茨提出的。20 世纪 60
年代，利福德在印度尼西亚四面环海、风景秀丽、气候宜人、物产丰富的爪
哇岛上生活。他潜心研究当地的农耕生活，满眼尽是日复一日、年复一年的
播种、收割等，而无暇欣赏原生态农业的诗画般的景致。他长期停留在一种
简单重复、没有进步的轮回状态。后来，他把这种现象称为"内卷化"。人
们把这一概念引入经济学当中叫作"内卷化效应"，意思就是长期从事一项
相同的工作，并且一定程度内没有任何变化和改观。

人一旦陷入"内卷化效应"，就如同踏入了泥潭，裹足不前，无谓地消耗着有限的资源，不断重复过去，就如同"放羊娃"人生一样。所以，对待"内卷"，我们要保有生命的好奇心，要多尝试接触新兴事物，走出那个囿于一定范围的"舒适区"，迎接生命的新生，而不是"躺平"。

阿乙为写作几乎搭上了性命

在中央电视台《朗读者》节目中，主持人董卿问作家阿乙如何看待写作，阿乙说："我认为，生命一开始就是应该属于死神的，它操纵在死神手里，我们要做的就是用自己的事业、自己的生活从死神那里把它夺回来。我们要实现我们的自主权。所以我很感激生命中有写作这件事，它虽然把我推向疾病的苦海，但它也将我拯救出来，把我拖出苦海。"

2008～2018 年，阿乙以每年出版一本小说或随笔的频率，创造出写作的高峰。在这些光环背后，则是阿乙"圣徒式的写作"。他将生命的力量集中于指尖，在键盘上敲击出饱含热血与爱意的字字句句，甚至连吃饭的时间都要省下来，一天两顿饭，吃面包，喝牛奶。

2013 年阿乙生了一场大病，几乎丢掉性命。逃过一劫后，性情、容貌等大变，但唯一不变的是他对写作的挚爱。阿乙和死神斗争，与命运搏斗，激发了自己的潜能，追寻到生命的意义。

对于工作学习的认知有三个层次：任务层次、职业层次和事业层次（见图 18－1）。你觉得作家阿乙属于哪个层次呢？

图 18－1　对工作学习认知的三个层次

对于工作学习认知的第一层次

第一层次，任务层次。如果我们把工作当作任务，是别人派的，不是我自己内心想做的，那完成任务就是为了交换金钱。此时，可能你已经不自觉地成为赚钱的奴隶，因为你生命的追求都交待给了工资，没有了薪水你就没有了人生的动力。那你的工作学习能不累吗？

对于工作学习认知的第二层次

第二层次，职业层次。如果把工作当作职业，你可能对于工作有更多投入，你可能会通过金钱显示你的成就，通过升迁、权力甚至特权彰显你的成功。但当你从职员成长为董事长、从助教成长为教授后，没有了晋升，可能也会茫然。这使笔者想起大学时读过的一本书，叫《艾柯卡自传》。艾柯卡22 岁以推销员的身份加入福特公司，后来成为地区销售经理、副总裁，46岁升为总裁。在这之前，他心心念念要成为福特公司总裁，但当他终于等到那一天时，他就像登上最高峰后，不知道下一步该往哪里走一样，感到茫然。当时，笔者就想不太明白，他想要的都得到了，为什么还会有这种感觉。现在明白了，无论是金钱，还是晋升、成功等，都只是你幸福的手段。但在生活中，太多的人错把金钱、地位、"五子"当作人生的目标，而非手段，而当这些目标都实现后，却陷入茫然的境地。这正是我们焦虑产生的最大原因。

对于工作学习认知的第三层次

那么如何看待工作学习才会幸福呢？这就是认知的第三层次，事业境界。把工作当作事业，甚至召唤，那可能结果会大为不同。什么是事业？什么是召唤？我们前面曾经讲过，我们在选择初心、使命和目标时，要去建立自我和谐的目标，它包括优势、快乐和意义三个关键词。就是这个目标一定是你能做的发挥你优势的、你内心最愿意做的能让你快乐的、被他人与社会需要的有意义的目标。你内心最愿意做的，就是你内心的呼唤，你坚持的初心。

了解了上述三个层次，你可能已经发现：事实上，对工作学习认知处于第一层次和第二层次的人最容易"内卷"和"躺平"，从而进入"放羊娃式"的生存状态，甚至可能还不自知。要想从这种状态走出来，你就要进入第三层次，寻找你生命中的心流体验。

寻找你生命中的心流体验

如果找到初心再加上意义，无论物质丰富还是贫乏，无论前路有多少诱惑和坎坷，你依然会对事业充满激情和内在动力，你会有一种将你的全部注意力完全投注其中的感觉。这就是心理学家所说的心流体验。心流产生时会有高度的兴奋感及充实感，此时我们的感觉和体验融为一体，体验本身就是一种奖赏和激励。正像作家阿乙，他愿意用生命去投入、去写作，他会痛苦吗？会痛苦，那是身体上的，但在心理上和精神上他是一种享受！所谓痛并快乐着！这种感受你仔细想想，可能你也遇到过，比如，你沉迷于解题、发明、写作、设计、创作、谈心、打球等过程中，不知不觉中几个小时就过去了，你可能会忘记了吃饭、睡觉甚至周遭的一切，这就是你的心流体验。这是你幸福得以持久的最重要的内在精神因素。

我找到了我的心流体验

拿我自己来讲，做幸福课累吗？肯定累，但我发自内心想去做幸福课，因为我感到了师生们对于幸福课的需要，我觉得这是教师的使命和召唤，也就是，我的教师初心让我坚信：你幸福，所以我幸福。这一切与报酬、名利无关，只与生命的价值与人生的选择相关。

谁的职业都不卑微

正像爱默生所说：对于不同的头脑，同一个世界可以是地狱也可以是天堂。比如，我们学校食堂有一位师傅，他的工作就是把食堂桌椅擦拭干净，几十年如一日，每次他都擦得满头大汗，问他累不累，他总是笑眯眯地说：不累。显然，他在工作中欣赏着自己生命的价值和意义。

只有在工作学习中才能产生更多的心流体验

我们经常希望偷点小懒，认为多点休闲放假可能会更幸福，事实上，一些研究可能会颠覆我们的认知。如唐纳德·赫布研究了600个6~15岁的孩子，告诉他们表现欠佳要罚出去玩，表现优秀有更多作业做。结果学生们都选择了在课堂上好好表现，而不是出去玩耍。[①] 这项研究显示，如果我们把学习工作当成一种特权，而不是任务责任，那我们更会感到幸福，并且效果也会更好。也就是说，人们喜欢休闲多于工作，但只有在工作中才会有更多的心流体验和幸福的感受。

所以工作是享受还是痛苦，一切都在于你自己的内在。正如史铁生（2013）所说："生命的意义本不在向外的寻取，而在向内的建立。"

---

① 泰勒·本-沙哈尔. 幸福的方法［M］. 汪冰，刘骏杰，译. 北京：中信出版社，2013：89.

18.2 行幸福之"术"

18.2.1 行为演练：寻找工作与学习的意义

如果你喜欢你现在的工作或者学习，请尽量多地写下你现在工作或者学习的意义，让自己更爱它们。

如果你不喜欢你现在的工作或者学习，但你也没想要改变现状，也请你尽量多地写下你现在工作或者学习的意义，让自己爱上它们。

如果你不喜欢你现在的工作或者学习，你也没有想清楚什么工作或者学习能让你幸福，我们前面第 15 问的演练你可以多做几遍，找到并写下体现你优势、让你快乐并有意义的工作或者学习。

演练要求：请描述你工作或学习的意义。

演练分享

A 同学：学习是一个不断把知识转化为智慧，用智慧去工作，去回报社会，并修炼美德的过程。所以懂理、明智、修身、养性就是我心中工作和学习的意义。我现在的工作是我人生的第一份工作，我正在将我所学的知识转化成我的智慧，用智慧贡献社会，从而形成了更多的智慧，掌握了更多的技能，锻炼了自己的逻辑思维、判断对错以及追求真善美的能力。

B 同学：我目前是在自由地进行着学习的"长征"。学习意义是获得知识、培养技能、产生新知，是值得用一生去做的事。学习是用来明智的，是用来开阔眼界的。它可以使你明白更多的道理，成为一个有积淀有智慧的人。假如没有知识，你看待世界的眼界会很低，视野会很窄。相比于高中那样节奏快的学习，我更喜欢现在的学习状态。我可以自由地选择自己的学习时间和所学知识，可以为自己的理想而奋斗，这也是自己主动意义上的学习。所以，我觉得好好学习的意义是让自己有更多的责任感和获得感，为有价值的人生打下基础。想想大学生活如果只有娱乐也太没意义了，主动认真地学习是完美大学生活的重要组成部分。

C 同学：目前的学习和工作其实是合二为一的。在企业实习，初入社会，工作中有时会有些不知所措，甚至有时还想逃避，但慢慢地，熬过了一段时间后，自己对工作的认知也发生了变化，比如我学到了很多在学校没法涉及的知识，我学会了在解决烦恼中成长，在人际交往中成熟。

18.2.2 知识巩固

 答案

一、多选题

对于工作学习的认知一般有（　　　）三个层次。

A. 任务层次　　　B. 职业层次　　　C. 事业层次　　　D. 学习层次

二、判断题

1. 研究表明：人们喜欢休闲多于工作，因为只有在休闲中才会有更多的心流体验和幸福的感受。

2. 史铁生说：生命的意义本不在向内的寻取，而在向外的建立。

三、调查问卷

你觉得你的工作、学习（　　　）。

A. 是任务，是为了养家糊口

B. 是职业，是为了提高名望地位

C. 是事业，是为了实现人生价值

结果分析

1. 83.8%的小伙伴为了理想而工作学习。

描述性统计分析发现，8.9%的学生认为工作学习是任务，是为了养家糊口；7.3%的学生认为是职业，是为了提高名望地位，83.8%的学生认为是事业，是为了实现人生价值。这可能表明，新一代的年轻人在具有一定物质基础之后，更多地开始追求人生价值的实现。

2. 父母越幸福的小伙伴更偏向是为了实现人生价值而学习工作。

相关性统计分析发现，第一次幸福测试分、美德与优势测试总分、情商测试分、父母乐观开朗度、本人乐观开朗度、**父母幸福度**、父母尊重子女的意见程度、财商测试分、人生目标感、习惯测试分、第二次幸福测试分等因素对工作学习目的的影响十分显著，其中影响最大的是父母幸福度，即父母越幸福的小伙伴更偏向是为了实现人生价值而学习和工作。

第 19 问 如何看待逆境?

19.1 知幸福之"道"

幸福有着人体内最长的神经通道

康德说过，人类最伟大的两件事物，是天上的星星和心中的道德①。为什么把这两件事连在一起呢？这和人的心情有关。

亲爱的小伙伴们，生活中你可能有这样的感觉，当我们遇见不好的人或事时，可能会垂头丧气，紧张郁闷，这是我们神经通道的反应。这时，我们仰望星空，心情就会好受一些，会想到一些积极幸福的事情。但如果不打开自己，就可能郁结成疾。同样，我们遇到真善美的人或事，就会让我们仰望，让我们开心。这时，你经常会心中有火，眼中有光，抬头挺胸，神情激昂，有时还可能会放声歌唱，大声吼叫，这一切都让你感觉到灵动和美好，这其实就是你神经张开的显示。

所以，我们每天的遇见，不管好坏，都会激发我们向上或者向下的神经。幸福有着我们人体内最长的神经通道，它通过我们的脑干出去，经过我们的颈部、心、肺、胃等，到达我们躯体的各个地方。当这个神经通道舒展的时候，我们特别快乐和积极；当这个通道紧缩的时候，我们特别郁闷和消极。

读过《大众哲学》或者学过一点哲学，你就会懂得，在人生的道路上，人为什么会有不如意的事。这种我们都会遇到的苦难、挫折和失败等不如意，就是通常所说的逆境，就会让我们的神经通道紧缩。而人们面对逆境时

① 彭凯平，闫伟. 活出心花怒放的人生［M］. 北京：中信出版集团股份有限公司，2020.

的反应方式，或者人们面对挫折、摆脱困境和超越困难的能力，叫逆商。这方面如果有兴趣，可以看看史托兹的《逆商》。

我们今天讨论如何认知逆境？这是你走出困境的第一步。正确认知逆境，其实就是要在逆境来临时学会打开并舒展自己的神经通道。与你分享五个观点。

第一，常态普遍观

我们要把逆境看作常态。毛主席的《矛盾论》告诉我们：矛盾存在于一切事物的发展过程中，每一事物的发展过程中存在着自始至终的矛盾运动。这就是矛盾的普遍性。所以，不确定性是世界的常态。而对于人，从出生的第一天起就充满了矛盾，直到离开世界之时。这些矛盾表现出来，就是我们经常遇到的成功、失败、苦难以及我们的喜怒哀乐。正如重力对于物理世界不可缺少一样，逆境是人自身发展的客观规律，是生命的常态，所以要遵循，要面对，而不是违背甚至死磕。

第二，主观与客观统一观

有人遇到逆境喜欢死磕，死磕说白了，就是主观判断不符合客观实际。例如，一个小伙子失恋了，他的主观判断是"我爱她，她也爱我"，但事实是"小姑娘已经不爱他了"。这个小伙子就是在死磕了，他不愿意面对小姑娘"已经不爱他了"的客观现实。其实，这时我们只要正确认识到，痛苦、愤怒等负面情绪对于人来说，就像孙悟空头上的"紧箍咒"一样，你越不面对，越挣扎会越痛苦，而勇敢面对，缩小自己，接纳自己，给自己"全然为人"的机会，反而更容易放下心结。这其实也是马克思"主观与客观相统一"的幸福观的体现。

第三，蜕变成长观

我们分享一个龙虾生长的故事。随着龙虾的生长，它身上原本的壳会变得越来越紧，因此龙虾便会觉得非常不舒服。这时它们就会躲到岩层之下，进行脱壳，然后生长出新的躯壳。刺激龙虾不断成长的一个关键因素，便是这种不适感。所以，我们必须意识到，那些高压的痛苦时期，其实正是你历经成长的信号。如果我们能够主动或者被迫走出原有的舒适区，正确看待逆境，我们便可凤凰涅槃，浴火重生，并且愈发强大。因此，从发展与成长的角度讲，在你人生的账簿上，没有成本，只有收获；你人生的顺境和逆境都是你的人生财富。

第四，辩证统一观

一位老婆婆问禅师："我每一天都很忧愁，禅师能否帮帮我？"禅师问："为什么啊？"老婆婆说："我有两个女儿，大女儿嫁了个卖伞的，小女儿嫁给了卖帽子的。如果是晴天，我就担心大女儿家没生意。如果是雨天，我就担心小女儿家没生意。因此，每一天都我很忧愁。"禅师笑笑："呵呵，其实你应该每天都很开心呀。如果是晴天，小女儿家生意好。如果是雨天，大女儿家生意好。你看，这不天天都是好天吗？"

所以，我们应该经常提醒自己：任何事物都有两面性甚至多元性，我们要用辩证的、发展的眼光去看待事物，逆境在一定条件下可能转化成顺境，所谓危中有机，"塞翁失马，焉知非福"。不把逆境看作永久的，换一个角度，或许，心灵就会获得更多自由。

第五，积极正向观

积极情绪是决定我们幸福最重要的内在心理或者精神因素。积极情绪可以是有关过去、现在和未来的。对于未来，积极情绪包括乐观、希望、信心和信任；对于现在，积极情绪包括欢乐、狂喜、平静、愉悦、心流感应等；对于过去，积极心理包括满意、满足、成就感、骄傲和平静等。

无论过去、现在还是将来，我们的生命是积极的暖色系，还是消极的冷色系，决定了我们人生是积极的、乐观的、主动的正向观，还是消极的、悲观的、被动的负向观。而正向观，也就是乐观，是把逆境的发生归结于暂时的原因上，是遍观世上人、事、物，皆觉快然而自足的持久性心境，是一种向阳的人生态度和观念。而悲观者显然相反，他们经常是把逆境归结在永久的原因上。

比如，考试没考好，一种声音说："我太笨了！"就是把原因归于我的一个永久的智力特质上；还有一个声音是说："我这次没发挥好，以后要吸取教训！"这就把原因归为偶然发生，经过努力，状况是会改变的。前一种情况，即悲观者心态，经常会陷入心理学上的习得性无助和受害者心理，就是当生活不断打击你，导致你认为你要崩溃了，没有办法改变了，此时即使有机会给你，你也不愿意去尝试。这就是：哀莫大于心死！这时，你可能会说：我能力不行，并陷入"凭什么是我"的受害者心态。而后一种情况，则会提醒自己，只要我努力，我一定会做得更好！

直面逆境之画

研究表明，正向的人幸福感更高。既然人生十有八九是不如意，那就常想一二，品味八九，不就事事如意啦！我们生命中要把自己调理成正能量的人。正能量的人不是没有负面情绪。人都有负面情绪，就像人总会生病一样，但正能量的人能够尽快地、自愈地恢复积极常态。因此，远离负向观的人也同样重要，因为每一个人都有个能量场，情绪是会传染的，一个人身边的一切，都是由其内心的想法和特质吸引而来的，近朱者赤，近墨者黑。

小伙伴们，逆境就像一幅画，直面它抵达终点的人会把它裱起来，挂在墙上供人品评观瞻。无法面对它的人中途就不画了。但是人生这所房子，还是有画装饰一下，才比较高级，才更有价值，当然，也最有灵性。

19.2　行幸福之"术"

19.2.1　心理测试：乐观测试

马丁·塞利格曼的《真实的幸福》① 有一个乐观测试，有兴趣的小伙伴可以去试试。

19.2.2　知识巩固

答案

判断题

研究表明，正能量的人积极情绪与消极情绪之比都会小于 3∶1，他们能够尽快地、自愈地恢复积极常态。

---

① 马丁·塞利格曼. 真实的幸福［M］. 洪兰，译. 沈阳：万卷出版公司，2010.

第 20 问　如何走出逆境？

20.1　知幸福之"道"

寻找走出逆境的秘笈

亲爱的小伙伴们，上节我们认知了逆境，我们知道，每个人一生当中，都会遭遇到包括疾病、挫折、意外等在内的逆境。

对待逆境，不同的人有不同方法。有的人，萎靡不振、自我否定、心情郁闷、消极悲观，甚至会因为看不到希望而产生极端行为；而有的人，变压力为动力，勇敢面对挑战，积极寻求破解之道，打破原有舒适区，在逆境中逆袭成功，成就辉煌。

其实，在逆境中消沉的人，最初并不想消沉，也不想甘心情愿向挫折和困难屈服，只不过他缺少强者需要具备的品质素养和秘笈方法。

今天我们送给你一些走出逆境的秘笈，小心收藏哦！

第一，自我觉察对冲逆境反应

情商中有个自我觉知能力，表现在逆境中，就是迅速觉察逆境降临的能力。也就是先发现逆境，才能应对逆境。打个比方，逆境发生时，你的感性的本我可能会对你大喊大叫，说世界末日到了；但你的理性的超我可能会提醒你，逆境来了，准备战斗，这就让大脑保持警觉能力，让你迅速识别觉察到逆境的来临。所以，既然逆境是我们抹不去的生命常态，我们在逆境发生时，就可以借助夸张搞笑的声音提醒自己。比如，bingo，逆境来啦！甚至你还可以找一个空旷之地，大喊"让暴风雨来得更猛烈些吧"。从而训练出对逆境的嗅觉，对冲掉我们面临的恐惧和沉重。

第二，掌控心理释放消极情绪

逆境心理有一个特性，就是如果你正视它，过不了多久，它就会减弱甚至消失。这并不稀奇，这是事物固有的属性。因为，没有人可以 24 小时狂喜或者狂怒。如果你对挫折不是正视，而是迫切地想马上赶走它，反而会加剧它。所以，请记住，不要急着回应，你只需要等一等、押一押，给情绪和想法一个释放和彰显的空间，等它释放到高峰，然后自然地跌落、缓解甚至消失。这个过程中，你只要对你内心的冲突，保持觉知，并接受它的存在，你的意志才能得以贯彻，你就可以找到解决办法。如果确实由于某些原因导致无法解决，你就告诉自己：不确定本身就是常态，现在没有办法可能就是最好的办法。

第三，重塑意义带你走出苦难

分享一个真实的故事。心理学家弗兰克尔是个犹太人，纳粹时期，全家都被关进了集中营，但只有他和妹妹幸存了下来。

弗兰克尔是如何战胜那炼狱般的苦难的呢？他在《活出生命的意义》这本书中告诉我们，"一些不可控的力量可能会拿走你很多东西，但他唯一无法剥夺的是你自主选择如何应对不同环境的自由。"在那苦难的岁月里，他无法改变被纳粹迫害的现实，但他的主观意识一刻也没有停止过。他模拟畅想着，如果有一天他活着出去，他要把他的苦难经历讲给年轻人，让新的世界不再经历他曾经经历过的苦难。他利用自己心理学经验，帮助心理即将崩溃的狱友，找到了自己存在的意义。而一旦找到了生命的意义，痛苦可能就不再是痛苦了！也正应了尼采的一句话："知道为什么而活的人，便能生存"（弗兰克尔，2018）。

第四，初心使命让你积极乐观

大家都知道长征奇迹。但你知道吗？茫茫雪山上，红军指战员，除了畅叙"盛夏赏雪"之诗情外，还把撒了糖精的雪当作"冰激凌"，你一缸、我一碗地吃了起来。有人喊"这比上海冠生园的冰淇淋还好吃呢！"有人问董必武：为什么长征那么困难，你们总是那么乐观？董老说：因为我们有伟大的前途！埃德加·斯诺把红军的"革命乐观情绪"比作烈焰，这团烈焰在敌军面前、大自然面前、死亡面前，都不曾熄灭。这成为"红军不怕远征难，万水千山只等闲"的最佳注脚。① 亲爱的小伙伴们，是不是很有画面感啊。

---

① 人民日报社. 乐观向上，革命向前（壮丽 70 年 奋斗新时代·现场评论·我在长征路上（12））［EB/OL］.（2019－07－19）［2022－08－20］. https：//baijiahao. baidu. com/s？id = 1639427837350265942 &wfr = spider&for = pc.

所以初心使命能让人充满乐观希望，战胜一切艰难困苦。泰勒·本－沙哈尔在幸福课中讲过一个研究结论，即战争存活下来的人：一是相信他们能活下来；二是有着现实的乐观和对现状合理的评估。对于成功，无论何时何地何种年龄，秘密就是乐观、激情和努力。[①]

第五，理性分析使你坦然面对

心理学家认为，在各种各样的逆境反应中，最让人变得无力的反应是灾难化思维。这个心态通常源于你对遭遇的逆境没有掌控感。对此，我们可以采取理性分析法，以审视、质疑并最终摆脱自己的消极状态。一般可以问自己三个问题：有什么证据表明我无法掌控？有什么证据表明逆境一定会影响到我生活的其他方面？有什么证据表明逆境必然会持续很长时间？通常情况下，这些问题的答案都是否定的。如果你的回答都是肯定的，那就看看史铁生轮椅人生的故事吧！相比之下，你的困境真的那么难以克服吗？

第六，拦截灾难化抚平消极心绪

借助《逆商》中的分心法和重塑法，能够达到止念的效果。

分心法就是通过拍桌子喊"停"、转移注意力、用橡胶手环"弹"走负面情绪、运动等方法打断自己的消极反应，改变你的心理和身体状态。比如，狠狠地拍一下桌子，让手感觉到痛，疼痛和声音给你的大脑传递一个强烈的信号，形成一种神经干扰，立马封住你的消极思路。比如篮球运动员"狼王"加内特，戴着一个手环。一旦发现自己有脾气爆发的征兆，就拉起手环，弹一下自己，以阻断不良情绪（史托兹，2019）。

重塑法就是让你正确理解自己身处的逆境，通过重新关注目标、渺小化自己、帮助他人，让你的视角变得平衡广阔，让你能看到自己以外的世界，以停止灾难化。比如，让自己置身大海边、星空下、历史中等宏大的环境中，让周围的事物把自己衬托得很渺小，你就会意识到自己的挫折是多么微不足道。

如果这两种方法还不能停止灾难化思维，你就问一下自己，你还打算活多少年？你是想要背着包袱活下去，还是准备甩掉包袱走下去？

第七，担责行动让你渡过逆境

灾难化思维还源于你对逆境没有担当力。当困局出现时，我们主观上多半会向外寻找原因或者推卸责任。其实多半困局是由于你自己缺乏人生规

---

① 泰勒·本－沙哈尔. 哈佛大学公开课：幸福课第6讲乐观主义［EB/OL］.［2022－08－20］. https：//open. 163. com/newview/movie/free？ pid＝M6HV755O6&mid＝M6I4OFTQE.

划、不负责任所造成的，即使逆境并非因你而起，但你去巡视一圈，反问一下自己：这个事情谁可以负责，是你吗，不是；是他吗，不是，最后就是，只有我自己可以解决问题，这时你就会去采取行动改变了。当我们接受适当的责备，决定对结果的一部分承担起责任的时候，就能够重拾掌控感，并促使自己行动起来。比如，一个女孩在车祸中失去妈妈，最后她选择宽恕司机，选择做酒驾危害的宣传，选择做正面的助人的事，最后才真正让自己走出了悲痛。

苦难是你成长的秘笈

小伙伴们，人在走过苦难时才可能发现自己的潜力是多么巨大，所以，从某种意义上讲，苦难其实真的就是带你走向幸福的路径。真正幸福的人是会真正享受痛苦的人。如果人生真的没有痛苦，我们也不可能真正成长，那走过的路，也就没有了自己的味道。如果有一天，你真的觉得自己轻松了，那不是因为生活越来越容易了，而是因为你越来越能掌控你的人生列车了，你越来越坚强了，你越来越具有幸福感和幸福力了。

人生没有成本只有财富

20 世纪 70 年代，由于历史原因，笔者全家有过一段农村生活经历。那时，母亲在家乡一个农村小学里教书，父亲在另一个县城中学教书，两地分居，调动不易。我们只能跟着母亲，在村庄小学里度过童年，父亲则隔段时间回家一次，以至于每次回来时，我们总有些陌生感。直到笔者上初中后，全家才又回到了城里。有时父母提起那段生活会说，那时物质条件很艰苦，没有给你们太多。但与纯朴敦厚的农民家庭的小伙伴一起成长的经历，让我们感受到农民的朴实、善良、节俭、勤劳、坚韧等。所以，朴实的百姓是伟大的，他们不仅提供了我们身体成长所需的物质食粮，更提供了我们精神成长所需的精神食粮。这对于我们的三观养成、品德成长、幸福工作都有极大的影响，是我们成长过程中非常宝贵的精神财富。

生活赋予战胜苦难、失败、痛苦、挫折的人以勇气、力量、胸怀和智慧。正确认识其中规律，遵循规律，改造我们的主观世界和客观世界，实现主观与客观的统一，就能客观理解"塞翁失马，焉知非福！"所以，在顺境中成长，并不值得骄傲，唯有在逆境中重生，才能真正拥有幸福的能力和精神的力量！

20.2 行幸福之"术"

20.2.1 行为演练：走出逆境训练

请静心回忆一个你曾经经历过的逆境，回忆一下你当时如何走出逆境的，你当时看待逆境的态度是积极乐观的还是消极悲观的，设想一下如果现在发生，你将如何对待。请记下你的方法与经验。

演练分享

A 同学：方法：一是越是遇到逆境的时候，越是需要冷静，只有头脑冷静，才能思路清晰，作出对当时形势的正确评估和判断。二是要反省自己。三是要考虑深远。四是不要执着。经验：一是学习与思考，努力解决自己的问题。二是创造价值，利他利己。

B 同学：古人说得好，"行有不得，反求诸己。"战胜逆境，走出困境的第一步就是自己。当初当兵的时候太累，在累的时候想想幸福的事情也就过来了。最累的时候过来了，好像逆境就遇到的少了。但逆境真的来了，我先睡上一觉，脑子放空，让自己静下来，勇敢面对。第二天再看逆境，不过如此，不值得悲观消极浪费生命。

C 同学：遇到逆境时，想想自己的目标，自己的精神支柱，就会有动力。有了动力，再按照规划一步一步做，不心急，有定力，一定可以走出来。高中时有段时间放松了自己，成绩从二百多名滑到七百多名，很痛苦，后来我就想，哪有轻轻松松、敲锣打鼓获得好成绩的，于是强迫自己集中注意力去听课，娱乐活动都放到所有学习完成后再进行，压力大时去操场跑步、和朋友散心等，也就过来啦！所以，走出逆境恰恰是塑造自己美德优势和促进自己蜕变成长的信号。

20.2.2 知识巩固

 答案

一、多选题

拦截灾难化抚平消极心绪可以借助（　　），能够达到止念的效果。

A. 分心法　　　B. 重塑法　　　C. 发泄法　　　D. 忙碌法

二、判断题

1. 尼采说：知道为什么而活的人，便能生存。

2. 维克多·弗兰克尔在《活出生命的意义》这本书中告诉我们，"一些不可控的力量可能会拿走你很多东西，但他唯一无法剥夺的是你自主选择如何应对不同环境的自由。"

3. 有研究表明，战争存活下来的人：一是相信他们能活下来；二是有着现实的悲观和对现状合理的评估。

三、讨论分享题

1. 请把本专题中你印象最深的一句话、一个观点、一个方法或者一个故事与身边人分享。

2. 请与身边人分享一下你曾经有过的心流感应（体验）时刻！

专题 7 感恩仁爱是
你幸福的润滑剂

　　亲爱的小伙伴们，我们感谢别人是因为我们得到了别人的帮助；我们收到感谢，是因为我们拥有了帮助别人的能力。没有谁是一座孤岛。研究表明：良好人际关系对我们有益。感恩与仁爱让"自我"和"他我"（他人）之间有了更好的链接，拥有了更多的心底和谐和人际和谐，因而成为我们人生幸福的润滑剂。

　　小伙伴们，为什么有的人不仅能做到自我和谐，还能做到人际和谐呢？这些就是我们本专题要重点讨论的感恩与仁爱之心。感恩、仁爱美德教你如何做到心底和谐，如何促进人际和谐，又如何避免成为消极的完美主义者。

第 21 问　感恩的力量有多大?

21.1　知幸福之"道"

生命的底色有暖色和冷色

亲爱的小伙伴们, 每个人都有积极情绪和消极情绪, 我们把它叫作人生的底色: 暖色和冷色。你生命的底色是什么颜色呢? 如果是冷色的, 我们的生命可能会让自己、让别人甚至让这个世界都感到阴冷。如果是暖色的, 你就像个小太阳, 走到哪里, 都自带光芒, 而且会给这个世界带来温暖和力量。

这种底色, 在心理学上叫作情绪, 它是对一系列主观认知经验的统称, 是人对客观事物的态度体验以及相应的行为反应, 是以个体愿望和需要为中介的一种心理活动。

生命更需要暖色

每个人都希望自己的生活充满阳光, 其实就是希望自己的生活充满着暖色的积极情绪。在我们人生中, 过去、现在和将来, 积极情绪的表现有所不同。对于过去, 我们的积极情绪, 有满意、成就感、感恩等; 对于现在, 我们的积极情绪, 表现为平静、快乐和心流体验等; 对于未来, 我们的积极情绪, 包括乐观、希望和信心等。反之, 则是消极情绪。心理学研究中有个洛萨达心理线, 又叫心理学的魔力数值。就是不管是组织、团队还是个人, 当积极情绪和消极情绪的比值大于 3 时, 他们就会积极向上; 反之, 则会比较消极低沉。① 无论是在工作、婚姻、生活中都是如此。

显然, 这些积极情绪都在我们前面讲到的 6 大美德 24 项优势的范围之

---

① 芭芭拉·弗雷德里克森. 积极情绪的力量 [M]. 王珺, 译. 北京: 中国纺织出版社, 2021.

中，是我们想要的持久幸福中最重要的心理和精神因素。

感恩是对过去的一种积极情绪

我们今天重点讲讲感恩，这是对于过去的一种积极情绪。

小伙伴们，每天起床，你要做的第一件事是什么呢？笔者认为应该是感恩生命、感恩生在这样一个伟大的国家、感恩抗疫逆行天使、感恩外交国防卫士，感恩学习工作机会、感恩父母健在、感谢师长教育、感恩家庭和睦等。其实，我们感恩的清单可以列得很长很长。

有人说，这些都是司空见惯的，还要每天感恩？生活中，许多人可能都有这种心理，认为这些都习以为常。就像艾默生所说：如果星星每千年闪烁一次，我们都会仰视赞美他们的美丽，但是因为他们每天都在闪烁，我们视之为理所当然。①

比如，感恩生命，你真的觉得多此一举吗？我们看看，这世界上每天有多少生命逝去，天灾人祸都可能在你眼睛一睁一闭之中来临，就像有一句话所说，你永远不知道明天和意外哪个会先来。所以，今天我们依然活在这个世界上，我们是不是要感恩呢，是不是要珍惜呢?！你看，那长长的感恩清单是否要谨记心中呢！

什么是感恩？

那么，什么是感恩呢？感恩一般的意思是指对别人所给的恩惠表示感激。作为心理学名词时是指，因意识到被给予而自发认为是被恩赐或被爱，从而由感谢对方的意愿产生的心理活动或现实行动。感恩是对一个人是否具备善良品质的基本参考特征之一，在理性思维中被认为是一种处世哲学，也是生活中的大智慧。学会感恩，感谢生活拥有的一切，你会有一个积极的人生，有一种健康的心态。感恩在英语中是"appreciate"，有感激、感谢的意思，同时还有感情增值的意思。

我国古代就有"滴水之恩，涌泉相报"的家训，也有"乌鸦反哺""衔环结草"的典故。所以，感恩，其实就是一种积极情绪和阳光心态，就是对不好的人与事要能够适应，对好的事物不要以为理所当然。

———————————

① 泰勒·本-沙哈尔. 哈佛大学公开课：幸福课第 9 讲积极情绪 [EB/OL]. [2022-08-20]. https：//open. 163. com/newview/movie/free？pid = M6HV755O6&mid = M6I40GRDR.

麦兜是如何感恩母亲的

父兮生我，母兮鞠我。我们来看看麦兜是如何感恩母亲的。大家可能在麦佳碧为《朗读者》量身创作的动画片中，看到过可爱哒、萌萌哒的麦兜。麦兜温暖、干净、乐观，纯真中透着让人心疼的可爱。它资质平平，却有很多大大的梦想。它从出生、上幼稚园、中学直至长大，一路走来，屡屡尝试却屡屡失败，但它还是凭正直善良的"死蠢"，创造了自己美丽的世界。

在《你，要比我多吃》中，我们能够体会到妈妈与麦兜之间深沉的爱与被爱。

我吃得很快

妈妈吃得很慢

我吃了大半边

她吃了小半边

妈妈说

不要紧

你还在发育

要比我多吃

等我长大了

我慢慢地吃

妈妈吃得更慢更慢

她说

不打紧

我老了

你，要比我多吃

小伙伴们，你体会到麦兜对母亲的感恩了吗？感恩有哪些好处呢？感恩的故事有很多，我们再来分享几个。

感恩可以激励自己

一个曾经流浪露宿街头的学生，身无分文，没有朋友，他写下让他感激的事物：心爱的吉他、红旗颂、贝多芬命运交响曲、父母、外婆的红烧肉、家乡的朋友等。这次经历成为他生命的转折点，因为从那时起，他开始关注正面的、拥有的一切。他目前已至中年，但这张感恩列表仍在他的钱包里，激励着他。

感恩可以增值美好

几年前，在美国的一个酒店，我早晨出门前，在便笺上写下 Thank you，画了个笑脸并留下了小费（见图 21 - 1 的左图）。晚上回来，没想到收到了服务员的回复，如图 21 - 1 的右图，上边写着：you are welcome！也画上了笑脸，比我画得还好，还有阳光和花儿。你看，我只是想表达一下谢意，却得到了那么多的回报。所以，感恩是不是让美好增值，让快乐感染他人啦？其实负面情绪也一样会传染。有时，我们觉得家人是我们的亲人，因而常常对亲人的感受无所顾及。比如，家人为我们整了一桌好菜，我们觉得习以为常；父母把我们养大，我们觉得理所当然。有时我们还会把不顺心、不如意的负面情绪，一股脑儿倾倒在父母那里，好像他们是我们感情的"垃圾桶"。这时，我们要意识到，我们正在污染我们的家庭、我们的世界。所以，我们是不是要做美好事物的"搬运工"呢？

图 21 - 1　笑脸

感恩让我们成为生活的鉴赏家

海伦·凯勒与朋友一起在树林中走过，问朋友发现了什么，朋友说，没有发现什么啊。海伦·凯勒说：我虽然看不到，却发现许多东西，精美对称的翠绿树叶，银色白桦的光滑树皮。她一个盲人，给了我们看得见的人一个提示：要像明天就会瞎掉那样，看美丽的世界；要像明天就会聋掉那样，听美妙的音乐、鸟儿的鸣唱；要像明天就会失去触觉那样，触摸每样东西；要像明天将永远失去味觉和嗅觉那样，品闻每朵花的香气，品尝每口饭的香甜；要充分利用每一种感官，去感受这世界的美好和人生的愉悦。

感恩让我们内心和谐

感恩可以让我们内心和谐。对过去的美好时光不能心存感激和欣赏品鉴，对过去的不幸总是念念不忘，是我们得不到宁静和满意的罪魁祸首。过去的事物并不能决定你的未来，但把自己封死在过去，我们真的要问问自己：还打算过活多少年，是想要背着包袱走下去，还是想甩掉包袱活下去。我们一生有那么多不动声色的支持，那么多恩重如山的善良，你难道没有看见？宽恕可以将痛苦和仇恨，转化成中性甚至积极的情绪，从而提高我们生活的满意度，让我们内心更加和谐。

感恩美德具有蝴蝶效应

感恩美好、删除痛苦是幸福的选择！而且你可以选择！你可以选择做生活的鉴赏家，从每一件事、每一个人身上学会感激，品味生命和生活。慢慢地，养成感恩的习惯，就能减少生活中的负面情绪，促进我们自己心底的和谐和人际的和谐，促进我们的人生走向良性循环，最后当然剩下的就是等待着幸福来敲门啦。希望今天你读完书，做好课后的行为演练，并把它连同今天读到的故事，传播给更多的人。如果你能把爱传给 3 个人，他们又传给另外 9 个人，那你可能就是那个几何级数递增效应和蝴蝶效应的策源人啦！

21.2　行幸福之"术"

21.2.1　行为演练：感恩训练[①]

请用下面的数字表达出你对每一个表述的赞同程度。第 1、第 2、第 4、第 5 题中，1 = 非常不同意，2 = 不同意，3 = 有一点不同意，4 = 中立，5 = 有一点同意，6 = 同意，7 = 非常同意。第 3 题和第 6 题中，1 = 非常同意，2 = 同意，3 = 有一点同意，4 = 中立，5 = 有一点不同意，6 = 不同意，7 = 非常不同意。

1. 我生命中有许多值得感谢的事情。

2. 如果要我列出值得感谢的每件事，这张单子会很长。

3. 我看不到这世界有什么值得感谢的事情。

---

① 马丁·塞利格曼. 真实的幸福［M］. 洪兰，译. 沈阳：万卷出版公司，2010：78.

4. 我对很多人都很感激。

5. 我年纪越大，越感到生命中有许多人、事、物都成为我生命历程的一部分。

6. 要经过很长一段时间，我才会对某人或某事产生感激之情。

演练要求：请计算感恩分数，并进行感恩训练，写下感受。

1. 请将分数相加。你的分数应为 6 ~ 42 分。

2. 对照找出差距后，请挑选任何一种方式做感恩训练。请把每周要感激的 5 件事记下来，并找机会表达感恩，坚持 10 周；或每天花一分钟时间留意周遭的一切，晚上用一分钟回想你度过的一天，写下让你心怀感激的事物；或晚上睡不着时用数感恩代替数羊。你可以运用任何一种方法进行感恩训练，记下每次的感恩分数和训练过程的心理情绪变化。

感恩测试分析

1. 超 90% 的小伙伴有感恩之心。

描述性统计分析发现，感恩测试分为 6 ~ 14 分、15 ~ 23 分、24 ~ 32 分、33 ~ 42 分的分别占比为 0.9%、8.3%、54.6%、36.2%，平均为 30.54 分。

2. 美德优势越明显的小伙伴越感恩。

相关性统计分析发现，美德优势越明显的小伙伴越感恩。第一次幸福测试分、**美德与优势测试总分**、情商测试分、父母乐观开朗度、本人乐观开朗度、父母幸福度、父母尊重子女的意见程度、财商测试分、人生目标感、时间测试分、习惯测试分、魅力测试分、同感测试分、第二次幸福测试分等因素对感恩测试分的影响十分显著，其中影响最大的是美德与优势测试总分，即美德优势越明显的小伙伴越感恩，反之越感恩的小伙伴美德优势越明显。

·+·+·+·+·+·+·+·+·+·+·+·+·+·+·+·+·

演练分享

A 同学：32 分。这个演练让我慢慢学会了感激感恩。我甚至能发现一些原来看似平常的小事里面的美好，自己的心情也变得更美好了。

B 同学：31 分。人应该心存善意，学会感恩。每一个在我们人生浪潮里帮我们扬起船帆的人，为我们点亮灯塔的人，都应该被我们记在心里。心存感恩让我们行过白昼，走过黑夜，心中拥有片片柔软的天地。

C 同学：36 分。演练后，感觉之前有些事情，比如父母对我的好，有点理所当然了，我应该更加理解和感恩父母。他们为我付出了太多太多，在我难过的时候鼓励陪伴着我，他们对我的爱永远像太阳一样温暖和美好。对于同学同事，他们工作上帮我教我，有的看似是举手之劳，但我依然心存感激。现在，我甚至感谢失败，因为那是对我即将来临的成功的见证；我也感谢成功，因为那是对我努力的肯定。它们都是我宝贵的人生财富，都是我成就更好自己的信号。

·+·+·+·+·+·+·+·+·+·+·+·+·

21.2.2 知识巩固

答案

一、单选题

心理学中有个洛萨达心理线，就是不管是组织、团队还是个人，当积极情绪和消极情绪的比值（　　　）时，他们就会积极向上；反之，则会比较消极低沉。

A. 小于3　　　　B. 等于3　　　　C. 大于3　　　　D. 大于2

二、判断题

艾默生说：如果星星每千年闪烁一次，我们都会仰视赞美他们的美丽，但是因为他们每天都在闪烁，我们将之视为理所当然。

第22问　如何建立和谐人际关系？

22.1　知幸福之"道"

你能够看到自己的背影吗？

亲爱的小伙伴们，你可以看到自己的背影吗？我们肯定看不到自己的背影，但每天我们都在用看到的别人背影的"标准"，来评价自己的背影。这其中蕴含着一个深刻的道理：没有别人，我们自己是不存在的，在别人那里也是这样。从这个意义上说，"我"的存在就是一个"自我"和"他我"（他人）的同时存在，正是由于"他我"的存在，我们自己才是存在的。也就是马克思所说，"人的本质是一切社会关系的总和"①，每个人维持自身生存生活的本质因素，都必须通过社会中的他人来实现，每个人与他人、与社会形成了各种各样的、互为目的的、相辅相成的人际关系。所以，约翰·多恩说：没有谁是一座孤岛。

一个实验短片：《你手机里的常用联系人有几个?》

前段时间华为的一个社会实验视频《你手机里的常用联系人有几个?》火了。

华为邀请了 5 位用户与他们进行互动，对话过程如下。

第一个问题："先猜一下你的手机里有多少联系人?"

有人回答一百多，有人回答两百多……

"你手机通讯录里实际有多少人呢?"

"哈哈，没想到有 1000 多，有这么多么?"

第二个问题："删除你不会主动联系的人，看看可以删多少。"

"被删的人很少，就是应酬的那些人吧也不能删，和工作有关系。"

第三个问题："不考虑工作和应酬，删掉一些人还剩多少?"

"这样的话，估计还剩二三十个。"

第四个问题："除了家人，你能说真心话的还剩几个?"

"也就两三个吧，玩得特别好的那种。"

"能保守秘密的，一个都没有。"

1000 多个联系人，最后剩下的只剩一两个。

有一个采访者说道："原来，身边做知心朋友的人这么少!"

还有人说："突然觉得自己很失败!"

看完这个视频，是不是瞬间扎心了……

你有多少微信好友?

网上看到两个好友的对话。

有一天一个朋友莫名其妙地问 A："你有多少个微信好友?"

---

① 马克思恩格斯文集（第一卷）[M]. 北京：人民出版社，2009：885.

A 看了一下一共 581 个，而朋友说，他有 3012 个好友。

A 好奇地问他为什么忽然间想起问这个问题？

他说："这两天烦得慌，想找个人出来喝喝酒，吹吹牛。我把好友列表从头到尾翻了三遍，发现竟没有一个人可以叫出来的。"

"我有好友三千，而经常联系的一只手就能数得过来，大部分说得好听是好友，其实完全就是陌生人，甚至连网友都不如。"

听他这么一说，A 一时间有点恍惚，难道自己也是这样么？

后来 A 干了一件很傻的事，对着好友列表，一个头像一个头像地点开，看看有多少人没联系了。

因为没有删聊天记录的习惯，之前的聊天内容都能看到，突然发现有的人好像真的好久没有联系过了。

之后 A 做了一个统计，将自己的好友做了一个分类：

第一类：老同学，大多已经很久没有联系过了。

第二类：工作上的同事，除了工作需要，基本上没说过话。

第三类：曾经关系非常好的老铁，不知道什么原因，突然间凉了。

第四类：纯网友，连面都没见过，也忘了当初怎么加的他们，如今很多都已经单方面删除了自己。

第五类：家人、亲戚，除了爸妈，还有一些经常走动的亲戚会偶尔聊个天，其他基本没联系。

A 突然明白了朋友和自己说的话，好像我们都是这样。

好友看似很多，但真正"交心"、能经常聊天的又能有几个？

把时间留给最值得交往的人

小伙伴们，看看你手机里有多少个好友？筛选出家人、不考虑工作交往的，你绝不会主动联系的，你看看你的通讯录还剩几个好友？你和他们，有多久没有联系了？你值得交往的有多少人呢？你是不是思考过刚才的问题，你是不是也曾有过这样的感受？

上述研究表明，每个人一生大约会认识 27000 人，手机中微信上储存的可能有上千人。但按照上述问题筛选到最后，原本满满的通讯录和微信里可能都只剩下了二三个人。它告诉我们，真正的朋友，不管再忙，联系再少，见面时，也不会像陌生人一样尴尬，一切都是自然的，真正的感情是不会因为时间和距离而疏远的。而一些看似朋友织成的关系网中，真正能够助你一臂之力的其实并不多。所以，我们一定要记住，人生短暂，一定要把时间留给最值得交往的人。因为，这些有质量的朋友才能带给你真正的幸福！

人际关系与幸福是什么关系呢？

哈佛大学学者从 1938 年开始的 75 年里，跟踪研究了 724 个人的一生，研究发现：良好人际关系真的对我们有益，而孤独有害；起决定作用的不是你拥有的朋友数量而是质量；50 岁时对自己亲密关系最满意的人 80 岁时最健康；良好的关系不仅只是保护我们的身体，也能保护我们的大脑；挣 7 万 ~ 7 千万元的人健康和快乐基本不会发生变化；拥有最幸福退休生活的人是主动帮助年轻人的人。

建立和谐人际关系

那么我们如何建立和谐的人际关系呢！分享几个小建议。

建议一：值得被爱共同成长

值得被爱共同成长，是说首先让自己成为值得别人爱的人。幸福要从认识自己、爱自己、对自己负责开始。一个连自己也不爱的人，他对于别人也是不会有多少价值的，他也不可能有高质量的社会交往。他跑到别人那里去，对于别人只是一个打扰，一种侵犯。一切人际交往的质量都取决于交往者本身的质量。唯有在两个品质优秀、灵魂充实的人之间，才可能有真正动人的爱情和友谊。此时，双方在不断沟通中交流和学习对方的长处，都在关系中成长，或是支持彼此去寻求更多发展。双方都会有一种感觉：认识你以后，我成为了一个更好的人。

建议二：积极沟通主动回应

人际关系包括的重要成分之一是情感成分。人的情感包括积极情绪和消极情绪、爱与恨，满意与不满意等。所以，我们要交往正能量的人，远离负能量的人，这样会让我们的人际关系更加积极向上。沟通中要多运用"让我们看看还有哪些方法""我能控制自己的感情"等积极主动语言，尽量不用"我办不到""我就是这样的"等被动消极语言。比如，组织交给你一件比较难办的事，你如何回答呢？一种回答是"让我们来看看有哪些办法"，这是乐观者积极主动的回答；另一种回答是"这太难了，我办不到"，这就是悲观者消极被动的回答。两种回答方式可能会使你的职业发展结局大相径庭。积极沟通对夫妻关系也影响巨大。实验证明，夫妻之间是否有主动的、有建设性的回应能预测到这段感情能否天长地久。

建议三：培养同理心，互惠双赢

互惠是双方都会积极地回馈彼此，考虑到双方的利益，也就是要有同理心，设身处地换位思考。当对方帮助你时，你会积极地回馈对方；当双方相处遇到困境时，你会想"怎么做对我们两人都有好处"。世界上本来没有冲突，但只站在自己角度看问题时，就产生了冲突。

笔者曾经经历过一件事。在出国途中，遇到一位带着几个月大宝宝的女士。她担心长途航班上，小宝宝由于不适应不停哭闹可能会打扰旁边乘客，于是以小宝宝的口吻写了几个小纸条，发给周边乘客，向大家提前致歉，以免惊扰大家。小伙伴们，这位妈妈是不是很有同理心啊？

建议四：尊重边界独立担责

尊重边界就是双方尊重彼此的原则和规定。每一个人都永远是一个人来一个人去，即使对你最爱的人，可以适度依赖，但最终只能是你一个人独自地走在人生路上。为什么有些女孩嫁了富豪后不快乐，就是因为太依赖别人了，把自己的幸福完全交给了别人，没有了独立人格。

其实，我就是我，你就是你，我们不应该把所有的幸福都依赖于他人。许多夫妻之间、两代人之间，正是因为没有尊重边界导致了许多矛盾。比如，儿女可能会把父母当作感情的垃圾桶，而肆意挥霍感情，造成隔阂；或者父母觉得儿女是我的，都得要听我的。其实，儿女成人后，就是社会的，是独立的，父母不能剥夺他们成长的权利。所以，要学会独善其身，以不给他人制造麻烦为美德，用你的独立获得尊重。

成为值得交往和值得被爱的人

小伙伴们，和谐人际关系的核心，并不是你必须要跟谁一起喝酒，一起谈天说地才会拥有的，一切都只关乎你自己，关乎你的核心竞争力。你自己都一地鸡毛，又哪能担责助人呢？你自己都四面楚歌，又怎能主动互惠呢？所以，建立和谐人际关系的关键，是你要专心做可以提升自己美德和优势的事情，要学习并拥有更多的智商、情商与技能，让自己成为一个值得交往的人，值得被爱的人。当然，手机里多添加些积极正能量的人，远离消极负能量的人，也非常非常重要！因为能量传染，物质不灭！最后请记住庄子的话："与人和者，谓之人乐"。这里的"人乐"，即是人人相处之乐。让自己幸福的方法之一是让他人幸福，让他人幸福的方法之一是让自己幸福。享受"人乐"，即是幸福！

22.2 行幸福之"术"

22.2.1 行为演练：积极的语言沟通训练①

积极的人经常使用"我能""我要""我宁愿""让我们来看看有哪些办法可以试试"等语言；消极的人经常使用"但愿""这太难了，我办不到""我不得不""要是""我已经无能为力了""我就是这样的"等语言。

请按照下列步骤进行行为演练：第一，回想过去几周自己以消极方式回应的两三件事，描述一下自己是怎样说的；第二，现在想想并写下在同样情况下自己可以采取的几种积极的回应；第三，在训练以后你仔细倾听和体会一下自己使用的语言，是变得更积极了，还是更消极了；第四，请把你的演练感受记录下来。

+·+·+·+·+·+·+·+·+·+·+·+·+·+·+·+·+·

演练分享

A 同学：我经常说"要是""我不行"这种话，很多事情我明明可以办到，可就是不愿意去尝试。通过演练，我学会了在消极的时候用积极的话语来表述，开始不轻言放弃，态度也变得积极了，学会了乐观看待事情，也做成很多事情了。

B 同学：演练前，我竟不曾发觉自己在日常生活中经常使用消极词汇，往往在他人面前不够自信和勇敢。演练后，这种积极的自我暗示，让我豁然开朗。我开始重视这些问题，慢慢地从一言一行中改变自己，我变得更加豁达开朗了。希望能在一段有意识的努力后成为更好的自己，成为自信阳光的女孩儿。

C 同学：演练后，我感觉我的信心有了很大的提振，在面对之前不敢或者没有信心去完成的事情时，底气十足，使用的语言也更积极了。这帮我获得了积极情绪，也让他人感到如沐春风。

+·+·+·+·+·+·+·+·+·+·+·+·+·+·+·+·+·

---

① 史蒂芬·柯维，等. 高效能人士的七个习惯 [M]. 高新勇，王亦兵，葛雪蕾，译. 北京：中国青年出版社，2014：108.

22.2.2　知识巩固

答案

一、单选题

哈佛大学从 1938 年开始的 75 年里，跟踪研究了 724 个人的一生，研究发现：（　　）真的对我们有益，而孤独有害。

A. 倾听　　　　　　　B. 良好人际关系

C. 谈心　　　　　　　D. 感恩

二、判断题

1. 研究表明，良好人际关系有利于生活幸福、心理健康和身体健康。

2. 父母是自己的，所以与父母交往中可以没有交往边界。

3. 一切人际交往的质量都取决于交往者本身的质量。

第 23 问　完美主义者完美吗？

23.1　知幸福之"道"

《一代宗师》中的完美主义

亲爱的小伙伴们，大家可能看过电影《一代宗师》。其主角宫二"质本洁来还洁去"，若梅。一生中，她为了自己的信仰，放弃了属于自己的归宿。武功上，她一生未有过败绩，宫家输出去的她也都找回，她自己成全了自己的完美。爱情上，她是相识大半辈子，没在心里有叶问的时候嫁人，对有妻的叶问也止步于喜欢，虽不能朝朝暮暮，却有念念不忘，久别重逢的完美。爱与不爱，自己选择，自己成全自己。她是完美主义者，生得金贵，活得潇洒，到死也死得坦然。但即使如此，她依然说，"说人生无悔，都是赌气的话，人生若无悔，那该多无趣。"

这是电影中的完美，但也有"人生若无悔，那该多无趣"的不完美。而现实呢？现实中，有没有真正的完美呢？完美主义者完美吗？这正是我们今天的主题！

老师的完美主义倾向

先请小伙伴帮我诊断一下，有没有完美主义倾向？

在开设幸福课之初，我阅读了《大众哲学》《幸福的方法》《正能量》等几十本书籍，但备课时也不时会卡壳；我恶补了哲学、心理学、社会学等方面的知识，产生了许多幸福的灵感、奇思、妙想，但写起讲稿来仍感到知识储备的不足；我看了许多相关教学资源，仍担心自己没有专业背景，教学效果不够完美，砸了自己的名师品牌；有时躺在床上还在构思讲稿，以至于思维太过兴奋导致失眠、焦虑；由于视频资源要拍到三十多集，写前面几集时，总感到不能尽如人意，所以反复修改，进展缓慢，往后看看，还有那么多集没写，真有些把自己给吓住了，有时甚至会有放弃的念头。还好我及时把后面的内容铺陈开来，将要讲的故事和视频先穿插定位其中，再回来撰写和修改，心中就又充满了希望。真是"不谋全局者，不足以谋一域"啊。当在一域"精益求精"之时，我们却可能忽略更有价值的全局带来的希望！最后，哪一部分内容写得不满意时，我就先放放，往后写，完成后再回过来写，也就走过来了！

小伙伴们，你们看老师是不是有点完美主义啊？但这里所说的完美主义并不是真正的完美主义，而是一种心理缺陷，实际上是消极的完美主义。

消极的完美主义

心理学家将完美主义分为积极完美主义和消极完美主义。积极完美主义是适应的、健康的完美主义，他们对完美的渴望和追求的倾向，在很多时候是具有优势的，这使他们拥有强烈的内驱力去努力达成目标；而消极完美主义是不适应的、神经质的，是对错误、失败和不完美的规避。他们最大特点是追求完美，而这种欲望是建立在这样一种思维方式基础上的：如果我有个完美的外表，工作不出任何差池，生活完美无瑕，那么我就能够避免所有的羞愧感、指责和来自他人的指指点点。这其实并不是对于完美的合理追求，而是过于苛刻的要求。所以，他们经常会陷入深深的矛盾、自责、焦虑甚至抑郁等负面情绪之中。还由于对他人不切实际的要求，而会破坏人际交往，甚至亲密夫妻关系的发展。更有甚者，科学家研究显示，最为严重的消极的完美主义者，其完美主义特质和自杀风险之间呈正相关。

那么，我们如何变消极的完美主义者为积极的完美主义者呢？分享几个观点。

客观认知自己

消极的完美主义者有积极的一面，就是自我控制力强，善于发现问题，总是能注意到别人注意不到的细节，并力求改进。所以，要认识并利用这一优势。但同时，这类人更要自我反省自己的错误认知：就是对自己要求过高，实现不了人生计划时，就不能容忍和面对。也就是要辩证地看待自己的追求，要学会把自己当人，真实地面对自己的失误和挫折，建立现实思维，设定较为切实的目标和计划，通过一件件力所能及的事情的成功，树立对自己的信心。

调整自己行为

有一个调整方法叫作暴露疗法。这本身是有些痛苦的过程，就是让自己面对最害怕、最焦虑的事物。当出现失误的时候，试着让自己容许这个错误的存在，能补救就补救，不能的话，就试着忽略它，不要让它影响之后所有过程。可以从很小的事情开始练习：比如，在一个精美的笔记本上写坏了一个字，不要扔掉整个本子！如果开始不能忍，试着先去撕掉那一页。慢慢地，就可以只划掉那个字，然后继续写。

宽容对待别人

就像太阳在白天放射光辉，月亮在夜晚投洒清辉，它们谁是谁非呢？其实，世界上许多东西并不是非黑即白的，要学会宽以待人。如果能够自己把自己当人，也会把别人当人，也会更有同理心，也才能善解人意，求同存异，获得良好人际交往。

人生若无悔，那该多无趣

其实，生活中，没有真正的完美主义者，所谓的完美主义者其实都是不完美的。要正视自己的不完美，不完美是常态，在行动中逼近完美才是正道。所以，完美主义是促进自己补全不完美的助力，而不是逃避不完美的龟壳。正如宫二所说："人生若无悔，那该多无趣。"

23.2 行幸福之"术"

23.2.1 行为演练：积极的自我沟通训练

当我们还不能自然地和自己进行积极对话时，可以先准备一些可以替代消极的自我贬损话语的积极话语，比如，对着镜子告诉自己"你今天真可爱"；在不小心犯错时对自己说"没关系，别紧张，有了这次失误下次我就知道怎么做了"；在感到孤单时告诉自己"还有我一直爱你呀"；内疚时告诉自己"对不起，没关系"；成功时告诉自己"你真棒"；遇到危机时告诉自己"啊噢，太好了，打不垮我的，必使我强大"。

演练要求：请记下你的演练感受。

╌┼╌┼╌┼╌┼╌┼╌┼╌┼╌┼╌┼╌┼╌┼╌

演练分享

A 同学：感觉忒尴尬了，有点傻得可爱，但是感觉确实心情放松了，把面子放开了。感觉自己更加积极了，遇到困难没有以前那么害怕了。

B 同学：在遇到困难和矛盾的时候，运用一些可以替代消极的自我贬损话语，与自己进行积极的对话交流，感觉受到极大鼓舞和鼓励。我变得更加自信，乐观的想法源源不断，仿佛没有困难能阻挡我，提高了解决问题的能力和学习工作的效率。

C 同学：这种积极的自我沟通，可以在心情沮丧时，给人以很好的激励，让人更有斗志、更加自信、更有勇气！这种心理暗示很重要！我仿佛看到了一个崭新的自己。

╌┼╌┼╌┼╌┼╌┼╌┼╌┼╌┼╌┼╌┼╌┼╌

23.2.2 知识巩固

 答案

一、判断题

完美主义者都是完美的。

二、多选题

心理学家将完美主义分为（　　　）。

A. 积极完美主义　　　　　　　B. 消极完美主义

C. 相对完美主义　　　　　　　D. 绝对完美主义

三、讨论题

1. 请把本专题中你印象最深的一句话、一个观点、一个方法或者一个故事与大家分享。

2. 世界上本来没有冲突，但只站在自己角度看问题时，就产生了冲突。请与小伙伴们分享一下你理解的同理心！

专题 8 时间节制是
你幸福的动力源

▶▶ 专题导读

亲爱的小伙伴们，你是不是有时会感到课选多了，忙不过来；课选晚了，跟不上来；课没选上，郁闷心塞。有时，茫然、盲目和忙碌充斥着生活，这离"亡"可都不远啦；有时，安静独处又让自己无聊、寂寞。这一切，其实都是你的时间节制能力、生命把控能力在你每一天生命中的体现。

有人说，每一天都是我们余生的第一天。看过麦家的小说《人生海海》的人，可能能够领悟到，其中，既有日常滋生的残酷，也有时间带来的仁慈，更有人生的终极智慧："每个人都应该学会与自己和解"。如何学会与自己和解，秘诀之一便是合理规划时间，学会安静独处。

本专题用时间节制的美德养成告诉你，如何突破一般对于时间的错误认知，如何存储时间，如何设计我们想要的生活，如何节制时间以达成想要的生活，如何给自己打造一个安静独处的精神花园等。如能掌控这一切，等于掌控了人生的动力源。

第 24 问　时间可以存储吗？

24.1　知幸福之"道"

你在"盲""茫""忙"吗？

亲爱的小伙伴们，从今天起，我们讲讲时间，因为时间是锻造美德的试金石，比如，守时就是我们自我节制、自我控制美德的体现。

如果有人问你，你最近忙吗，你多半会说，忙啊，不仅是忙碌的"忙"，可能还有迷茫的"茫"，甚至还有盲目的"盲"，那加起来可不就是茫、盲、忙！如果我们做人茫然、做事盲目、生活忙碌，我们人生很可能会一地鸡毛、多有不堪。《中国青年报》曾做过一项调查：近四成大学生对个人时间管理不满意。也就是说，不少小伙伴除了学习、社团活动以外，一是觉得自己没有太多可支配的自由时间，二是不太会打理自己的自由时间。

我们真的没有可支配的自由时间吗？

每周约有 50 个小时的自由时间

我们来算笔账。我们一天 24 小时，学习 8 小时，睡觉 8 小时，吃饭休闲 3 小时，那你还可以剩下 5 小时，加上周末 16 小时自由学习时间，一周大约会有 50 小时的自由时间。这可是真的不算不知道，一算吓一跳哦！

每周约有 26.2 小时偷偷溜走

而现实情况如何呢？

2020 年《中国互联网络发展状况统计报告》显示，我们每周有 26.2 小时，平均每天有 3.7 小时在用手机打发时间。这被刷屏、游戏等时间杀手悄悄偷走的不是时间，是我们最最宝贵的生命哎。就如鲁迅先生所说：时间就是生命。

那怎样打理时间呢，告诉你一个秘方，就是把时间存储起来！什么？存储起来，怎么可能呢？

一个关于时间的实验

一名教授在哲学课上做的一个关于时间的实验视频火了。

视频中教授拿出一个透明的玻璃瓶子放在讲台上，先放进去一些高尔夫球，直到装满。他问道："满了吗？""满了！"学生回答。

这时候，教授取出一桶小石子，边摇晃玻璃瓶，边倒入小石子，石子很快填满了高尔夫球的空隙。"现在呢？""满了！"

但教授又取出一桶沙子，慢慢倒入玻璃瓶子里。

最后，教授又拿出 2 瓶啤酒来，倒满了玻璃瓶，此时学生们笑声一片。

教授忠告年轻人："我希望大家把这个玻璃瓶子看成你们人生的缩影。高尔夫球代表人生中最重要的人和事，如你的家庭、朋友、健康以及信仰。小石子则代表其他也很重要的事情，如你的房子、车子、工作等。沙子则代表了其他琐碎的烦恼和事务。"

教授看了看学生，接着说："如果你们一开始就先把沙子倒进瓶子里，就会没有空间再放高尔夫球和小石子了。人的生活也是这样的道理，如果你总是把时间和精力都耗费在一些琐碎的烦恼和事务上，那你就会没有时间留给那些生活中真正重要的人和事。""所以，我们应该专注于你的快乐息息相关的人和事上，先把高尔夫球处理好，也就是那些真正重要的事情。学会拿捏事情的先后顺序，而不是把时间浪费在沙子上面。"

这时候有位调皮的男学生问道："教授，那啤酒代表什么呢？"

教授拿着剩下的半瓶啤酒，笑着说道："我很开心你问了这个问题，这是要表达无论你的人生有多忙碌，你总是能挤出点时间跟朋友喝一杯，无论什么时候，生活都不能没有了快乐！"

小伙伴们，从故事中你得到什么人生的启示？

人生的启示

生命是有限的，就像这个瓶子。小球代表最重要的事情，石子代表你的"四子"，沙子代表繁杂的琐事，啤酒代表生命中许多诱惑。我们每天都在为这些小球、石子、沙子、啤酒忙忙碌碌。可是，有多少人能在忙碌中静下心来想一想，自己究竟是为小球，还是为石子、为沙子、为啤酒而奔波呢。往往我们都是在生命的尽头，才可能会静下心来，数一数自己的瓶子里，到底有多少小球、石子、沙子，懊悔自己对小球的错过，遗憾对石子、沙子和啤酒的过多保留。

所以，视频至少给我们两个启示：第一，时间安排再满，也好像是海绵里的水，只要愿意挤，总还是有的。这是由时间的特性所决定的；第二，把哪些东西先放进瓶子真的很重要。如果我们先把石子和沙子装进瓶子，小球可能就再也放不进去了。所以，我们要寻找最重要的事情，把它优先放进去。但哪些是最重要的事呢？这是由你想要的人生所决定的。

这其实是两个问题。一个是"时间可以存储吗"，另一个是"重要的事情一定有时间做吗"。本问我们解决第 1 个问题。

时间的脾性

小伙伴们，你知道每天与你形影不离的时间有什么脾性吗？简单说，就是公平性、珍贵性和效用性。

先看看公平性。每个人不管地位、名望如何，一天 24 小时，1440 分钟，86400 秒。公平吧，绝对公平！

再看看珍贵性。如果我问你，这世界最稀缺的东西是什么，最富有的东西是什么，不知你如何回答。在《人生最初的财富》一文中，讲了这样一个故事。南美的一位黑客通过国际互联网侵入瑞士的户籍网络系统，想把自己刚出生的儿子注册为瑞士人。在填写财产这一栏时，他随便敲了一个数——3.6 万瑞士法郎。在确信一切天衣无缝后，他窃喜自己从此有了个瑞士儿子。谁知不到三天，瑞士当局就发现了这位假居民。小伙伴们，你知道是怎么发现的吗？因为所有的瑞士人在为孩子填写拥有的财产时，写的都是"时间"。他们认为，对一个刚出生的孩子来讲，他们所拥有的财富，除了时间之外，再不会有其他东西。任何财富都是通过支付时间和生命换来的。所以，时间是孩子拥有的世界上最富有的东西。

但同时它又是最稀缺的，就像那个瓶子，是有限的。我们一生有三个时间，过去、现在和未来。过去的和未来的时间我们是感觉不到的，就像过期支票和未来期票，它只存在于大脑的神经元中，真正能够感受到的时间就是现在，也就是说人的一生都是在现在这个极短时间里度过的，就像只有现钞你可以马上兑付一样。

最后我们谈谈时间的效用性。时间的效用性，就是使用时间生命去做什么，去满足什么需求。比如，有些人需要地位，就用时间去换取权力；有些人需要财富，就把它一点点地兑换成金钱；有些人需要闲适，于是就在宁静和安谧中从容地度过自己的时日；有些人注重成长，就在不断学习深造中修炼自己的美德；有些人喜欢刺激，就在炫富、吸毒中耗费一生。可见，时间效用性，取决于你想成为什么样的人，你想做成什么样的事，你想要过什么样的生活，说到底与我们自己的三观、理想、信念、目标相关联。

学习、运动是世界上成本最低、效率最高的时间存储方式

所以，时间效用性体现在，可以用于消费，可以用于存储，当然也可以被你浪费。消费与浪费都好理解，唯有存储，小伙伴们可能还在迷惑着呢。时间怎么可以存储呢？过去的就过去了呀。这只是一般的、并不全面的认知。其实，当你把时间更多投资在规划人生、修炼美德、提升优势等方面时，你就为未来积累了人生资产，提高了人生效率，也就是说，今天的一分钟可能在未来发挥几何级数的裂变与效应，你说是不是时间的存储呢？而学习、运动是世界上成本最低、效率最高的人生投资方式和时间存储方式。这就是时间的秘密，把时间存储起来，存储越多，生命之花就愈加醇香！这就是你持久幸福的源泉。

24.2 行幸福之"术"

24.2.1 自我测试：时间测试

请判断下列 15 种情况下，你的状态是"A 从不""B 有时""C 经常"，还是"D 总是"。

1. 我在规定时间之前完成任务。

2. 任务没有完成我会睡不着觉。

3. 我很难空着手什么事也不做。

4. 逛街购物我会很心烦。

5. 忘记戴表我会无所适从。

6. 我按轻重缓急列出工作清单并依次处理。

7. 我善于与他人合作共事。

8. 我的时间安排会留有回旋余地。

9. 我利用工作进度表来书面规定工作任务与目标。

10. 我按照心理情绪变动规律安排我的工作。

11. 我会将长期目标分解成每天的小目标去完成。

12. 我把大块的时间用于长期重要但不紧急的事项，如学习、运动等。

13. 我会随时记下要做的事。

14. 我尽量避免干扰电话、不速之客来访等时间杀手。

15. 我会对不重要也不紧急的事情说"不"。

评价方式："A 从不"0 分，"B 有时"1 分，"C 经常"2 分，"D 总是"3 分。

评价标准：0 ~ 19 分：没有时间规划，时间观念淡薄。你不太尊重你的生命，你散漫的生活态度可能会使自己和他人失望。20 ~ 29 分：试图掌握时间，却不能持之以恒。你应制定完成任务的起始时间，并严格执行。30 ~ 39分：时间管理能力较强。你有较强的时间观念以及现实的紧迫感。40 ~ 45分：时间管理典范。你是时间管理典范，但可能有点强迫症、工作狂，所以，要学会适当放松自己。

测试要求：请记录你的时间测试分数，并对比测试题项找出自己的强项和弱项，制订计划，加以改进，过一段时间再行测试，看看有没有进步。

结果分析

1. 约 65% 的小伙伴时间观念较强。

描述性统计分析发现，测试分为 0 ~ 19、20 ~ 29、30 ~ 39、40 ~ 45 人的分别占参加测试总人数的 5.0%、30.1%、55.3% 和 9.6%，测试平均分为31.02，表明 55.3% 的小伙伴时间管理状况良好，但仍有提升空间；9.6% 的小伙伴观念非常强；还有约 1/3 的小伙伴，缺乏时间管理的意识和方法，需要加油哟！

2. 习惯越好的小伙伴时间观念越强。

相关性统计分析发现，习惯越好的小伙伴时间观念越强。第一次幸福测试分、美德与优势测试总分、情商测试分、父母乐观开朗度、本人乐观开朗度、父母幸福度、父母尊重子女的意见程度、财商测试分、人生的目标、感恩测试分、**习惯测试分**、魅力测试分、同感测试分、第二次幸福测试分等因素对时间测试分的影响十分显著，其中影响最大的是习惯测试分，即习惯越好的小伙伴时间观念越强；反之，时间观念越强的小伙伴习惯越好。

24.2.2 行为演练

严格执行时间计划是节制美德和自控能力的体现。你可以根据时间自测情况，找出时间管理中的不足，有针对性地进行改进。在这方面，我们可以利用表 24 - 1 进行时间执行情况分析，以提高自己的时间感和执行率，提高时间管理的能力。

表 24 - 1　　　　　　　　时间执行情况分析

日期：

时间	计划活动	实际完成情况（1～10 分）	原因分析

24.2.3 知识巩固

 答案

一、单选题

1. 2020 年《中国互联网络发展状况统计报告》显示，我们每周有 26.2 小时，平均每天有（　　）小时在用手机打发时间。

A. 2.7　　　　B. 3.7　　　　C. 4.7　　　　D. 5.7

2. 瑞士人认为：（　　）是孩子拥有的世界上最富有的东西。

A. 地位　　　B. 成绩　　　C. 时间　　　D. 财富

二、多选题

1. 时间效用性体现在：可以用于（　　）。

A. 消费　　　B. 存储　　　C. 浪费　　　D. 买卖

2. 时间有以下特性：(　　　)。

A. 公平性　　B. 珍贵性　　C. 无限性　　D. 效用性

三、判断题

学习、运动是世界上成本最低、效率最高的人生投资方式和时间存储方式。

第 25 问　重要的事情一定有时间做吗?

25.1　知幸福之"道"

下一个十年，你会在哪里

亲爱的小伙伴们，如果你是一个刚刚毕业的年轻人，你可能没有想过这样一个问题：你的人生还剩下多少天?

有段时间，《下一个十年，你会在哪里》这个短片爆红网络。短片对于这个问题的回答可能会让你深思。

如果你是"00 后"，你的人生也仅剩 2 万多天。你是不是真的懂得去设计自己的人生?

短片中，爷爷问刚毕业的孙女，"知道什么是'22K'吗?"孙女回答，"就是台湾的年轻人现在毕业只领 22000 台币（22K，指的是台湾大学生毕业后平均月起薪 22000 台币，约合人民币 4400 元）"。

随后爷爷问孙女，"有没有听过一种说法，不要怕'22K'，要怕的是没有竞争力?"

刚刚走入社会的年轻人，大概只会去在意自己能找到什么样的工作，薪水会有多少，而不会去考虑自己的生命还剩下多少天，因为毕竟，我们觉得我们还年轻啊，我们的资本还很丰厚，我们的人生还有 60 多年呢!

60 多年听起来很漫长，一旦换算成天数来计算，却令人猛然间心里一颤——其实剩下的时间还不足"22K"。

薪水随着时间的增长或许会不断增加，但生命却是不断减少，所以，年轻人最该担心的不是毕业后薪水有没有"22K"，而是剩下的"22K"生命怎样才能活得精彩，活得有意义。

所以，这个时代不差算计，只差计算。在剩下不到"22K"的日子里，你要如何设计你的人生？下一个十年，你会在哪里呢？你将过着怎样的生活呢？这就取决于今天，取决于当下，取决于你的时间用在哪里。

设计想要的人生才能过上想要的生活

时间用在哪里呢？一般来讲，我们可能会像为买大房子积钱一样，我们节省一点点时间，叠加起来，用于做自己想做的事情，然后过上想要的生活。但这只是我们对于时间的一般认知。已有的研究发现，我们并不是通过节省时间来获得我们想要的生活，而是通过设计创造想要的生活、想做的人、想做的事情来安排时间，我们的时间就自动节省下来了，我们就能过上想要的生活。也就是说，时间不是省下来的，而是选择出来的。

你能一周拿出 7 个小时吗？

在网易公开课中有一个《如何掌控你的自由时间》的视频①。其中讲到，一位时间管理专家研究了 1001 个繁忙的成功人士的时间日记。这些人有工作，有孩子，有老人，有社区服务，是那种忙到脚不着地的人。其中有一位女忙人的时间日记是这样的：周三晚上回到家，发现热水器坏了，地下室全是水。那天晚上就只能着手处理这烂摊子。第二天，水管工来修理。第三天，清洁工来处理浸水的地毯。前前后后加起来占去她那周 7 个小时。7 个小时啊！差不多一天的工作时间。但如果在一周前你问她，"下周你可以挤出 7 个小时来运动吗？"她肯定会说："不行——你没看到我有多忙吗？"但是请注意，当她发现地下室进水的时候，她就必须挤出 7 个小时来。这个故事说明什么呢，说明时间的弹性非常大，时间会根据我们的选择而灵活伸

① Laura Vanderkam. 如何掌控你的自由时间 [EB/OL]. [2022 – 08 – 20]. https：//open. 163. com/newview/movie/free? pid = MC82BCQAN&mid = MC8U8L3IB.

缩，所以，时间就是选择。

三个时间金律

那么，我们要如何把时间投向我们想要的生活和重要的事情呢？哪些是重要的事情，哪些又不是呢？另外当紧急和重要的事情同时发生时，是优先处理紧急的还是重要的事情呢？

与你分享几个时间金律，也就是一些选择标准。

金律一：时间选择要吻合你的三观。前面讲过，你一生要成为什么样的人、过什么样的生活、做什么样的事，由你的三观、初心、使命、意义决定。有了这些指引，你才能分辨出哪些是小球、哪些是石子、沙子和啤酒，哪些是你最喜欢最有意义最重要的事，然后你生命的投向就会明确。

金律二：时间选择要符合你的目标。目标其实是你三观、初心、使命指引下的具体事项安排，包括长期、中期和短期时间安排以及计划等。现在小伙伴们应该理解，为什么我们一直要强调三观、意义、目标在你幸福中的重要性了吧！

金律三：时间选择就是要优先安排重要的事。时间选择上有个要事第一原则和二八定律。无论是自然界还是人类社会一般都遵循80∶20的宇宙法则。比如，空气中氮气78%，氧气及其他气体22%；企业中激励好20%的骨干力量，再以20%带动80%，能够提高组织效率。所以，二八定律又叫帕累托最优，是资源分配的一种理想状态，也就是重要的人与事只占一小部分，只要集中处理20%的重要事务，就可以解决80%的问题。

重要但不紧急的事才是你的第一要事

时间管理中的要事第一原则，就是重要的事情要优先安排。我们来看一个时间象限图（见图25-1）。横轴代表事情的紧急程度，纵轴代表事情的重要程度。第一象限是既紧急又重要的事情，比如面临下岗、考试等，这些肯定要优先解决，立即做。第二象限，是重要但不紧急的事情，比如规划人生、学习进修等，这一象限的事情要制定规划长期做，甚至终身去做，如果长期不做，就会演变成第一象限中既紧急又重要的事项，比如长期不学习不进步可能会面临考试失败、下岗失业等。第三象限，是不紧急也不重要的事项，比如玩游戏、不必要的应酬等，这些可以偶尔为之，但应尽量说不！第四象限，是紧急但不太重要的事项，如不必要的微信回复等，这类事项会让你盲目而忙碌，应尽量减少，如有的话，最好安排别人去做。

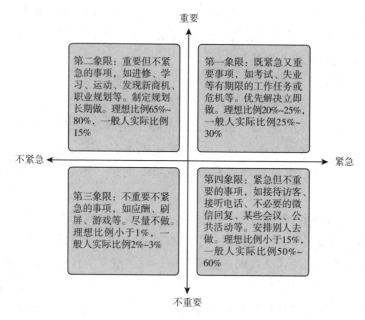

图 25 - 1　时间管理象限图

生活中，多数人时间分配是第一象限既紧急又重要的占 25% ~ 30%；第二象限重要但不紧急的只占 15%；第三象限不紧急也不重要的占 2% ~ 3%；第四象限紧急但不太重要的占 50% ~ 60%，占了大部分时间，这说明你差不多每天都在救火。但事实上，研究表明，比较合理的配比是，第一象限既紧急又重要的可占 20% ~ 25%，第二象限重要但不紧急的应占 65% ~ 80%，也就是应占大部分时间，应该逼近二八定律中的 80%，因为这些是我们存储时间最重要的事项。第三象限不紧急也不重要的事项要控制在 1% 以下。第四象限紧急但不重要的事项要控制在 15% 以下。课后，我们给大家准备了一个演练，静心分析一下你的时间配比，你可能就能知道为什么有人过得如此从容，有人却过得如此不堪了。

重要的事一定有时间做

小伙伴们，以上三个时间金律告诉我们，我们想要的生活决定了我们要做的最重要的有意义的事情。像前面所讲的时间实验一样，如果我们能够保证生命中最重要的事情像小球一样优先投入瓶子，你就永远不会说："我没有时间做这件事"。

所以，什么是爱？其实就是八个字，叫"很有时间，不怕麻烦"。如果你爱一个人，你会说"很有时间，不怕麻烦"；如果你真想做成一件事，相信你也会说"很有时间，不怕麻烦"。所以，重要的人一定有时间爱，重要的事一定有时间做，关键是你找到了吗？

设计创造想要的生活，你就能找到重要的人和重要的事，找到了，给予时间，幸福就在未来等着你！

25.2 行幸福之"术"

25.2.1 行为演练：四个象限时间统计分析法

1. 认真回忆并记录今天、昨天和前天所做的事情，逐条记录下来，标出大概花费的时间。

2. 认真回忆并记录上星期、上个月、上个季度、过去一年所做的事情。

3. 用两周的时间，每天随时记录自己刚刚做了什么事情，以及花费了多少时间。

4. 将所做的一切放入四个象限进行分析，分析是否符合你想成为的人、你想做的事的标准，分析什么是你最重要的人和事，如果不是，如何调整。坚持、分析、总结、调整、坚持……反复循环，你将会越来越能把控你的幸福。

25.2.2 知识巩固

答案

一、单选题

1. 按照时间管理中要事第一的原则，下列（   ）事情应该占65% ~ 80%大部分时间。

A. 既紧急又重要的   B. 重要但不紧急的

C. 紧急但不重要的   D. 不紧急也不重要的

2. 按照时间管理中要事第一的原则，规划人生、学习进修属于下列（　　）事项。这类事项应该优先安排，否则会演变成既紧急又重要的事项。

A. 既紧急又重要的　　　　　　B. 重要但不紧急的

C. 紧急但不重要的　　　　　　D. 不紧急也不重要的

二、判断题

研究发现，我们并不是通过节省时间来获得我们想要的生活，而是通过设计创造想要的生活、想做的人、想做的事情来安排时间，我们的时间就自动节省下来了，我们就能过上想要的生活。

第 26 问　为什么人要有安静独处的时间？

26.1　知幸福之"道"

你有多少安静独处的时间

小伙伴们，你爱你自己吗？如果爱，你有没有想过，你的生活中有多少安静独处的时间呢？你每天为什么做人迷茫、做事盲目、生活忙碌？你为什么会焦虑呢？其实是因为生活中的时间杀手太多。比如，没有目标、为名利奔波、没有轻重缓急、来者不拒等，都无形地扼杀着你的人生，最可怕的是你可能还全然不知。

"静静"帮你开启"心眼"

其实从心理上讲，你是有安静独处的需要的。比如，有时你心烦意乱，你可能会说：我想静静。静静其实是你心中渴望的精神花园。所以，我们说，你的生活，一定要安排不被干扰的时间，学会安静独处。在我们中国古代思想中，有许多关于安静独处的说法。比如，《说文解字》里讲，"微者，隐行也"。道心惟微，道是隐行。也就是说，道、规律都隐藏在事物本质中，我们通过表面看不到，除非睁开心眼。怎样睁开"心眼"呢？就是静坐、自省。这告诉我们安静独处对于人生的意义，它为我们认识自己、认识他人、认识世界开启了"心眼"。为什么这么说呢？

阿瑟·戈登的精神重建

与你分享一个作家阿瑟·戈登精神重建的故事。[①] 阿瑟·戈登有一段时间意志消沉，灵感枯竭，他感到人生乏味，而且愈演愈烈，不得不求助于医生。经检查，一切正常，医生建议他来一场精神之旅，到年幼时最喜爱的地点度一天假。这一天中，可以进食，但禁止说话、阅读、写作或听收音机。然后医生开了四张处方，嘱咐他分别在 9 点、12 点、15 点和 18 点拆开。

戈登如约来到最心爱的海滩，打开第一张处方，上面写着："仔细聆听"。他的第一个反应是，难道医生疯了不成？我岂能在这里连续呆坐 3 小时？但戈登仍遵医嘱，耐心地倾听。他听到海浪声、鸟声，不久又发现起初未注意到的许多声音。一边聆听，一边想起小时候大海教给他的耐心、尊重及万物息息相关的观念。他逐渐听到往日熟悉的沉寂的声音，心中逐渐平静下来。

中午，他打开第二张处方，"设法回头。"回头是什么呢？也许是童年，也许是往日美好的时光。于是他开始从记忆中挖掘点点滴滴的乐事，设法回忆每个细节，心中渐渐升腾起一股温暖的感觉……

下午 3 点钟，戈登打开第三张处方，前两张不难做到，这一张"检讨动机"却不容易做到。起初他为自己的行为辩护，在追求成功、受人肯定与安全感的驱使下，他不得不采取某些举动。可是再一细想，这些动机并不怎么正当，或许这正是他陷入低潮的原因。

回顾过去愉快满足的生活，他终于找到了答案。后来，他写道：我突然领悟到，动机不正，诸事便不顺。不论邮差、美发师、保险推销员或是家庭主妇，只要认为自己的工作是为人服务，被人需要，有意义，就都能把工作做好。若是只为私利，就不能如此成功。这是不变的真理。

---

① 史蒂芬·柯维，等. 高效能人士的七个习惯［M］. 高新勇，王亦兵，葛雪蕾，译. 北京：中国青年出版社，2014：320.

到了下午 6 点，第四张处方很简单："把忧愁埋进沙子里。"他跪在沙滩上，用贝壳碎片写了几个字，然后转身离去，头也不回。因为他知道，潮水会涌上来……

我用图 26 - 1 总结了这 4 个步骤。仔细聆听，是回到并安住于当下；设法回头，是回顾当初梦想初心的确立；检讨动机，是找回实现目标的内驱力；把忧愁埋进沙子里，是与过去负性情绪的断舍离。

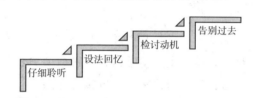

图 26 - 1　阿瑟·戈登精神重建四步骤

独立生长的自我系统

小伙伴们，这就是安静独处的意义。从心理学的观点看，人之所以需要独处，是因为要把新的经验，放到内在记忆中的恰当位置上加以整合，唯有经过这一整合，外来的感受才能被自我所消化，才能形成一个独立生长的自我系统，形成一个相对自足的自我的内心世界，进而影响到你与外部世界的关系（周国平，2019）。所以，安静独处，就像站在万米高空俯瞰你的人生之路，你会更明白自己该往哪里走，你更容易开启"心眼"面对自己的灵魂，面对大自然，面对身处的这个世界。这就是诸葛亮所说的："非淡泊无以明志，非宁静无以致远"。

与自己和解

在嘈杂的世界里，我们就像一杯水，只有静下来，慢下来，尘埃才会落定，心境才会明朗，你才能真正看清你自己心底的世界，才能真切体验到自己深邃的灵魂。因为只有在这一刻，你在这个喧嚣的世界里才能找到一个可以对话自己、认知自己的空间；因为在这一刻，你才可能不曲意迎合，不刻意追逐，忍得住浮躁，耐得了寂寞；因为在这一刻，你才可能和自己和解。

正如麦家在《人生海海》中的"我"在结尾处原谅了村子里那个和自己积怨已久的仇人："这是我的胜利，饶过了他，也饶过了自己，我战胜了几十年没战胜的自己，仿佛经历了一场激烈的鏖战。敌人都死光了，一个不剩，我感到既光荣又孤独，孤独是我的花园，我开始在花园里散步，享受孤独留给我的安宁。"

这对年过半百的麦家而言，是一种释放，亦是一种救赎。这本书写完，他也终于有勇气面对童年的自己与那些伤痛。在接受"舍得智慧讲堂"采访时，关于人生的终极智慧，麦家给出了自己的态度："每个人都应该学会与自己和解。"

独处时可以做些什么？

那么，独处时我们做什么呢？独处时，你可以与自己谈心、阅读、思考，让智力求真成长；你可以演练、欣赏、感恩、写作，让心灵感受美好；你也可以体味仁爱美德，让灵魂升华善德。最终反省我们的初心，我们的为人，我们的做事，我们的方向等。说到底，就是在你自己的精神花园里给你自己的精神之花施以阳光雨露，让精神得以成长。所以，周国平先生说：独处可以测出一个人灵魂的深度。

26.2　行幸福之"术"

26.2.1　行为演练：阿瑟·戈登独处处方

如果你遇到阿瑟·戈登类似的经历，建议试试阿瑟·戈登精神重建的四张处方，并记下你行为演练的真实感受。

26.2.2　知识巩固

 答案

一、多选题

作家阿瑟·戈登精神重建的四张处方是（　　　）。

A. 仔细聆听　　　　　　　B. 设法回头

C. 检讨动机　　　　　　　D. 把忧愁埋进沙子里

二、判断题

1. 从心理学的观点看，人之所以需要独处，是因为要把新的经验，放到内在记忆中的恰当位置上加以整合，唯有经过这一整合，外来的感受才能被自我所消化，才能形成一个独立生长的自我系统，形成一个相对自足的自我的内心世界，进而影响到他与外部世界的关系。

2. 周国平先生说：独处可以测出一个人灵魂的深度。

三、讨论分享题

1. 请把本章中你印象最深的一句话、一个观点、一个方法或者一个故事与大家分享。

2. 请与小伙伴们分享一下你在时间管理中的好方法！

专题 9　自我控制是
你幸福的刹车器

▶▶ 专题导读

　　亲爱的小伙伴们，我们在家时可能总会觉得父母唠叨，但我们要扪心自问一下，父母为什么唠叨。其实，父母唠叨的 99% 都是你 12 岁以前就应该养成的良好习惯，这是我们自我控制能力的体现。但你对照一下，你做到了几条呢？

　　我们说要"把命照看好，把心安顿好"，但我们是否明白，运动与健康等自我控制的习惯的力量是如何决定我们 20 岁以后幸福的；是否明白，诗人艾青所说：蚕在吐丝的时候，没想到会吐出一条丝绸之路；是否明白，熬夜可能暂时延长了你一天的长度，却在悄悄地缩短你一生的长度；是否明白，你是你最好的保健医生；是否明白，你天天打拼想要去战胜别人，其实你真正要做的是战胜你自己。这些都是我们本专题的使命：为你的人生安装一副性能良好的刹车器，为你的幸福保驾护航。因为左右了自己，才可能左右自己的人生，甚至整个世界。

第 27 问　什么是好习惯？

27.1　知幸福之"道"

一个大男孩的"秘诀"

亲爱的小伙伴们，每天清晨，你是神清气爽地起床呢，还是赖在被窝里纠结呢？我们将如何开始新的一天呢？

我有一个朋友，每天总是能神清气爽地去面对单调甚至乏味的会计工作。问他有什么"秘诀"能够保持这样的状态。他说："秘诀"就是"保养心灵"。

每天清晨，在焦虑和挑战来临之前，他都会为自己保留一段保养心灵的时间。他 6 点钟起床，喝一杯温水，练练太极或者八段锦，听着新闻，吃着早餐，还有些时间，要么读一段书，要么听一段音乐，或者安静地冥想。这个完全独处的时空，有时让他欣赏到旭日东升的胜景，有时让他感受到属于自己的缓冲。再归来时，已是满血复活，能量满满。

就这样，他带着怡然的心情和满足的享受，对冲掉那烦琐"数据堆"的能量消耗。他说：不管这一天有多少不堪，我已经享受过我自己的"哲学时空"了……

"保养心灵"的"秘诀"在他的朋友圈传开后，有人说，突然间，有时间读书了，有时间运动了，有时间陪伴了，偶尔还可能欣赏到美丽的日出了。

蚕吐丝的时候，没想到会吐出一条丝绸之路

这个故事让我想起一位诗人说过的一句话：蚕在吐丝的时候，没想到会

吐出一条丝绸之路。这讲的就是本问的主题：习惯。

一个人在 3 ~ 12 岁受到的教育的本质就是培养习惯。如果你 12 岁之前养成了好习惯，不仅你会受益一生，你的下一代也会受益，你父母自然也会省心不少。但如果你每天早晨上课开工之前，都不能像这个朋友那样神清气爽，那估计你可能就没有养成太好的习惯，那你现在就要补课啦！这个课如果补得好，不仅你受益，你的下一代也会受益哦！所以，一人的好习惯，不知能惠及多少代啊！

习惯是什么？

那么，习惯是什么呢？《大戴礼记·保傅》中讲："少成若性，习贯之为常。"所以，习惯，是指习于旧贯，后指逐渐养成而不易改变的行为。心理学家威廉·詹姆士说：播下一个行动，收获一种习惯；播下一种习惯，收获一种性格；播下一种性格，收获一种命运。[①] 也就是说，习惯预示着一种因果关系，决定着贫富、悲喜、压力大小、关系好坏、健康与否等。所以，习惯形成性格，性格决定命运，命运连接幸福。

哪些习惯不可或缺？

那么我们一生应该养成哪些不可或缺的习惯呢？

先看看这里有 9 个习惯，分别是早睡早起、正确的饮食、自己整理书桌、运动、做家务、先做作业再玩耍、读书、自己收拾书包、保持清洁等。这 9 个习惯，是小朋友 12 岁之前就应该养成的好习惯，你先对照一下你都做到了吗？许多小伙伴羡慕成功人士和富翁，我们来看看托马斯·科里用 5 年时间研究了 177 位白手起家的富翁，总结出 26 条"富有的习惯"！我们学习其中最主要的十余条。[②]

富翁的日常习惯

在我们分析之前，小伙伴们也不妨预测一下他们会有哪些习惯？

第一，经常阅读：88% 的富人每天会至少阅读半小时。内容主要以自学和自我提升类为主，比如成功人士自传类、个人修养发展类、历史类书籍

---

① 廖超国. 习惯的力量 [J]. 中国城市金融，2017（1）：46 - 48.

② 托马斯·科里. 富有的习惯 [M]. 程静，刘勇军，译. 北京：民主与建设出版社，2018.

等。多数人都不会为娱乐去读书。

第二，坚持锻炼：76% 的富人坚持每天有氧运动 30 分钟以上，比如跑步、快走、骑自行车等。这是一个人持久幸福的基本保障。

第三，结识成功人士：研究显示你会和你常常来往的人一样成功。所以，小伙伴们应该能够理解，父母总是不让我们与不上进的人一起混的原因了吧！因为富人总是与目标明确、乐观积极的人做朋友。负面的、消极的人会让你远离成功。

第四，追求自己的目标：追求发自你自己内心的梦想和目标，不是父母的哦。这可以让你产生长期的幸福感。但现实中，有太多人犯了追逐别人梦想的错误。

第五，坚持早起：一半以上的富翁至少在工作时间前三个小时起床。早起会让你掌控你的生活，给你一种你在主导自己生活的自信感。就像前面讲的大男孩。

第六，有多种收入来源：65% 的富人在他们赚得第一笔百万美元之前，已经有至少三种收入来源，如房产租赁、股市投资、副业等。

第七，有自己的导师：找到自己的导师可以让你更快地积聚财富、获得成功。因为，经验要么来自自己的导师，要么来自曾经的失败。

第八，有着积极的人生态度：只有当你有积极的情绪、精神和态度时，你才能获得长期的成功。在这一研究中，积极向上是所有自力更生百万富翁的标配。

第九，不从众：无法让自己与他人区分开来，这就是为什么大多数人无法获得成功的原因。你需要让自己突出，然后创造你自己的圈子，让别人来加入你。

第十，帮助其他人成功：帮助其他人追逐梦想并获得成功，这也可以让你从中受益。如果想要成功，最好的方式是帮助他人。但你只应该帮助那些有明确目标、积极乐观、追逐梦想的人。

第十一，举止礼貌：他们掌握着社会礼仪的重要原则，他们有同理心，能够睿智地察觉别人的情绪，有良好的人际关系。

第十二，每天花 15 ~ 30 分钟时间思考反思：思考是他们成功的关键，他们思考事业、财务、健康和慈善。

第十三，寻求反馈：因为害怕批评，所以我们很少向他人寻求反馈，但富翁把反馈作为学习和成长的重要元素。

托马斯·科里用 177 位富翁的习惯告诉我们，以上习惯，已经成为他们的精神特质和生活方式。有些特质，像阅读、运动、早起、礼貌等都是应该 12 岁以前就形成的，其他如目标感、热忱、乐观、感恩、仁爱、时间节制、自我控制、情商财商等，都是我们讨论过的美德和优势。

坚持 10 多年，带娃走自主阅读的道路①

这里分享一个"学习强国"中关于阅读习惯养成的故事。

"孩子是一张白纸，你给他什么染料，就能给你绘出怎样的图画。"郑先生说，从大儿子 6 岁时开始，十多年来，他每晚 8 点准时在家陪伴两个儿子阅读，言传身教为孩子营造浓郁的读书氛围。

郑先生是两个孩子的爸爸。他说，大儿子小学时已读完《资治通鉴》《上下五千年》《东周列国志》等历史典籍。父子俩钟爱的《平凡的世界》，都读了不下 10 遍。他晚上从不应酬，一定把时间留出来陪孩子读书。他说，陪伴是对孩子最好的教育，尽管赚钱很重要，但在孩子的心里，缺爱比缺钱更让孩子心灵匮乏。

"看书学习需要一个'输入+输出'的过程，学以致用，有收获感，阅读才能成为'悦读'。"郑先生从不提倡孩子们"死读书、读死书"，他用自学的知识辅导大儿子写作文，上高中前儿子没上过一次作文辅导班；每次外出旅行，父子各写一篇游记，结合景点的历史文化、融入平时积累的诗词歌赋，一篇篇游记别具韵味；小儿子也天天"打卡"背诵古诗词。他带着儿子们打卡多家城市书苑，在感受书香氛围的同时，借书阅读并且比赛看谁先读完。他不断鼓励孩子从阅读里学习知识，最终将孩子带向自主阅读、主动学习的道路。如果父母都能以大爱与阅读言传身教子女，我们的下一代能没有阅读习惯吗，能教育不好吗！

唤醒沉睡的幸福种子

小伙伴们，你有没有发现，前面讲到的这些富翁原来都是和我们一样的普通人，而郑先生坚持 10 多年带娃走自主阅读道路的故事也告诉我们，每个人心中都有幸福的种子，它们可能处于沉睡状态，但习以惯之的坚持、坚

---

① 王云颖．郑向怀：坚持 10 多年每晚亲子阅读陪伴是给孩子最好的教育［EB/OL］．（2022 – 04 – 25）［2022 – 08 – 20］．学习强国温州学习平台．

持、再坚持，唤醒了你，在你不经意的某一天，就像蚕吐丝一样吐出了一条丝绸之路，这就是你的幸福，而且你的幸福可能终有一天会成为你后代的幸福，那时，你可能就是那个栽树的前人啦。

小伙伴们，网络剧《后会有期》中有一句话：从小听了很多大道理，可依旧过不好这一生。原因是什么呢？其实陆游的"纸上得来终觉浅，绝知此事要躬行"可能能够真正点醒你："知行合一"才是真正的能力，才是真正让你过好一生的核心竞争力。所以，许多时候，不是因为道理无用、书籍无用，而是因为我们"知而不行"或者"行而不坚"。

如何改变自己呢？介绍一本书《微习惯》，告诉你如何从一个俯卧撑开始，唤醒沉睡的幸福种子，开启青春的美妙人生。

《微习惯》① 教你养成好习惯

《微习惯》的作者斯蒂芬·盖斯，跟我们一样是个普通人，并且他还是个天生的懒虫，立下各种誓言，结果总是坚持不了多久。

从 2012 年开始，斯蒂芬·盖斯每天至少做 1 个俯卧撑，这成了他培养的第一个微习惯。两年后，他拥有了梦想中的体格，写的文章是过去的 4 倍，读的书是过去的 10 倍，于是便有了这本书。"微习惯"策略被证实是一个有效的策略，微习惯是一种非常微小的积极行为，你需要每天强迫自己完成它。微习惯太小，小到不可能失败。正是因为这个特性，它不会给你造成任何负担，而且具有超强的"欺骗性"，也因此成了极具优势的习惯养成策略。

我们都知道，"水滴石穿，非一日之功"。当一滴水不断重复滴在一块石头上，最终产生的力量却是巨大的。好习惯同理，给我们带来的改变也是惊人的。所以，我们经常说：学习是"天天的事"；成长是"渐渐的事"；优秀是"坚持的事"。

最后，请记住哲学家培根的话：习惯是一种顽强而巨大的力量，它可以主宰人生②。

---

① 斯蒂芬·盖斯. 微习惯［M］. 桂君，后浪，译. 南昌：江西人民出版社，2016.
② 弗兰西斯·培根. 培根论人生［M］. 何新，译. 西安：陕西师范大学出版社，2002.

27.2 行幸福之"术"

27.2.1 自我测试：日常习惯测试

请静心地对你的日常习惯进行测试。你只要回答并记下"是"或"否"。

1. 我每周至少运动 3 次，每次至少 30 分钟。

2. 我睡眠充足而且质量不错。

3. 我能积极有效地应对心理压力。

4. 我一直在追求我自己的初心使命和生活目标。

5. 我通过静心、反思、分析、计划、落实等达成每日更新与成长。

6. 我心胸豁达，乐于接受客观现实和真理。

7. 我能分清可控与不可控的事，不让不可控的事干扰自己。

8. 我经常帮助别人而且并不期望任何回报。

9. 我经常阅读喜欢的书籍报刊等。

10. 我经常记日记或日志，或写作。

11. 我对于项目或者计划会进行心灵演练，并用结果指导行动。

12. 我用静默、冥想、听音乐、深呼吸或其他放松练习保持头脑清醒。

13. 我与人沟通时能真诚倾听他人意见，而不是只想着自己要讲的话。

14. 我能在必要的时候真诚道歉。

15. 我能设身处地理解关心他人。

16. 我能坚持度过艰难时刻。

17. 我坚信我能设计、创造和追求我自己的幸福。

18. 我找到了自己的人生榜样和导师。

评价方式："是"是好习惯，1 分；"否"是不太好的习惯，0 分，但是可以改变的，只要你愿意。

改变方法：对照测试看看你有多少好习惯，还有多少需要去改变，请列一张排序表；在一周之内每天抽出半小时去做第一个想要改变的习惯；坚持每天改变一点点，坚持一周、二周、三周……坚持每周写下自己的感受，总结一次；坚持每月写下自己的感受，总结一次；坚持 20 天至一个月养成第一个习惯后，鼓励自己去完成第二个习惯、第三个习惯……坚持下去则是你要的自信与幸福。

测试要求：请记录你的分数、测试分析及测试感受。

测试分析

1. 86% 的小伙伴有良好习惯。

描述性统计分析发现，小伙伴习惯测试得 0 ~ 4 分、5 ~ 9 分、10 ~ 14 分、15 ~ 18 分的分别占 0.8%、12.9%、69.8% 和 16.5%。平均分为 12.02。表明约 86% 的小伙伴有良好的学习及生活习惯，这为自身价值实现和国家社会发展奠定了良好基础。

2. 时间观念越强的小伙伴习惯自制能力越强。

相关性统计分析发现，第一次幸福测试分、美德与优势测试总分、情商测试分、父母乐观开朗度、本人乐观开朗度、父母幸福度、父母尊重子女的意见程度、财商测试分、人生的目标、工作学习的目的、感恩测试分、**时间测试分**、魅力测试分、同感测试分、第二次幸福测试分等因素对习惯测试分的影响非常显著，其中影响最大的是时间测试分，这表明，时间观念越强的小伙伴习惯自制能力越强；习惯良好的小伙伴时间观念也强。

·+·+·+·+·+·+·+·+·+·+·+·+·+·+·

演练分享

A 同学：16 分，一个人养成了好的习惯，会一辈子甚至几辈子享用不尽它的利息。

B 同学：10 分，这一周的行为演练，让我的生活变得更加有条理，更加主动，我也逐步养成了更多更好的学习习惯和生活习惯。

C 同学：13 分。这个行为演练对我影响太大了。虽然其中大部分习惯我有，但是还有五条值得养成，所以这一周，我会努力克服自己之前的不足，让自己能够全面发展。我相信，拥有了好习惯，我的人生会更加精彩。

D 同学：11 分。对于好习惯我会坚持下去，对于不好的习惯，我会根据自身情况作出改变。我认为测试的好处就是帮助我们更好地了解自身，对行为进行区别，让我们坚持好习惯，改正坏习惯。坚持下去，你就能追求到属于自身的幸福。

·+·+·+·+·+·+·+·+·+·+·+·+·+·+·

27. 2. 2　知识巩固

 答案

一、多选题

托马斯·科里研究了 177 位自力更生的富翁的日常习惯，最主要的习惯有（　　）。

A. 经常阅读　　　　　　B. 坚持锻炼

C. 结识成功人士　　　　D. 追求自己的目标

二、判断题

一位诗人曾说：蚕在吐丝的时候，没想到会吐出一条丝绸之路。

第 28 问　好习惯能养成吗？

28.1　知幸福之"道"

一项关于习惯的实验

亲爱的小伙伴们，说起习惯，你可能会说，我也想养成好习惯，可就是扛不住被窝的诱惑、美食的蛊惑啊。

那么，好习惯到底能不能养成呢？

泰勒·本－沙哈尔在他的《积极心理学》课程中讲到过一个心理学实验：研究人员选择了与异性相处很害羞的男孩做实验。在男孩等待时，安排了 6 个女孩，每人 12 分钟，装成是同样等待做实验的人和他交谈，女孩表现出对他的谈话非常有兴趣，一个接一个。第二天会重复这样的过程。

结果显示：半年后，参加实验的男孩和异性相处融洽多了，他们变得更加自信，之前144分钟的实验干预使他们发生改变。即使后续告诉他，之前这些女孩是事前安排好的，对他们也没有影响。

大脑中傻傻的重复者

这个研究告诉我们什么呢？它告诉我们，从认知心理学的角度看：不断地重复，不断地坚持，重复的行为将强化认知，形成习惯。这也是改变能够实现的原理。从脑科学的角度讲，它的运行原理是这样的：大脑有一个区域叫基底神经节，也就是愚蠢的重复者，它不会分辨行为的对错，只负责重复工作。而大脑神经细胞的连接像一条条河流，习惯建立时就像河流中有水流过，水流多了，河道会慢慢变宽，习惯慢慢形成潜意识，潜意识形成答案或方案，变成你的素养，内化于心，外化于行，这是习惯养成和灵感来临的时刻。

根据这个原理，我们小的时候，特别是12岁以前，如果养成了阅读、运动、规律生活等良好习惯，会一生受益。但如果你至今还有许多不良嗜好，我们也可以根据上述原理，走出不健康的舒适区，养成良好的习惯。

习惯就是傻傻地坚持

说到底，习惯是一个自我强化的过程，来源于努力投入的日积月累，我们可以在自己的目标领域不断学习积累，同时做好知识管理，培养记录、写作和分享的好习惯。比如，列表记录习惯培养，周末也要坚持，集中精力完成一项再转下一项。每三四周培养一个习惯。一次最好1个，最多2个。看看一年后可以养成多少好习惯。

懒人惰人不一样

但现实中，我们经常会成为两种人，一种是懒人，就是主观上不想做，肯定不会做；另一种是惰人，即主观上想做，但始终没做。常人会因懒而废，因惰而慵。时间落在懒汉手里，永远是一张白纸。懒人是认知问题，说大了是三观问题，自然需要从自我认知开始；惰人虽然也有认知问题，但更多的是行动问题，其实就是自我控制、节制和毅力问题，可以有一些小方法加以解决。

培养习惯的小方法

方法之一：打造你的基石习惯

网易公开课中有个小视频《3 个可以改变人生的小习惯》。日常生活中，我们可以借鉴小视频中的方法，养成阅读、冥想、健身这三种最好的基石习惯。因为，阅读使我们获得理性思考的视角；冥想训练大脑中负责注意力、意志力和自控力的区域；健身消除疲惫感并产生让我们快乐的激素。当一个人克服了一个坏习惯或开始形成一个好习惯时，随之而来，会有很多其他的好习惯伴生，这就是基石习惯的力量。

方法之二：立即从小目标做起

就是你永远都不要想着一劳永逸，永远不要想着立竿见影。你必须制定明确可执行的习惯目标。你可以运用我们讲过的 SMART 方法和《微习惯》的方法，可以小步多走，就像如果一个大石头太重推不动，挑个小的，容易推的，但无论如何，你得马上行动起来，你要相信制定开始时间比制定结束时间更有效。比如，你要从今天开始马上去跑步，不要想一个月内我要养成跑步习惯，今天你即使只能跑 10 分钟也要优于计划 1 个月后跑半小时有效，只要行动起来，一次和多次小目标的完成，会让你感觉到战胜懒惰"本我"的酣畅淋漓，会形成一种势能，建构心理优势，并在这样推小石头的过程中积累经验，锻炼体力，再推动大石头。先打小怪兽升级，提高能力，增强自信，不断加大难度，说不定哪天就能轰掉一个大怪兽。

举一个例子。日本马拉松运动员山田本一，多次赢得东京、意大利马拉松比赛冠军。记者问他为什么能够获胜，他有些木讷地说：凭智慧战胜对手。记者觉得他有些故弄玄虚。但他的自传揭开了他的习惯及智慧之谜。

他说："每次比赛之前，我都要乘车把比赛的路线仔细看一遍，并把沿途比较醒目的标志画下来。比如第一个标志是银行；第二个标志是一棵大树；第三个标志是一座红房子……这样一直画到赛程的终点。比赛开始后，我就以跑百米的速度，奋力地向第一个目标冲去，等到过第一个目标后，我又以同样的速度向第二个目标冲去……40 多公里的赛程就这样被我分解成许多小目标，被我一段一段地轻松地跑完了。起初，我并不懂这样的道理，常常把我的目标定在 40 公里终点的那面旗帜上，结果我跑到十几公里时就疲恚不堪了。我被前面那段遥远的路程给吓倒了。"①

与其相似，我也有个小秘密，那就是半小时工作法。由于我们身体长久保持一个姿势会不利于健康，如久坐、久站、久躺等，所以我现在一旦开始工作，就定下半小时左右的时间，半小时里心态平静，只专注想要做的一件事，效率很高，时间到了就立刻停止，改变体位，或者去活动活动，或者做做其他事情。笔者的小幸课、小幸书就是在这样的一个个半小时中完成的。

方法之三：改变身份

心理学家认为，一个人习惯的养成其实是对自我身份的认可。有一个著名的监狱心理学实验，当学生的身份转换为狱警或者罪犯的时候，他们的行为也变得与角色相符合，有的残忍，有的顺从。这也告诉我们，你要有导师和榜样的重要性。如果你设想成为榜样那样的人，你就会像他那样认知和行事，久而久之，不知不觉，就改变了你的习惯。换句话说，你的身份决定了你的行为习惯。

方法之四：远离诱因

知道了自己的习惯，也下定决心要改变这个习惯，那就要知道每次产生这个习惯想法时的诱因，比如，什么时间，什么地点，怎样的情感，和谁在一起，做什么，导致你形成这个习惯。把这些搞清楚，一一从这些诱因出发加以改变，就能从根本上改变习惯。

少年若天性，习惯如自然

小伙伴们，人生永远都是前进的，不会有重来的机会。要想追寻幸福，方法只有一个，那就是作出改变。而改变往往是从日积月累的小习惯慢慢产生的。每次只要改变一点点自己的行为，我们就会慢慢地永远改变自己的心理，你会发现自己拥有不可思议的能量，而且是正能量。因此，我们要做的就是，立刻把你拖延的不想做的重要的事情划分成小习惯，立刻从这些小习惯做起，然后就像孔子所说："少年若天性，习惯如自然"了。

① 编者的话. 山田本一的智慧与成功［J］. 现代制造工程，2015（12）：2.

28.2 行幸福之"术"

28.2.1 行为演练：从小习惯做起

请你尝试应用下面《拖延心理学》[①] 中的任何一个应对拖延的技巧，记下你应用任意一条的感受。

1. 确立一个可操作的目标（可观察、具体而实在的），而不是那种模糊而抽象的目标。

不是："我要停止拖延。"

而是："我要在九月一日之前打扫和整理我的车库。"

2. 设定一个务实的目标。不要异想天开，而要从小事做起。不要过于理想化，而要选择一个能接受的程度最低的目标。

不是："我绝不再拖延！"

而是："我会每天花一个小时时间学习数学。"

3. 将你的目标分解成短小具体的迷你目标。每一个迷你目标都要比大目标容易达成，小目标可以累积成大目标。

不是："我打算要写那份报告。"

而是："今晚我将花半个小时设计表格。明天我将花另外半个小时把数据填进去，再接下来的一天，我将根据那些数据花一个小时将报告写出来。"

4. 现实地（而不是按照自己的愿望）对待时间。问自己：这个任务事实上将花去我多少时间？我真正能抽出多少时间投入其中？

不是："明天我有充足的时间去做这件事。"

而是："我最好看一下我的日程表，看看我什么时候可以开始做。上次那件事所花的时间超出了我的预期。"

5. 只管开始做！不要想一下子做完整件事情，每次只要迈出一小步。

记住："千里之行始于足下。"

不是："我一坐下来就要把事情做完。"

---

① 简·博克，莱诺拉·袁. 拖延心理学 [M]. 蒋永强，陆正芳，译. 北京：中国人民大学出版社，2009.

而是："我可以采取的第一个行动是什么？"

6. 利用接下来的 15 分钟。任何事情你都可以忍受 15 分钟。你只能通过一次又一次的 15 分钟才能完成一件事情。因此，你在 15 分钟时间内所做的事情是相当有意义的。

不是："我只有 15 分钟时间了，何必费力去做呢？"

而是："在接下来的 15 分钟时间内，这件事的哪个部分我可以上手去做呢？"

7. 为困难和挫折做好心理准备。当你遭遇到第一个（或者第二、第三个）困难时，不要放弃。困难只不过是一个需要你去解决的问题，它不是你个人价值或能力的反映。

不是："教授不在办公室，所以我没办法写论文了。我想去看场电影。"

而是："虽然教授不在，但是我可以在他回来之前先列出论文提纲。"

8. 可能的话，将任务分派出去（甚至扔掉不管！）。你真的是能够做这件事的唯一人选吗？这件事情真的有必要去做吗？

记住：没有人可以什么事情都做——你也是。

不是："我是唯一一个可以做好这件事的人。"

而是："我会给这件事找个合适的人来做，这样我就可以去做更重要的事了。"

9. 保护你的时间。学会怎样说不，不要去做额外的或者不必要的事情。

为了从事重要的事务，你可以决定对"急迫"的事情置之不理。

不是："我必须对任何需要我的人有求必应。"

而是："在工作的时候，我没必要接听电话。我会收听留言，然后在我做完事情后再回电。"

10. 留意你的借口。不要习惯性地利用借口来拖延，而要将它看作再做 15 分钟的一个信号。或者利用你的借口作为完成一个步骤之后的奖赏。

不是："我累了（抑郁/饿了/很忙/很烦，等等），我以后再做。"

而是："我累了，所以我将只花 15 分钟写报告，接下来我会小睡片刻。"

11. 奖赏你一路上的进步。将奖赏聚焦于你的努力，而不是结果。小心非此即彼的思维方式：你可以说杯子是半空的，也可以说它是半满的。

记住：即便是迈出一小步也是进步。

不是："除非我全部完成，否则我就会感觉哪里不对。"

而是："我已经走出了几步，而且我做事非常努力，这种感觉很好。现在我打算去看一部电影。"

12. 将拖延看成一个信号。停下来问自己："拖延传递给我的是什么信息?"

不是："我又在拖延，我恨我自己。"

而是："我又在拖延，我的感受是怎样的? 它意味着什么? 我可以从中学到什么?"

记住：你能够作出自己的选择。你可以拖延，你也可以行动。即便在你心里不舒服的时候，你还是可以行动。以往的历史无法决定你当下要怎样做。你可以从学习、成长和挑战自己中获得快乐。你不必等到完美之后才觉得自己具有价值。

要求：请记下你应用任意一条的感受。

·+·+·+·+·+·+·+·+·+·+·+·

演练分享

A 同学：第 1 条。确立了一个明确而可行的目标后，就有了实现这个目标的动力，并一直会激励自己不再拖延，提前或按时完成任务。

B 同学：第 9 条。我觉得自己不应该在自己做正事的时候，再抽时间出来应付别人所谓的"急事"，因为自己的也是"急事"和"重要的事"。所以生活中要学会对不重要、不紧急的事说"不"。

C 同学：第 5 条。我告诉自己我现在能采取的第一个行动是去操场跑一圈，或者现在读半小时书，而不要想一下子要读完一本书或者坚持运动 100 天。其实，每次只要迈出一小步就会有接下来的第二步、第三步，你就成功了一大步。

D 同学：第 10 条和第 12 条。拖延往往来自借口。把"不要"的想法转换成"我要"干什么的做法，让人更有动力，更有激情。不给自己找任何的借口，在规定时间之前立刻动手去做。

·+·+·+·+·+·+·+·+·+·+·+·

28.2.2   知识巩固

 答案

一、多选题

一个人的基石习惯一般可以包括（   ）。

A. 阅读   B. 冥想   C. 健身   D. 追求自己的目标

二、判断题

我们要做的就是，立刻把你拖延的不想做的重要的事情划分成小习惯，立刻从这些小习惯做起，然后就像孔子所说："少年若天性，习惯如自然"了。

第 29 问　健康了还要运动吗?

29.1　知幸福之"道"

你健康吗?

亲爱的小伙伴们，我们前面讲过，把命照看好，把心安顿好。幸福的第一步就是把命照看好，也就是你要健康! 那么我先问一下，小伙伴们，你健康吗?

你可能会说，我很健康啊，能吃、能睡、精力旺盛。是啊，这是你以为的健康。你以为你以为的就是你以为的吗?

世界卫生组织（WHO）1974 年的健康标准

1. 有充沛的精力，能从容不迫地担负日常生活和繁重的工作而不感到过分紧张和疲劳。

2. 处世乐观，态度积极，乐于承担责任，事无大小，不挑剔。

3. 善于休息，睡眠良好。

4. 应变能力强，能适应外界环境中的各种变化。

5. 能够抵御一般的感冒和传染病。

6. 体重适当，身材匀称，站立时头、肩、臀位置协调。

7. 眼睛明亮，反应敏捷，眼睑不发炎。

8. 牙齿清洁，无龋齿、不疼痛，牙龈颜色正常，无出血现象。

9. 头发有光泽，无头屑。

10. 肌肉丰满，皮肤富有弹性，走路轻松协调。

以上 10 条是世界卫生组织于 1974 年发布的阿拉木图宣言，提出的人体健康 10 条标准。现在我们随便挑出第 1 条、第 2 条和第 6 条来对照着问一下自己：你能从容不迫地担负日常生活和繁重的工作吗？你有紧张和疲劳吗？你能乐观积极、不挑剔埋怨吗？你站立时头、肩、臀位置协调吗？总之，一句话，你健康吗？

世界卫生组织 2000 年的健康四维概念

2000 年，世界卫生组织又提出健康四维概念。健康四维包括身体健康、心理健康、社会适应良好和道德健康。其中，心理健康又包括智力正常、善于控制情绪、有较强意志和品质、人际关系和谐、能动地适应并改善现实环境、保持人格完整与健康、心理行为符合年龄特征等（见图 29 - 1）。

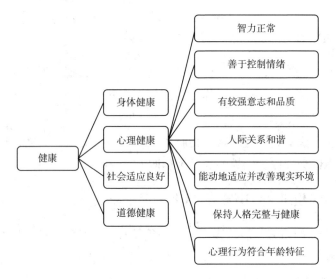

图 29 - 1　健康四维概念

小伙伴们的健康状况堪忧

对比看下我国数据。2022 年 6 月央视新闻报道，超 500 万学生脊柱侧弯！脊柱侧弯已纳入学生体检。前面我们也讲过，每年全球自杀者有 100 万人，中国有 38 万人，因抑郁而自杀。抑郁是什么，抑郁就是心理不健康。

小伙伴们，你明白了吗？世界卫生组织 2000 年的健康四维概念，与 1974 年主要强调人体健康的标准相比，更加突出了心理健康、社会适应良好、道德健康。所以，真正的健康不仅是身体健康，更是心理健康。这也是为什么我们的课程花了更多篇幅去讲"把心安顿好"的原因。现在，你也可以再对照一下，看看你健康吗？

运动是健康身心的有效方法之一

对照一下，我们就会发现，我们可能有些想当然了，我们真的没有我们以为的那么健康。那么，我们如何让自己更健康呢？让身心健康有许多种方法，比如我们讲过的阅读、学习、运动、冥想等，今天就讲讲运动。

科学家对于经常运动者和不经常运动者的情绪指标进行研究，大量证据表明：经常运动者比不运动者活力指数更高，但紧张、抑郁、愤怒、疲倦、混乱程度指数都全部更低。

泰勒·本－沙哈尔曾在他教授的积极心理学课程中引用过杜克大学迈克尔·巴巴克（Michael Babyak）所做的 156 个抑郁症患者实验研究。该实验对比研究了 3 组抑郁症患者：锻炼组、服药组和既服药又锻炼组。药是抗抑郁药，运动是半个小时的中等难度的有氧运动、慢跑、竞走或游泳，一周 3 次。跟踪研究结果显示：三个组四个月后都有超过 60% 的人情况有所好转，唯一的差别是，服药组 1 ~ 2 个星期就能治好，而锻炼组需要更长时间，差不多 1 个月才能治好抑郁症。但继续跟踪发现，半年后复发率是：服药组 38% 复发，既服药又锻炼组 31%，锻炼组只有 9% 复发。

激发你的快感荷尔蒙

这是为什么呢？我们可以从运动原理中找到答案。

众所周知，我们的心理情绪变化有一个"化学原理"，就是一个人的精神状态是由荷尔蒙决定的。运动本身可以促进人体的内分泌变化。大脑在运动后会产生多巴胺和内啡肽激素，多巴胺让人快乐，内啡肽具有镇痛效应。分泌越多，人的身心就越处于轻松愉悦的状态。所以，我们又称它为"快感荷尔蒙""年轻激素"。相反地，每当我们恐惧或气愤时，就会分泌肾上腺素。肾上腺素被叫作"痛苦荷尔蒙"。每当我们抑郁瞌睡或者无精打采时，那肯定是一种叫褪黑激素的荷尔蒙在暗暗作祟。有趣的是，人类大脑的两个不同半球，分别掌管快活和苦闷的情绪。左半球负责创造性思维，它存储着快乐、积极、乐观的好心情；而右半球负责理性思维，它存储着诸如失望、忧郁、悔恨、懊恼这样的坏心情。一个人如果能够加大"快感荷尔蒙"的分泌量，从人体内排出"痛苦荷尔蒙"，就会变得更快乐。而加大"快感荷尔蒙"的分泌量，最有效的办法之一就是运动。

但现在一般认为，并非所有的运动都可以产生这种效果。"快感荷尔蒙"的分泌需要一定的运动强度和一定的运动时间。比如，每周至少 3~4 次 30 分钟以上的快走、跑步、登山、游泳、健身操、羽毛球等有氧运动，才可能锻炼心、肺功能，使心血管系统更有效、快速地把氧传输到身体的每一个部位，才可能刺激"快感荷尔蒙"的分泌。所以，长期坚持运动的人，会在运动后感到心情舒畅。如果有一天不去运动，"快感荷尔蒙"分泌减少，人就会变得无精打采。

当然，运动还可以控制体重，塑身美体、减少慢性病概率、促进新陈代谢、提高大脑人体机能、延缓衰老、矫正认知、增加自信、减少焦虑疾病、改善人际关系、提高记忆力、提高创造力、提高时间效率等，真是好处多多，一本万利，最终都能提高幸福水平。

事实上，现在实行了早上运动 45 分钟的学校，已经产生了学生肥胖水平下降、学生身体更健康、心情更愉悦、不易于患上慢性病、考试成绩更好、暴力情况消失、纪律问题减少等明显效果。

学做彩虹族，不做过劳模

但身心健康是一个全方位的、全过程的平衡概念，运动只是达成健康的手段之一。广东卫视曾经在一个午间新闻中有一个微提醒：如何远离"过度疲劳"？即学做彩虹族，不做过劳模。彩虹的 7 种颜色，象征着拥有全面的平衡的生活。分别代表：红色避免加班，橙色保证睡眠，黄色抵制快餐，绿色自我减压，蓝色坚持锻炼，靛色均衡营养，紫色关爱他人。也就是，在工作和生活、健康和压力、快速发展的社会和个人内心之间，平衡好才能发展好。

不要等身体出了问题才想起运动

10 多年前的一次教学评估中，我连续加班伏案工作了一天一夜，直接导致腰直不起来的严重后果。我才意识到熬夜可以延长一天的时间，却可能会缩短一生的长度；不运动似乎节约了时间，却可能会付出健康的代价。在那之后，规律的瑜伽和适当的运动成为我持久幸福的守护神。所以，切记不要等健康出了问题才想起运动！

学习和运动：人生最有效的两项投资

所以，小伙伴们，健康有两种办法：把命照看好，你得运动；把心安顿好，你要学习！学习和运动可以让你存储青春时光，成就快乐幸福，是我们人生最有效的两项投资！而运动，则能激发青春荷尔蒙。但，激发出的是快乐荷尔蒙还是痛苦荷尔蒙，看你如何激发它，激发好，青春就是一串串闪亮的日子！

29.2　行幸福之"术"

29.2.1　行为演练：走出不良"舒适区"

选择一：试着打破自己的旧习惯，走出原有的舒适区。比如，每隔几天做以下事件中的一项：观看从未看过的电视节目/听一种新的类型的歌曲/读一本你从没读过的书/浏览一个新的新闻网站/走一条新的路线上学上班/尝试一种新的食物/参观一个新的博物馆/逛一家从未进去过的商店/看一场你觉得不会喜欢的电影……写下你的感受，看看是否有突破自己的欣喜。

选择二：从微习惯做起。（1）找出不良行为习惯，比如，经常回避家人、不愿意运动、不按时起床、不吃早饭、不注意卫生、不思考未来、说话不考虑别人感受、暴饮暴食、花很多时间刷屏/看电视/玩游戏/躺床上等；（2）确立目标行为，如做运动；（3）列出一个具体的可立刻实施的计划（承诺卡），如立刻开始去跑步，哪怕你一开始只能跑 5 分钟，也要体会并记下跑 5 分钟带给你的畅快，循序渐进，坚持 2 周或更长时间，形成一个好习惯（比如不跑难受）。依此类推。请写下你的感受。

·+·+·+·+·+·+·+·+·+·+·+·+·

演练分享

A 同学：当我试着打破旧习惯，去尝试新的事物时，未知和陌生感让我兴奋和新奇。我尝试听一首新歌，这让我愉悦。我尝试读一本我从未读过的书，这让我有了新的发现和思考。我走一条新路去上学，发现校园里原来有许多美丽的存在却被我忽视，比如花儿盛开，静谧悠闲。我逛一家从未逛过的商店，琳琅满目的商品让我放松。当研究自己不熟悉的未知领域时，我非常兴奋和紧张，我体会到了探索的乐趣。

B 同学：我很少听音乐听歌，尤其是英文歌曲。当我选择每天尝试听一首英文歌曲时，我发现原来音乐可以给我带来快乐。我从来不会选择去看科幻书，但是当我去图书馆强迫自己看了一本时，真有了科幻的发现。当我尝试一种新的食物时，会发现原来有很多不同但又很美味的食物。我不喜欢看惊悚电影，但当我和朋友一起去看时，会发现并没有想象的那么可怕。当我们尝试突破舒适区后，感受到了多姿多彩的世界和人生。

C 同学：我坚持跑步快两个月了。感受到跑步是一件需要毅力和恒心的事，但我尝试着从第一天跑 5 分钟、第二天跑 6 分钟开始，直到可以坚持一次跑 5 公里。坚持下来，整个人轻盈多了，身体机能也慢慢提升了。我不再排斥运动，整个人仿佛重生了。每一次跑步，自己的身体和思想都会来一次自我交谈，奔跑给了我一个自我平静、自我沉淀的机会，让我静下心倾听内心的声音，明白我想要的初心是什么。总体来说，看着自己跑过来的路，幸福感满满，很有突破式的成就感和喜悦感。

D 同学：刚开始打破舒适区的时候，内心充满了各种不适，有紧张、忐忑、不安甚至自卑，但随着时间的推移，我逐渐适应了新的环境，新的习惯，那种不适感就烟消云散了。随之而来的，是好像到达了一个新世界，这里能欣赏到可爱、美丽和美好，更能收获到满满的幸福感。

E 同学：尝试那些先前因为某些原因而不能或不愿意去做的事情所带来的体验是极好的，也是一种非常好的锻炼。打消顾虑和畏惧去勇敢尝试，让我有种"不管结果如何，我都想去试试"的感觉，而这种感觉对于过上一个幸福且充满意义的生活是非常有帮助的！

F 同学：我尝试着走出自己的舒适圈，去做了以往从来不会做的事情，比如听民谣，看一本散文书。以往的我很难静下心来去感受这一类细水长流型事物，但此次演练让我发现了这个世界的另一种生活方式，甚至感受到了慢节奏轻生活的浪漫。

·+·+·+·+·+·+·+·+·+·+·+·+·+

29.2.2 知识巩固

 答案

一、多选题

1. 世界卫生组织（WHO）健康四维概念指出，健康包括（   ）。

A. 身体健康　　　　　　　　B. 心理健康

C. 社会适应良好　　　　　　D. 道德健康

2. 一般认为，中等偏上强度的运动，比如健身操、跑步、登山、打羽毛球等，运动 30 分钟以上才能刺激（   ）的分泌。

A. 痛苦荷尔蒙　　　　　　　B. 快感荷尔蒙

C. 年轻激素　　　　　　　　D. 褪黑激素

3. 一般来说，（   ）可以让你存储青春，成就幸福，是我们人生最有效的两项投资！

A. 学习　　　　B. 金钱　　　　C. 地位　　　　D. 运动

二、判断题

科学家对于经常运动者和不经常运动者的情绪指标进行研究，大量证据表明：经常运动者比不运动者活力指数更低，但紧张、抑郁、愤怒、疲倦、混乱程度指数都全部更高。

三、讨论分享题

1. 请把本专题中你印象最深的一句话、一个观点、一个方法或者一个故事与大家分享。

2. 请与小伙伴们分享一下航天员有哪些习惯养成可以让你借鉴！

专题10　过好三种精神生活

每个人都说要"好好活着"，那怎么算"好好活着"，算"活好"呢？也许你能在本专题中得到一些启示。

还记得"活着只是命，活好唯有心"这句话吗？也就是要"活好"，唯有"把心安顿好"。

如何才能"把心安顿好"呢？那就是要让我们的头脑过上自由求真的智力生活，让我们的心灵过上丰富美好的情感生活，让我们的灵魂过上高贵善良的道德生活。也就是在一定的物质生活基础上过好"智、情、德"三种精神生活，才能获得灵性的幸福，过上"神仙"一样的生活，这就是"活好"。

第30问　如何让头脑过上自由求真的智力生活？

30.1　知幸福之"道"

智、情、德三种生活构成灵性的幸福

亲爱的小伙伴们，如果我说咱们要过上神仙一样的生活，你肯定一万个赞成。神仙一样的生活，就是我们前面讲到过的灵性的幸福，包括智、情、德这三种生活，就是要让我们的头脑过上自由求真的智力生活，让我们的心灵过上丰富美好的情感生活，让我们的灵魂过上高贵善良的道德生活。

如何能过上这三种生活呢？我们来看人类的两类四种生活（见图30－1）。前面我们讲到过由智、情、德构成的灵性的幸福，但那时小幸刚刚开始，我们只给你讲了个大概。第14～29问，我们讲了目标信念、热忱乐观、感恩仁爱、时间节制、自我控制等内容，其实讲的都是智、情、德三种精神生活需要养成的美德优势，以及这些美德优势如何促进积极情绪、投入、人际关系、意义和成就这幸福五要素PERMA的形成。

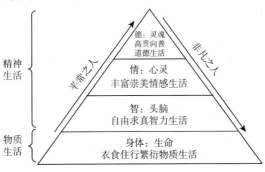

图30－1　人类的两类四种生活

也就是说，我们只要修炼 6 大美德和 24 项优势，把 5 维要素贯穿人生，我们就能过上三种精神生活，达成灵性的幸福，这才是我们人类最持久最顶级的幸福，也使我们成为真正的万物之灵，如灵性幸福与美德优势关系（见图 30 - 2）。所以，接下来的 3 问，我们就讲讲如何过好智、情、德这三种精神生活。

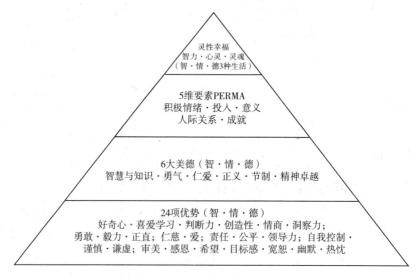

图 30 - 2　灵性幸福与美德优势关系

头脑的智力生活：第一层次的精神生活

人有大脑，就是有智力。智力是生物一般性的精神能力。它指人认识、理解客观事物并运用知识、经验等解决问题的能力，包括观察力、记忆力、想象力、分析判断能力、思维能力、应变能力等多个方面。智力的高低通常用智商来表示。如何过好智力生活，在笔者看来，就是要尊重你的大脑，就是尊重你的好奇心、思维力、自由心，提高你的智商和智力素养。这是我们人类第一层次的精神生活。

著名古脊椎动物学家张弥曼的故事

小伙伴们，如果提到"国民女神"这个称呼，你先会想到谁？是漂亮耀眼的女明星，还是著作等身的作家？是蜚声时尚圈的超模，还是享誉世界的科学家？……无论你的回答是什么，如今都有一位世界公认的杰出的中国女性，能够当之无愧地获得这个称谓。

她就是央视《朗读者》曾经邀请过的嘉宾，已经 80 多岁高龄的中科院院士、著名古脊椎动物学家张弥曼。你可能从没听说过她，甚至没听说过她从事的古生物专业。多少年来，古生物学家普遍认同，总鳍鱼类是陆地四足动物的祖先。但她倾尽一甲子时光，以确凿的鱼化石证据动摇了这一观点，挑战了传统四足动物起源说。而挑战的对象，正是她的导师雅尔维克。今天，这位获得"世界杰出女科学家成就奖"的老人仍在继续着她的研究，坚定地探索着人类的起源，勘测那些在地球和时间中旅行的鱼。

小伙伴们，这位老人的故事告诉我们什么呢？它告诉我们，好奇心、思考力和自由心对于我们智力生活的意义。

保护好好奇心

好奇心是我们遇到新奇事物或处在新的外界条件下所产生的注意、操作、提问的心理倾向。人有理性，面对外部世界的时候，理性一旦发动，就会产生好奇心，对事物产生了兴趣，就要用自己的头脑去思考，探究它的谜底，就是我们俗语所说的"打破砂锅问到底"。好奇心是我们渴求知识的动力，是智商中观察力、想象力、分析、质疑、判断事物能力的集中表现，是创造性人才的重要特征。爱因斯坦曾说：神圣的好奇心是一棵非常脆弱的嫩苗，很容易被扼杀掉[①]。所以要好好保护！科学家是什么人？就是好奇心没有被扼杀掉的人。张弥曼老人带着一生的好奇，探索着鱼化石中深藏的秘密和真理的证据，享受着智力活动的快乐。最为可贵的是，她勇于开拓前人未至的新领域，敢于挑战众人皆信的旧学说。小伙伴们，你们都是未来的科学家、工程师、设计师、会计师等，是不是也要保护好好奇心呢？

发育好思维力

思维力包括理解力、分析力、整合力、比较力、概括力、抽象力、推理力、论证力、判断力、心算力等。它是整个智慧的核心，参与、支配着一切智力活动。每个人的学习、工作和生活都离不开思维力。所以，我们大学四年，学习多少知识固然重要，但更重要的是提高思维力。那么如何提高思维力呢？答案就两个字：学习，而且是自主快乐地学习。自主快乐地学习，是

---

① 周国平. 神圣的好奇心 [J]. 人民教育，2015 (6)：76 - 77.

世界上最好的学习；反过来，被动痛苦的学习就是最差的学习。我在大学里工作，经常被问到，孩子上什么学校什么专业好，我首先反问他们，他对什么学科感兴趣呢？其实，所谓自主学习，就是你要有很好的自我认知，知道自己的学科兴趣所在，知道自己热爱什么，对什么学科好奇，然后你会理性地独立地去思考、去探究，你就会经常沉浸在心流感应之中，这就是快乐学习。就像张弥曼老人，她可以一生无怨无悔全情投入，不正是来自她对科学的热爱吗？只有热爱，才能把学习的艰辛转化为生命的享受；只有学习，才能提高你的独立判断、理性思考的思维力。

保持好自由心

小伙伴们，从小到大，我们为什么要接受教育，为了文凭？为了工作？其实都不是，是为了让你尊重你独一无二头脑的价值，让它对世界保持活泼的好奇心，并通过理性的独立的思考，去探究世界、探索真理、探寻人生，去思考如何让自己短暂的一生迸发出最大的生命能量，为他人、为社会、为世界留下人世间最美好的礼物，最后获得马克思所说的人的全面发展和内在自由。这一过程带给我们的快乐就是我们作为万物之灵独有的智力的运用、真理的探究的快乐。这种快乐相比拿到文凭的快乐，处在人性的更高层次上。但我们必须花点时间找到自己心中最为好奇、最为热爱的那一部分，就像凯鲁亚克所说，能让"我们永远年轻，永远热泪盈眶"的那份挚爱①。它决定了你的生命过程可以燃烧多久，可以驱动你多久。

所以，真正好的教育，一定是保有好奇心、发育好思维力、保持好自由心的教育，而那些拼命让你把别人比下去的教育，其实是背离教育初心的。因为，人真正的高贵是优于过去的自己。此时，我想起了杨绛先生翻译的兰德的诗《生与死》："我和谁都不争，和谁争我都不屑；我爱大自然，其次就是艺术；我双手烤着生命之火取暖；火萎了，我也准备走了。"②

让你的头脑过上自由求真的智力生活

小伙伴们，让你的好奇心带给你探索，让你的思维力带给你洞察，让你的自由心带给你热忱吧。这样塑造的智力素养和智力商数，可以让你的头脑

---

① 张洋洋. 我们，在路上 [J]. 人民司法，2019（6）：40–42.

② 杨绛. 杨绛作品全集 [M]. 北京：人民文学出版社，2014.

过上自由求真的智力生活。

30.2　行幸福之"术"

30.2.1　行为演练：记住生命中的美好①

首先，抬头挺胸，坐直，尽量嘴角上扬保持微笑状。针对树、房子、猫写下与之相关的人生经历的关键词。

然后，花点时间调整表情，嘴角尽量下撇保持愁眉苦脸状。针对船、车、狗写下相关的人生经历的关键词。

接着，对比六件事看看是积极情绪还是消极情绪。

最后，请记下你的感受。

·+·+·+·+·+·+·+·+·+·+·+·+·

演练分享

A 同学：保持微笑时，想到的树是绿色的，房子是充满美感的，富丽堂皇的，猫是可爱的；愁眉苦脸时，船是孤零零地漂泊在大海，小时候被狗追。不同的表情给我带来不同的感受。

B 同学：微笑时，温暖、谨慎；苦脸时，风雨、车水马龙、鸡零狗碎。感受：人生就是起起落落的一场闹剧，充满鸡零狗碎的故事却又时不时穿插动人温暖的瞬间，愿自己能保持着初心在复杂的社会快乐的生活下去。

C 同学：通过演练，对比出我更多的是积极情绪。更清晰地认识自己的优势，更能感受到积极情绪带给我的快乐，感受到生命中很多治愈心灵的瞬间、每一件小事和生活中的美好，内心多了几分平静和从容。

·+·+·+·+·+·+·+·+·+·+·+·+·

30.2.2　知识巩固

 答案

一、多选题

1. 要让我们的头脑过上自由求真的智力生活，就要（　　）。

A. 保护好好奇心　　　B. 发育好思维力　　　C. 保持好自由心

---

① 理查德·怀斯曼. 正能量 [M]. 李磊，译. 长沙：湖南文艺出版社，2012.

2. 小幸书以后天内在心理因素为主线，主要学习了（　　）这些美德优势如何持久影响灵性的幸福。

A. 目标信念　　　　　B. 热忱乐观　　　　　C. 感恩仁爱

D. 时间节制　　　　　E. 自我控制

二、判断题

人真正的高贵是优于过去的自己。

第 31 问　如何让心灵过上丰富美好的情感生活？

31.1　知幸福之"道"

世间万象，都是心的投射

小伙伴们，如果某一天，你出门时忘带手机了，或者晚上电视机坏了，你会怎样呢！你是不是感觉生活好像无聊、无趣、无意义了呢！

为什么呢？因为当今社会，物质的现代化，使我们对电视、电脑、手机等外在的东西过分依赖。我们的生活似乎被物质塞得满满的，有时甚至还会有窒息的感觉。那么，心灵呢，心灵这个万物之灵真正的主人，也逐渐被物化了！于是，我们离开了我们过分依赖的物质，就像难以戒掉的毒瘾一样，我们的心无处安顿，所以迷失，所以焦虑。林语堂说：人的生活就是心灵的生活。心灵是什么样，我们的生活就是什么样。世间万象，都是心的投射。

情感生活：人类第二层次的精神生活

一些心理学家研究发现，人们日常探索周围环境所体验到的新奇、多样和丰富，能提高幸福感和生活满意度，这与大脑活性增强有关。这说明心灵生活对于人类幸福的重要性。

所以，人有心灵，有情感体验的能力禀赋，可以感受喜怒哀乐，判断真假美丑与善恶。所以情感生活，是人类第二层次的精神生活。

丰富美好来自哪里？

丰富美好来自哪里呢？来自我们对于事物的形式之美与情感之美的感恩和感受。小时候，父母、老师让我们学习音乐、舞蹈、服饰、陶艺、饮食、绘画等课程，其实并不是一定要让我们成为什么家，而是在培养我们的美感。但相对来说，这些还都是比较浅层的审美。我们需要的审美，是不断追问自己的心灵，不断探寻自己的人性，也就是促进内心和谐与情感发展的心灵之美。比如，感受国家信仰的力量、自我成长的喜悦、学校家庭的关爱等带来的生命的美好。如果，你认真读了前面的专题，你会发现，我们讲过的目标信念、积极乐观、仁爱善良、自我认知、自我控制、自我激励、感恩、宽恕等美德，都是为了让你更多地感受到生命的意义、生活的丰富和人生的美好。这种美好，包括道德感和价值感两个方面，具体表现为爱情、亲情、友情、美感、幸福等。因此，让心灵丰富，不仅要感受形式之美，更要感受内在之美。而形式之美都是服务于情感的心灵之美的。

所以，要提高感恩、感受美好的能力，就是要感悟修炼 6 大美德 24 项优势。修炼的方式有很多种，比如读书、思考、历练、自我省察、寻找导师、写作、运动等。本问重点讲讲：读万卷书，行万里路，阅人无数。

读万卷书

2022 年电视剧《人世间》获得了央视一套近年来较高的收视率。其作者梁晓声，真诚地礼赞了那些平民英雄在逆境中表现出来的美好心灵与善良情操。他曾经在央视《朗读者》节目中朗读过自己心中的《慈母情深》。《慈母情深》描写了 20 世纪 60 年代，10 多岁的梁晓声对于读书的渴望，以及不识字但开明的母亲开启了他读书生涯的艰辛。是书籍，让他在那个物质极度贫乏的时代，将人类所创造的精神财富聚集成心灵最宝贵的财富。

行万里路

但"读万卷书"只是丰富我们情感生活的手段之一，所以还要"行万里路，阅人无数"。

一个人的气质里，藏着他读过的书和走过的路。"读万卷书，行万里路"语出董其昌的《画旨》。其中有"读万卷书，行万里路，胸中脱去尘浊，自然丘壑内营"。董其昌是明代画家，所以，这句话本意是讲作画的，就是多读书、多游历，能够排净世俗之污尘浊气，能够形成胸中之丘壑美景。而我们今天理解的"读万卷书"，就好比我们通过一个窗口看到了人类所创造的精神财富，但要想真正获得这些精神财富，还要"行万里路"，去感知，去历练，去沉淀，去丰富自己的人生。

比如，我国明朝的徐霞客，作为地理学家、文学家和旅行家，被称作我国古代旅游第一人。他一生花费了三十年，足迹遍布河北、山东、河南、江苏、浙江、福建、山西、江西、湖南、广西、云南、贵州等地，对地理、地质、水文、植物、风土人情等进行了考察，写出了六十多万字的《徐霞客游记》，成为我国传世地理名著。[①]

阅人无数

我在最后又加上"阅人无数"，其实是想告诉小伙伴，"读万卷书"是阅读过去的生命经典，而"阅人无数"则是阅读现在的生命案例，更能帮助你真切体验和感受到你与他人相处中的各种情感和心理。比如，我国汉代著名的外交家、旅行家、冒险家张骞，公元前139年，受汉武帝指派率领一百多名随员，先后两次出使西域，历时二十余年，行程上万余里。他出使中亚、西亚、东欧、南欧十多个国家，不仅向西域介绍中原的文明与技术，而且从西域带回了汗血马、葡萄、石榴、苜蓿、胡麻等物种，更重要的是结识了大量西域人士，使其成为东西方文化、经济交流的使者以及丝绸之路的开拓者。[②]

所以，不读书、不历练、不阅人的人，天和地是狭小的，他充其量只能活一辈子；而"读万卷书，行万里路，阅人无数"的人，天和地是广阔的，

①② 刘道玉. 万卷书与万里路［J］. 书屋，2022（8）：73 – 74.

他能活上三辈子：过去、现在和将来。这对你的内在审美和形式审美都意义重大。

感受内在心理的丰富美好

从对你内在心理的影响看，丰富和美好表现在：当你有机会学习时，你可能会感恩国家和家庭；当你回到家中，父母的一声"你回来啦"，让你感受到亲情；当你腹有诗书的时候，你的内心足够明白和自由，你就不会去羡慕别人的生活；当你走过万水千山，你会明白，生活有很多种可能；当你追寻到你的初心使命时，你可能体验到心流感应的奇妙；当你阅尽人间百态时，你可能会活出"猝然临之而不惊，无故加之而不怒"的境界；当你身处那些最难支撑、日子挨到无法再挨的时刻，往往一本书、一个人、一句话、一首歌、一支曲、一幅画，可以让你渡过不可逾越的关山，让你把眼前的死棋走出活局；当你走出逆境时，你可能感受到你蜕变成长的酣畅淋漓……

感受外在形式的丰富美好

从对你形式审美的影响看，丰富和美好表现在：当你走进600年的故宫时，可能感受到中国文化之美；当你走进西北大漠，可能感受到"大漠孤烟直，长河落日圆"的壮丽之美；当你走进卢浮宫时，可能感受到"断臂的维纳斯"的绝世魅力；当你欣赏街边的风景时，你可能会懂得"你站在桥上看风景，看风景的人在楼上看你"的深层寓意……

让心灵过上丰富美好的情感生活

但许多人可能没有感受到这些，他们依然被物质裹挟着。美国皮尤研究中心调查了1万个美国成年人，结论是现代美国人的偏激程度比以往任何时期都高。彼此不能互相倾听和妥协。2020年社会撕裂的美国大选也验证了这一点。我国最新的调查显示，我们每天有3.7小时消磨在手机刷屏上。①

小伙伴们，幸福并非在于物化的东西，而是在于我们心灵的感受！情与爱是淡了还是浓了，这才是衡量你心灵美好的标准！放下手机，离开电视，

---

① 资料来源：2020年《中国互联网络发展状况统计报告》。

关掉游戏，回到现实中，读万卷书，行万里路，阅人无数，你就可以用心灵感受好奇心、赤子心态、小确幸；用心灵感恩每一个微亮的梦想、微小的开心、微动的欣喜、微香的饭菜；用心灵品味亲情、爱情和友情，感受情感，感恩人生，并与他人分享、建构记忆、激励自我、专注美好。这样，我们就能让心灵过上丰富美好的情感生活。

31.2　行幸福之"术"

31.2.1　自我测试：同感指数让你富有同理心①

请给以下行为打分，1 表示强烈反对，2 表示有点反对，3 表示基本同意，4 表示比较同意，5 表示非常同意。

1. 如果身边人紧张，我很快会变得焦虑。
2. 我能轻松捕捉到别人的目光。
3. 我看浪漫电影或听爱情歌曲时会哭。
4. 我常被人称作派对的灵魂。
5. 我送人礼物并看着他们打开礼物。

测试要求：请加总你的分数，写下你的感受。分数越高，越有同理心。

统计结果分析

1. 近 80% 的小伙伴富有同理心。

描述性统计发现，小伙伴的同感指数测试分为 5～9 分、10～14 分、15～19 分和 20～25 分的占比分别为 2.1%、20.3%、58.3% 和 19.3%，测试平均分为 16.84。表明近 80% 的小伙伴比较或者非常富有同理心。

2. 越有同理心的小伙伴越有魅力。

相关性统计分析发现，第一次幸福测试分、每月消费支出、美德与优势测试总分、情商测试分、父母乐观开朗度、本人乐观开朗度、父母幸福度、父母尊重子女的意见、财商测试分、人生的目标、感恩测试分、时间测试分、习惯测试分、**魅力测试分**、第二次幸福测试分等因素对同感测试分的影

① 理查德·怀斯曼. 正能量 [M]. 李磊，译. 长沙：湖南文艺出版社，2012：217.

响十分显著。其中美德优势、感恩、时间管理能力、习惯自制能力、魅力指数、第二次幸福测试分等相关系数都在 0.3 以上，影响最大的魅力测试分的相关系数达 0.570，这表明，人格魅力越大，同感指数越高；反之，越有同理心的小伙伴越有魅力。但同感指数与每月消费支出的相关系数仅为 0.108，是所有因素中最低的。

演练分享

A 同学：15 分。做这个测试能够很好地了解自我，了解了自己在同理心方面的性格特性和不足，为性格品质的完善指明了方向。

B 同学：23 分，通过测试，我发现我还是一个很有同理心的人。从小父母老师就教我诚实善良，关心他人，感同身受，热爱生活。学了这门课以来感到十分幸福，更加幸福。

31.2.2 知识巩固

答案

一、多选题

在本问中我们讲到要让心灵过上丰富美好的情感生活有许多种修炼方法，其中最主要的有（   ）。

A. 挣许多钱   B. 读万卷书   C. 行万里路   D. 阅人无数

二、判断题

1. 让心灵过上丰富美好的情感生活，不仅要感受形式之美，更要感受内在之美。而形式之美都是服务于心灵之美的。

2. 林语堂说：人的生活就是物质的生活。

第 32 问　如何让灵魂过上高贵善良的道德生活?

32.1　知幸福之"道"

万物之"灵"在于灵魂

亲爱的小伙伴们，不知大家是否读过周国平先生的《人的高贵在于灵魂》。人和动物都有生命，但人与动物最根本的区别就是人有灵魂。

正如荀子所说：水火有气而无生，草木有生而无知，禽兽有知而无义，人有气有生有知，亦且有义，故最为天下贵。义是什么? 义就是人的道德追求和精神追求，也就是古人所说的人的灵魂。

小伙伴们，每次假期结束之前，你可能都觉得不够，还想多休息几天，但 2020 年的超长假期让许多人觉得无聊、无趣、无意义，因为他们觉得自己的物质生活节奏被打乱了，一下子无所适从。所以，人作为万物之灵，灵就灵在有超出生存以上的意义的追求，这就是人的灵魂。这不是唯心主义，也不是宗教意义上的灵魂。这就是我们前面讲过的，人类"智、情、德"三种精神生活中的第三层次"德"，道德的德，就是说人有灵魂，人有道德追求和精神追求的能力禀赋，需要过道德生活，追求善。当然，这里的道德是一种广义的理解，不仅是有道德、善德的追求能力，更有追求理想信念、尊严人格的能力。所以，人不但要活，而且要活得有意义，这种对超出生存意义的寻求和体验就构成了人的灵魂生活。

灵魂的高贵有三层含义

灵魂何以高贵呢? 有些人腰缠万贯、开着豪车、住着别墅、晒着包包、坐着头等舱、在聚光灯下风光无限，却总在提示我们"他们真的很'土豪'"。

大家知道这个词是网友们调侃无脑消费的人的网络用语。它让我们明白为什么有些人一辈子富而不贵。其实，网友们造的这个词表现了对这类人的鄙视。

所以，高贵有三层意思。高贵，是不苟且，不出卖自己的灵魂，他自尊；高贵，是即使身处险境，依然为别人着想，他善良；高贵，就是人有崇高的追求，有生命的意义，他崇德！

高贵的灵魂之一：自尊

尼采说，所谓高贵，就是对自己心存敬畏①。尊重自己，就是尊重自己内心的追求和不屈的人格！

众所周知，今天的"雷锋精神"，已经成为雷锋和千千万万雷锋式的先进人物崇高思想、优秀品质与模范行为的结晶和统称。雷锋用自己的津贴费买了一张火车票塞到大嫂手里，大嫂含着眼泪问雷锋："兄弟，你叫什么名字，是哪个单位的？雷锋说："我叫解放军，就住在中国"。② 雷锋将"全心全意为人民服务"这句座右铭贯穿体现在时时处处和点点滴滴的学习、工作、生活和交往之中。物质存在于得失一瞬间，而灵魂却是永恒的，这就是一个中国平凡人的伟大之处。雷锋，用一生践行的初心、使命和追求，向世人诠释了为什么不忘初心、牢记使命是对自己一生最大的尊重，什么是人超越生存的精神的崇高追求，什么是人生的意义和价值，什么是人的自尊和高贵，等等。

高贵的灵魂之二：善良

我们再来讲讲对他人善良、尊重他人生命的故事！

大家可能看过电影《我不是药神》。电影中，困顿的中年男性、印度神油店老板日子过得甭提有多窝囊了：经营惨淡，老父病危，连手术费也筹不齐；前妻跟有钱人怀上了孩子，还要把他儿子的抚养权拿走，等等。一日，店里来了一个白血病患者，求他从印度带回一批仿制的特效药，好让买不起天价正版药的患者能够保住一线生机。百般不情愿却走投无路的他铤而走险，成为印度某仿制药的独家代理商。因而一夜翻身，平价特效药救人无数，因而被患者封为"药神"。他并没有什么野心，只是想赚点钱，留住孩子的抚养权，开好自己的神油店。当他真切地进入白血病人这个群体后，他

①　尼采. 所谓高贵，就是对自己心存敬畏［M］. 李东旭，译. 苏州：古吴轩出版社，2018.
②　刘莎莎综合. 【致敬英雄】毛主席的好战士 雷锋一生赤诚为人民［EB/OL］.（2018 – 07 – 30）［2022 – 08 – 20］. http://www.js7tv.cn/news/201807_153655.html.

的蜕变和成长是惊人的，即使为此陷入牢狱，也要尽自己所能救助每一个病人。

这个卑微如草芥的交不起房租的小商贩，似乎与高贵没有任何关系。但在对待生命的问题上，也会有被崇高感动、被同情心淹没、被人性的力量唤醒的时刻，他甚至因为救助了那些最最底层的弱势群体而成为一个堪称伟大的人。这就是灵魂的救赎。它再一次告诉我们，人，之所以称为人，只因灵魂高贵。

与此相反，某国家干部贪腐 2.3 亿元，并转移海外，供子女过着奢侈的生活，导致上百个家庭和无数下岗工人在寒风中绝望呻吟。因为她们，别的生命在遭受伤害和痛苦，她们非但没有恻隐之心，还要喊冤，不愿退款。①这样的人，没有自尊，没有善良，没有灵魂，何来灵魂之高贵呢？

高贵的灵魂之三：崇德

最后讲讲高贵的灵魂的第三层含义，就是要有自己的追求和人生的意义，也就是我们要尊重自己的梦想和追求。如果我问，你尊重了自己的梦想了吗？你也许会想起自己当初的梦想。许多人可能早已远离了自己的初心。人的灵魂生活是由我们能满足他人和社会需要的程度决定的，是我们心之所向。只有尊重自己梦想的人，只有发自内心使用生命、服务于大众苍生的人才配说拥有高贵的灵魂。

小伙伴们，明白了吗？一个人，对自己有自尊，对他人有善良，对人生有追求，他才真正拥有高贵的灵魂。

"智、情、德"三种精神生活

小伙伴们，我们人类的生命需要基本的物质生活，以享受我们生命单纯的快乐，但这种快乐多半是低层次的甚至放纵的快乐。因此，我们需要去寻找，寻找作为与动物不一样的，万物之灵的高级和甚至顶级的快乐，那就是我们连续三问讲到的，智、情、德三种精神生活。其中，让头脑过上自由求真的智力生活是精神生活的第一层次，让心灵过上丰富美好的情感生活是精

① 中国纪检监察报. 境外不是资产转移的天堂［EB/OL］.（2020 - 9 - 27）［2022 - 08 - 20］. http://fanfu. people. com. cn/n1/2020/0927/c64371 - 31876267. html；哈尔滨市城镇化建设领导小组办公室原主任张明杰等受贿、滥用职权案二审宣判［EB/OL］.（2022 - 3 - 24）［2022 - 08 - 20］. ht-tp://society. people. com. cn/n1/2022/0324/c1008 - 32383291. html.

神生活的第二层次，让灵魂过上高贵善良的道德生活是精神生活的第三层次，也是最高层次。我们前面讲的感悟修炼 5 维要素 6 大美德和 24 项优势，就是为了让你过上这神仙般的生活，从而获得灵性的幸福，也就是马克思所说的，建立在物质基础之上的有着崇高精神追求和道德正义的幸福。这种幸福能让人得以全面发展，能让人类享受自己的精神自由，是最为持久的幸福。

所以，我们一定要给自己留下精神成长的时间和空间，唯有如此，才能安顿好你那颗珍贵的心！这是你真正幸福人生的标配！

32.2　行幸福之 "术"

32.2.1　自我测试：魅力指数让你更有亲和力①

请给以下行为打分，1 表示强烈反对，2 表示有点反对，3 表示基本同意，4 表示比较同意，5 表示非常同意。

1. 我经常伴着音乐踮脚。
2. 看到别人孤独时我会感到难过。
3. 我喜欢拥抱别人或表示亲近。
4. 我非常关心小动物。
5. 我能很轻松地把别人逗笑。

测试要求：请测试你的魅力指数并写下感受。分数越高，魅力越大。

结果分析

1. 近 75% 的小伙伴比较或者非常富有亲和力。

描述性统计分析发现，小伙伴的测试分为 5～9 分、10～14 分、15～19 分和 20～25 分的占比分别为 2.8%、21.4%、55.4% 和 20.4%，测试平均分为 16.77。表明约 75% 的小伙伴比较或者非常富有亲和力。

2. 越有同理心的小伙伴越有亲和力。

相关性统计分析发现，越有同理心的小伙伴越有亲和力。第一次幸福测

---

① 理查德·怀斯曼. 正能量 [M]. 李磊，译. 长沙：湖南文艺出版社，2012：217.

试分、美德与优势测试总分、情商测试分、父母乐观开朗度、本人乐观开朗度、父母幸福度、父母尊重子女的意见程度、财商测试分、人生的目标、工作学习的目的、感恩测试分、时间测试分、习惯测试分、**同感测试分**、第二次幸福测试分等因素对魅力测试分的影响十分显著，这说明，越有同理心、有美德优势、有目标感、有良好习惯、幸福感高的小伙伴越有魅力，也就是亲和力；反之，越有魅力亲和力的小伙伴越有同理心、有美德优势、有目标感、有良好习惯，也越幸福。这个测试让许多小伙伴变得更有亲和力，有助于小伙伴成为让人愿意与之交往的人。

32.2.2　知识巩固

 答案

一、多选题

在本问中我们讲到高贵有三层含义，即（　　　）。

A. 自尊　　　　B. 善良　　　　C. 崇德　　　　D. 自卑

二、判断题

让灵魂过上高贵善良的道德生活是精神生活的第三层次，也是最高层次。

三、讨论分享题

1. 请把本专题中你印象最深的一句话、一个观点、一个方法或者一个故事与大家分享。

2. 请与小伙伴们分享一下你哪种精神生活还可以更加丰富！

专题 11　持久的灵性的幸福是我们的终极目标

▶▶ **专题导读**

　　论语开篇有三句话："学而时习之，不亦说乎？有朋自远方来，不亦乐乎？人不知而不愠，不亦君子乎？"也就是说，2000 多年前，我们的先哲就昭示我们：真正的持久的灵性的幸福一定源于我们理性的头脑、丰富的心灵、高贵的灵魂构成的内心世界，这也契合了马克思"四个统一"的灵性幸福观。而今天，西方学者也用幸福公式、人类意识能级等验证了这些论断，使其更具科学性。这也是孔子的"修身"成为西方现代幸福科学基本假设的主要原因。

　　本专题主题是"持久灵性的幸福是我们的终极目标"，这是对全课的总结。我们通过"四种幸福人生模式""幸福面前人人平等""幸福是一种哲学""我心归处是幸福"来诠释：真正的持久的灵性的幸福才是我们追求的终极目标，而金钱、地位、名望等都只是我们追求幸福过程中的副产品和手段。我们不能为了"副产品"而弄丢了最最宝贵的"主产品"，更不能为了手段而放弃了初心、使命和目标。

　　那为什么是"幸福 36 问"而不是"幸福 36 答"呢？因为，只有开始追寻生命的意义，我们才真正开始感悟和修炼到灵性的幸福，才真正具有独立的人格。而这一切，都是从一些人生的基本问题开始的。答案在哪里呢？答案不在小幸这里，答案存在于你的"我心归处"，存在于你对生命意义的追寻之中。

第 33 问　幸福有哪几种模式？

33.1　知幸福之"道"

4 种"汉堡"人生

亲爱的小伙伴们，丰子恺先生有一句话：不乱于心，不困于情。不畏将来，不念过往。如此，安好！① 觉得恬静淡然，很喜欢！做到这些，才是真正的人生赢家。

但生活中，我们发现做到这一点并不容易。有的人今朝有酒今朝醉，有的人每天都在为未来打拼，有的人则沉浸在过去的阴郁中。

那么到底，我们的幸福存在于哪里呢？是过去、现在，还是将来呢？幸福有哪几种模式呢？

《幸福的方法》为我们归纳出 4 种"汉堡"人生模型：即"享乐主义型""虚无主义型""忙碌奔波型""感悟幸福型"（见图 33 - 1）。这四种类型，有些像你吃过的四种汉堡。

"享乐主义型"只活在现在

第一种人生是"享乐主义型"。这类人吃的汉堡，通常是最先抓起的那只香辣鸡腿汉堡，口味诱人，但却是标准的"垃圾食品"。吃它等于是放纵眼前大快朵颐的快乐，但同时也为身体健康埋下了隐患。用它比喻人生，就是"享乐主义型"。他们及时行乐、逃避痛苦，花完手中的现钞，炫耀眼前的快乐，却忽视自己言行可能带来的负面后果。他们是只活在现在的人。

---

① 丰子恺. 无宠不惊过一生［M］. 北京：中国友谊出版公司，2022.

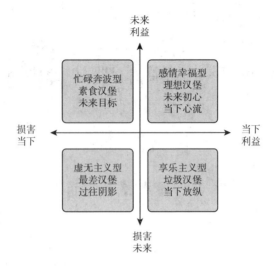

图 33 – 1　四种"汉堡"人生模型

资料来源：泰勒·本-沙哈尔. 幸福的方法 [M]. 汪冰，刘骏杰，译. 北京：中信出版社，2013：16。

可见，"享乐主义型"的人，基本用物质外在的言行表达着生活，开着豪车、炫着别墅、秀着奢侈，甚至吸着毒品，多半是完全物化了的、自私自我的人。他们今朝有酒今朝醉，基本把当下低级的放纵的快乐等同于幸福。但朝花夕拾的快乐之后，只不过是空虚一场。空虚无聊，说明他们还有灵魂，但多半是沉睡着的。所以，他们的快乐是短暂的，长久地看，他们活着，但已经没有了生命的意义。

"虚无主义型"沉浸在过去

第二种人生是"虚无主义型"。这类人最糟糕，吃的汉堡既不好吃也不健康，他不仅现在享受不到美味，日后还会影响健康，这就是"虚无主义型"。他们手中只有一文不值的过期支票，只沉浸在过去的阴影中，既不追求当下的快乐，也不对未来抱有任何期望。他们放弃现在和未来，陷入"习得性无助"，不愿去奋斗，自然也不可能拥有真正的幸福。他们是只活在过去的人。

显然，"虚无主义型"的人，用悲观消极的心态看待世界，对待人生。他们如同"行尸走肉"，背着沉重的包袱在人生道路上艰难行走，随时都可能被各种艰险击倒。他们四十岁已死，八十岁才埋。所以，没有幸福。

"忙碌奔波型"只活在未来

第三种人生是"忙碌奔波型"。这类人吃的汉堡通常口味很差，里边全是蔬菜素食，吃得很痛苦，但可以确保日后更健康，称为"忙碌奔波型"。他们一心要使未来的期票增值，认为有了功名利禄之后就能幸福。他们不看重过程，像老鼠跑圈一样，为名利忙碌奔波，却从未好好欣赏过人生美景。他们是只活在未来的人。

"忙碌奔波型"的人通常认为，只要我现在努力学习，考上大学，找个工作，挣到工资，获得功名利禄，我的未来就会幸福。所以，现在为此所做的一切打拼都是值得的。这可能也是我们大多数人的人生轨迹。这类人一辈子生活在幸福的认知误区中。

为什么这类人生活在幸福的认知误区中呢？

这是因为功名利禄这些外在环境因素对于我们幸福的影响仅占 10%，当你拥有一定财富和名望之后，物质需要的有限性决定了这些因素不一定再与幸福正相关。而当你把 10% 扩大到 100% 后，你感知幸福的通道被功名利禄严重堵塞，忙碌到"心亡"。当你实现了你认为的金钱地位等全部人生目标后，便没有了人生目标，所以从忙碌变得盲目、茫然、无聊、焦虑，甚至抑郁。这就是前面讲到的，为什么我们什么都有了，幸福却没有了。所以，你看，"忙碌奔波型"的人用青春、健康去赌明天，最终也没有得到真正的幸福。

幸福的正确打开方式："感悟幸福型"

显然，前三种人都只是片面地看到人生的一个点，或过去，或现在，或未来，没有从全局出发，统筹规划自己的人生，所以得不到真正的幸福。就像一位智者所说："他们急于成长，然后又哀叹失去的童年；他们以健康换取金钱，不久后又想用金钱恢复健康。他们对未来焦虑不已，却又无视现在的幸福。因此，他们既不活在当下，也不活在未来。他们活着，仿佛从来不会死亡；临死前，又仿佛他们从未活过。"

那么，我们如何找到幸福的正确打开方式呢？

第四种人生是"感悟幸福型"。他们吃的汉堡美味可口、营养均衡、保证健康，当下有品位感悟，未来有健康的身体；也就是说，他们手中的现钞和期票，兼顾了当下与未来。这就是第四种"感悟幸福型"人生。

郎平是 20 世纪 80 年代世界女排冠军，全民偶像。作为主力队员，她和其他队员一起实现"五连冠"，塑造了顽强战斗、勇敢拼搏的"女排精神"，激励了各行各业人们为中华民族腾飞不懈奋斗。20 世纪 90 年代以后，她两次在中国女排最困难、陷入低谷之时，挺身而出，舍小家为国家，重新出山，带领新一代的中国女排，传承"女排精神"，大胆改革创新，大刀阔斧起用新人，搭建复合型教练团队，把中国女排重新带上巅峰，获得了奥运会、世界杯等多项世界大赛冠军。"女排精神"已成为中国体育的一面旗帜，振奋了民族精神，激励和影响着一代又一代人投身改革开放和中国特色社会主义伟大事业。

她的理想信念自始至终只有一个：为国争光。她把为国争光的初心使命一点点细化到每一年、每一天甚至每一秒的行动中。郎平，在某种程度上，代表了中国人的精神：敢拼、敢闯、不怕输、勇敢赢、为每一个球拼尽全力……种种一切，换来了女排的辉煌，而这些品质，也成就了郎平"国人之光"的美誉。

以郎平为代表的"感悟幸福型"的人，有着幸福的正确打开方式，正如图 33－2 所示的模型。他们对未来有清晰的自我和谐的使命目标，当下在实现目标的过程中，体验着心流感应，感悟着人生美景，镌刻着人生高度。

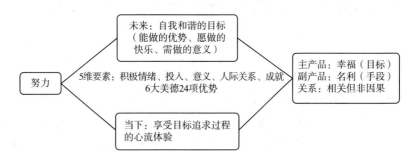

图 33－2 "感悟幸福型"人生的幸福模型

幸福是人生的终极目标

"郎平们"懂得，追求有生命意义的幸福是他们的终极目标，是他们人生的主产品，而功名利禄则是这一过程的副产品，是获得持久灵性幸福的手段。他们知道，如何客观汲取过往的人生营养，如何踏实体验当下的心流感应，如何积极塑造未来的和谐目标。他们在追求未来目标的心流感应中，品味着持久的灵性的幸福。正如戴维·沃森所说：为实现目标的奋斗过程，比达成目标更能带来幸福和积极的情绪影响①。他们统筹人生、掌控人生，在自己有意义的生命里，奋斗着、感悟着、修炼着、享受着人生的点点滴滴，在幸福终极财富上一直保持盈利，成为人生赢家。

感悟幸福型的人才能获得灵性的幸福

所以，小伙伴们，永远不要把金钱作为人生目标，因为钱用好了是好东西，但用不好会毁了你，会变成坏东西。但即使是好东西，我们也不能为了好东西损害了最好的东西。最好的东西是什么？那就是你生命的状态、精神的灵性和持久的幸福。那才是最好的东西。所以，只有当我们在不同阶段拥有自我和谐的人生目标，并为之奋斗、感悟和修炼时，我们才能成为"感悟幸福型"的人，才能拥有持久的灵性的幸福。

33.2　行幸福之"术"

33.2.1　行为演练

请分析一下你的人生模式大致属于哪一类？

･+･+･+･+･+･+･+･+･+･+･+･+･+･+･+･

演练分享

A 同学：感悟幸福型。既可以欣赏当下攀登过程的风景，又能收获未来登上顶峰的酣畅。整个人生充满着属于我的经历，在经历中理解感受人生的滋味，在寻找中快乐，在好奇中探索。

B 同学：忙碌奔波型。之前因为学业的压力，家庭的负担，我一直没有静心去寻找自己真正感兴趣的事情，大学的自由生活给了我很大的空间，小幸的学习反思让我发现，自己之前和大多数人一样，一直都是被生活推着走，都是忙碌奔波型，为升学、为分数、为工作、为赚钱等，但如何为自己呢？

---

① 泰勒·本-沙哈尔. 幸福的方法［M］. 汪冰，刘骏杰，译. 北京：中信出版社，2013.

C 同学：虚无主义型。过去我学习也不错，靠着自己的小聪明混着。但进入大学以来，我自由了，我天天游戏、娱乐，我经常陷入空虚、无聊之中，无所事事。这门课我是从刷视频刷分开始的，但老师的严格要求和认真负责让我惭愧。我在这门课里学会了反思：我要去哪里？我觉得，这是改变我人生的一门课，也是我上得最认真的一门网课。

D 同学：我的人生大致属于享乐主义型。有时候看到或想到可以满足目前快乐的事，老想着赶快去做，没有考虑到未来，遇到困难往往会想要逃避。

+·+·+·+·+·+·+·+·+·+·+·+·+

33.2.2 知识巩固

 答案

一、单选题

1. 人生的终极目标是（　　）。

A. 金钱　　　　　B. 地位　　　　　C. 名望　　　　　D. 幸福

2.《幸福的方法》归纳的四种人生模式中，真正幸福的人生模式是（　　）。

A. 享乐主义型　　　　　　　　B. 虚无主义型

C. 忙碌奔波型　　　　　　　　D. 感悟幸福型

二、判断题

1. 戴维·沃森说：为实现目标的奋斗过程，比达成目标更能带来幸福和积极的情绪影响。

2. "感悟幸福型"的人，未来有清晰的自我和谐的使命目标，当下在实现目标的过程中，体验着心流感应，感悟着人生美景，镌刻着人生高度。

三、讨论分享题

请静心列出三件想要做但又害怕失败的事件，尝试克服困难去做，写出你的经验和感受并与他人分享。

第 34 问　幸福面前人人平等吗？

34.1　知幸福之"道"

一个小测试：如何跑赢人生的马拉松

亲爱的小伙伴们，今天先来做一个小游戏①。下面问到的每个问题，如果你回答是，记 1 分；不是，记 0 分。

父母是否接受过大学教育？父母是否为你请过一对一的家教？父母是否持续让你学习功课以外的一门特长？你曾经是否有过一次出国旅行的经历？父母是否承诺过送你出国留学？父母是否一直视你为骄傲？

这六个问题之后，小伙伴们，加起来看看你的分数是多少。现在，你可能分数最高一路遥遥领先，也可能分数最低无奈地站在原地，更可能是介于两者之间。

人生是一场马拉松，上面的游戏分数越低的人离终点越远，分数越高的人离终点最近，更容易获得回报。但是，这并不意味着后面的人没有资格比赛，更不意味着离终点最近的人一定是人生的赢家。

前面专题中的幸福公式已经告诉我们，先天基因对于幸福的影响程度为 50%，确实是我们不能控制的，但它对幸福的影响是恒定的，除非你去转基因。功名利禄等后天外在环境因素对于幸福的影响仅占 10%，而且并不长久。所以，这 10% 的外在环境因素也不太靠得住。而后天内在精神因素，对于幸福影响占到 40%，也就是后天自身可以感悟和修炼的美德优势，才是向内挖掘人生潜能、让你一生持久幸福的关键。所以，只要你持续提高后天内在因素对自己产生的幸福感，就一定能跑赢人生的马拉松。

———————————

① 这是国内综艺节目《极限挑战》在上海崇明中学所做的一个实验。

所有人都有追求幸福的权利

央视《朗读者》中，曾经看过一期节目让人泪目。

主人公患有"小脑共济失调症"，又叫企鹅病。这种病的最终结果是小脑萎缩，动作、言语、步伐失调，最后无法行动，身体的功能被一项项夺去，只剩下回忆和思维，直至死亡。

但就是这样一个人在丈夫的陪伴下，克服了病痛的折磨和经济的拮据，从柳州到拉萨三千多公里，走完了在别人看来不可能走完的一条天路。

一路上他们遇到了很多好心人，这些人无私的帮助让他们领悟到，善良是这个世界的本性，向善是人类社会的美德，善待这个世界，关爱这个社会，人生会更加美好。她的丈夫解释自己为什么要辞掉工作，专门陪伴妻子时，他说："我只是用我人生当中的一段，二十分之一甚至是十分之一去陪她，她却用她剩下的所有余生来陪我，这对于我来讲是不可辜负的一件事情。"他们在漫漫"心形"旅途中感悟着人生的真谛，在平凡的陪伴中享受着真爱的甘霖。有些人这辈子注定人生不会圆满，但他们一样拥有追求幸福的权利。

只要你愿意，一切皆有可能

生命是父母给的，基因不能改变，这对夫妇没有抱怨，只有感恩。物质匮乏，似乎并没有妨碍他们享受生命单纯的快乐。同时，他们在阅读、朗读、写作、省察、探索中，让头脑过上了自由求真的智力生活；他们在勇敢面对、艰辛游历、逗乐、阅人中感受着西藏神山的壮美、爱情的魔力和人间的善心，让心灵过上了丰富美好的情感生活，让灵魂过上了高贵善良的道德生活。你看，只要你愿意，去努力，一切皆有可能，一定能够到达你想要到达的地方，一定可以追寻到你想要的幸福。

幸福面前人人平等！

刚才讲的是实例，再来看看科学家的研究结果。心理学家大卫·迈尔斯和艾德·狄纳在《究竟谁幸福?》中指出："就幸福和生活满意度而言，年轻人和老人、男人和女人、黑人和白人，以及穷人和富人的获得能力是差不多的。"① 亚当·斯密也曾说过："对于人类的幸福感，穷人的幸福感比起富

---

① 泰勒·本-沙哈尔. 幸福的方法［M］. 汪冰，刘骏杰，译. 北京：中信出版社，2013：87.

人的幸福感并没有任何的优劣之分。"① 也就是说，穷人的痛苦和欢乐，无论是在质量或是数量上，和富人的并没有差别。

而富人的不幸与穷人的不幸也没有任何差别，人类社会在这一点上真的是很公平的。所有的人都会体验到不安、恐惧、快乐和幸福。比如，在全球新冠肺炎疫情面前，所有种族、所有人群，对于疫情的不安甚至焦虑，都是没有太大差异的。这就是说，无论我们富有还是贫穷，无论我们出身什么样的家庭，我们都有体验喜怒哀乐各种情绪的权利，拥有这种权利，其实就是拥有了获得幸福的权利！

不要去埋怨，不要埋怨父母没有遗传给你好的基因，没有给你万贯家产，没有给你姣好的面容，没有给你过人的才智。你拥有你自己的追求、善良、好奇心、目标感、行动力等美德和优势，你拥有健全的躯体，你拥有温馨的家庭，你拥有祖国的召唤……这些，足以让你把控自己的人生，足以让你持续自己的幸福！

所以，理论和实践都说明：幸福面前人人平等！

34.2 行幸福之"术"

34.2.1 自我测试：第二次总体幸福测试

在下面的表述中，用 1~7 分圈选出你最符合状态的分数。第 1~3 题中，7 代表"非常符合"，1 代表"非常不符合"，以此类推。但第 4 题刚好相反，7 代表"非常不符合"，1 代表"非常符合"，以此类推。

1. 总的来说，我认为自己是个很幸福的人。

2. 跟我的同伴比起来，我认为我比较幸福。

3. 我一直都感到很幸福，不论发生什么事，我都能享受生活，并从每一件事中获取最大的收益。

4. 我总是没有幸福感，虽然并没有到抑郁症的地步，但就是幸福感不强。

计分方式：请把 4 题分数加起来除以 4，即为你的得分。索尼娅·柳博

① 泰勒·本-沙哈尔. 幸福的方法 [M]. 汪冰，刘骏杰，译. 北京：中信出版社，2013：87.

米尔斯基（2014）测试的平均值为 4.5～5.5 分，参加工作的成年人和退休老人的幸福感平均值为 5.6 分，大学生的平均值不到 5 分。马丁·塞利格曼（2010）测试的美国人的平均值为 4.8 分，2/3 的人介于 3.8～5.8 分。

演练要求：请完成测试，记录下你的总体幸福测试分数。并对比分析你的两次分数的变化。

结果分析

1. 幸福测试分数 11 周提升 6.13%。

描述性统计分析显示，第二次测试分（后测）为 1～3.7 分、3.8～4.8 分、4.9～5.8 分、5.9～7 分的分别占 2.1%、18.5%、59.2% 和 20.2%，幸福测试平均分为 5.32。而第一次幸福测试分（前测）相应占比分别是 6.1%、31.0%、46.8% 和 16.1%，平均分为 5.01。显然，在学习了 11 周小幸课程之后，4.9 分以上的小伙伴比例由 62.9% 上升到 79.4%，提升了 16.5 个百分点，平均分上升了 6.19%。两次测试分都比美国测试分 4.8 高出 4.38% 和 10.83%。前测分为 5.23，后测分为 5.35，11 周增长了 2.29%。

2. 至少 96% 的小伙伴幸福分、幸福感、幸福力有提升。

截至 2024 年 9 月，在"学习小幸后你的幸福测试分数有提高还是没有提高"的调查题项中，3.8% 的小伙伴认为没有提高，至少 96.2% 的感到有提高；在"学习小幸后你的幸福感和幸福力有提升还是没有提升"调查题项中，2.7% 的小伙伴感到幸福感和幸福力没有提升，至少 97.3% 感到有提升。

统计表明，绝大多数小伙伴如果按照要求去感悟和修炼，在 11 周左右时间里可以掌握幸福的知识和规律，应用幸福方法和素养，让幸福的自己更幸福，让不幸的自己变幸福。当然，持久灵性的幸福是要自己一生去感悟和修炼的。

在对幸福感提升与否和幸福测试分数提升与否的交叉分析中，我们发现，大多数人幸福测试分提升的同时，幸福感也提升了；幸福测试分没有提升的同时，幸福感也没有提升。这可能表明，幸福测试分数大致可以衡量人们的幸福感。

3. 内在心理因素是决定幸福的最重要因素。

运用回归分析，我们研究了幸福公式。研究发现，实验组的幸福公式为：幸福 = 先天基因因素 12.9% + 后天外在环境因素 12.4% + 后天内在心理因素 74.7%，对照组的幸福公式为：幸福 = 先天基因因素 14.9% + 后天外在环境因素 35.7% + 后天内在心理因素 49.4%。把实验组数据与对照组以及西方幸福学幸福公式"幸福 = 先天基因因素 50% + 后天外在环境因素 10% + 后天内在心理因素 40%"相比较可以发现，虽然三类因素的影响程度有所差异，但绝大多数的小伙伴都认为后天内在心理因素是决定我们幸福感最重要的因素，而且学习过幸福课的实验组小伙伴对于内在心理因素的关注度明显高于对照组和西方研究结果。这帮助我们找到了通往持久的灵性的幸福的路径。

4. 幸福分数越高美德优势越明显。

相关性统计分析发现，第一次幸福测分、**美德与优势测试总分**、情商测试分、父母乐观开朗度、本人乐观开朗度、父母幸福度、父母很尊重子女的意见、财商测试分、人生的目标、工作学习的目的、感恩测试分、**时间测试分**、**习惯测试分**、**魅力测试分**、**同感测试分**等因素对第二次幸福测试分的影响非常显著，而影响最大的是美德优势、时间管理能力、习惯自制能力、魅力指数、同感指数等，表明幸福分越高的小伙伴美德优势越明显，时间管理能力、自制能力、个人魅力和同理心等较强。

34.2.2 知识巩固

 答案

一、多选题

心理学家大卫·迈尔斯和艾德·狄纳在《究竟谁幸福?》中指出："就幸福和生活满意度而言，(   )的获得能力是差不多的。"

A. 年轻人和老人　　　　B. 男人和女人

C. 黑人和白人　　　　　D. 穷人和富人

二、判断题

1. 亚当·斯密说：对于人类的幸福感，穷人的幸福感比起富人的幸福感并没有任何的优劣之分。

2. 幸福面前，人人平等。

第 35 问　为什么要幸福就要学点哲学？

35.1　知幸福之"道"

哲学是大智慧

日常生活中，一篇令人沉思的小文，一部使人玩味的小说，常常被赞为具有"哲理"；一位目光犀利的政治家，一位思想敏锐的科学家，常常被赞为具有"哲学"头脑；甚至有时并无恶意地嘲笑某人故作深沉，也往往戏言其作"哲人"状沉思。这似乎是说，哲理是"智慧的结晶"，哲学是"智慧的总汇"，哲人则是"智慧的人格化"。

哲学通常给我们枯燥晦涩的感觉，似乎没有它，太阳照样升起、日子照样过活。其实，哲学是关于世界和人生的一种自我谈心，一种深度思考、一种认真态度、一种自我教育。今天，你不被生活教育；明天，你就会被人生教训。

所以，我认为，哲学其实不是智慧的总汇，而是人类生存发展和如何幸福的"大智慧"，幸福本身就是哲学。具体讲，哲学至少在三个方面与幸福链接。

哲学让我们建立整体观念

1972 年 2 月 21 ~ 28 日被称为"改变世界的一周"，时任美国总统尼克松跨越太平洋，偕夫人及庞大代表团到访北京。这是美国总统第一次访问中华人民共和国，也是中美关系与 20 世纪国际关系史上重要的一页。毛主席与尼克松原定 15 分钟的谈话，却畅聊了 1 个多小时，而且是一次"哲学谈话"。

当尼克松列举了一系列需要共同关注的国家时，毛泽东客气但又坚定地回答说，"这些问题不是在我这里谈的问题。这些问题应该同周总理去谈。

我谈哲学问题"。^① 后来尼克松在回忆录中写道："尽管毛说话有些困难，但他的思绪显然像闪电一样敏捷。"^② 他们（毛泽东和周恩来）是一些眼光看得很远的人。^③

这就是哲学的力量！毛主席"智慧的双眼"，看到了什么呢？他看到了人类社会发展的大势。正如古语所说："不谋万世者，不足以谋一时；不谋全局者，不足以谋一域"。

一个人奉行什么样的哲学，决定着他具有什么样的世界观、人生观和价值观；一个政党和一个国家奉行什么样的哲学，也决定着这个政党和国家的价值取向。哲学掌握着理解我们自己、我们国家前途的钥匙，哲学让我们从本质上把握我们人生或国家民族发展的根本性问题。

虽然我们不敢奢望成为毛主席那样的伟人，但哲学的世界观和方法论，可以提高我们对于事物发展规律的认识和把握，包括幸福，能让我们跳出微观的局部小圈子，从具体的生命状态中抽离出来，让我们建立人生的整体观念，这犹如站在万米高空，用鹰一样的视角，清醒地审视这个世界，宏观把握人生大势。

哲学让我们看清事物本质

哲学是让你去思考世界和人生两大根本问题，并不解决具体问题。那哲学有啥用呢？哲学无实用，实用非哲学。但哲学之用在于无用之用，方为大用。它能让我们看清楚，在喧嚣的人群中谁在胡说八道；它能让我们听明白，在嘈杂的世界里你内心的呼唤是什么。这就是问题的根本。

哲学让我们理性思考

正确的三观会成就你的一生。这里，"观"字是什么意思呢？其实就是要你去观察世界和人生，去独立理性地思考人生。你只要认真思考世界和人生了，你就进入了哲学的状态。但它不会给你标准答案，你要自己去寻找答案，去决定你的方向。所以，有人说，哲学就是自己与自己的谈心。哲学家笛卡尔的"我思故我在"似乎说明了这一过程，也就是：当我使用理性来思考的时候，我才真正获得了存在的价值。

————————————

①③　熊向晖. 试析 1972 年毛泽东同尼克松的谈话 [J]. 党的文献，1996（3）：84 – 95.

②　理查德·尼克松. 尼克松回忆录 [M]. 马充生，等译. 成都：天地出版社，2019.

你需要哲学的程度由你重视精神生活的程度决定

哲学辩证地思考和讨论世界本源、人生意义、人生苦难等问题，通过对世界和人生那些似乎既"无用"又"无解"的重大问题的思考，给人开阔的眼界、自由的头脑、丰富的心灵和高贵的灵魂，造福整个人生。任何重大的现实问题，最终都是哲学问题，幸福问题亦如此！所以，学哲学就是让你想明白人为什么活着，从而让你拥有高贵至尊的灵性幸福。

所以，无论是谁，要想幸福，可能都要学点哲学。当然，如果你想盲目地糊涂地活着，哲学对你可能毫无用处。因此，一个人需要哲学的程度，完全取决于他重视人生意义和精神生活的程度。

35.2　行幸福之"术"

35.2.1　心灵演练

学习小幸以来，你觉得哪些内容对你影响最大？你觉得哪些学习方法效果最好？比如静心阅读、讨论分享、心灵（行为）演练、自我测试、作业演练、研究分享……你觉得你喜欢小幸哪些特色和优点？你觉得你不喜欢小幸的哪些不足和缺点？

·+·+·+·+·+·+·+·+·+·+·+·+·

演练分享

A同学：灵性的幸福对我影响最大，我认为最有用的是观看视频及心灵演练，这门课虽然是一门网课，但我觉得静下心来，跟着老师每周的小幸导引学完之后，收获是巨大的，相比于线下课，线上课有可以自由安排、独立思考等独到的好处。

B同学：我非常喜欢老师讲授课程时温柔亲切的语气和认真细心的讲解；并且心灵演练一改大多数课程的刻板教学方法，更注重学生理论知识指导生活实际的应用性，贴近学生的生活和成长经历；课程的拓展资源丰富，在海量信息里替学生截取有用的资源，能够高效地激发学生的求知欲。

C同学：心灵（行为）演练效果最好，里面许多测试能让我更加深刻地认识自己，并找到许多能够让自己变得更加积极向上的方法。学习中印象最深刻的是专题2中给父母写一封感谢信的演练，让我意识到，父母给了我无私的爱并让我一直生活在幸福之中！我最喜欢授课视频中老师讲话的温柔亲切。还有就是看到老师在群中一直都热心帮助同学，热心解答同学的问题和困惑。虽然我没有遇到过什么问题，也没有真正见到现实中的老师，但我觉得老师一直就在我们学校，就在我们身边，让我感到十分温暖和幸福。

D同学：目标信念专题对我的影响很大，只有明确了自己想要的，才能有计划地去完成，由小到大，由近及远。我认为视频观看可以从视觉、听觉以及感觉等多个方面给我共情以及思考的空间。视频讲解声情并茂，其中穿插的音乐以及课后瑜伽演练，使我们能够轻松地学习，这是和其他课程不一样的。还有个特色就是不能倍速播放，可能看惯了两倍速的电影，听这个课刚开始会感到心急，但适应了之后，感觉整个人都轻松了很多，还有就是老师会认真批改作业，感觉很暖心。这门课教会了我很多。感谢老师们的认真付出！

E同学：我觉得对我影响比较大的是自我节制。学习效果比较明显的方法是：心灵（行为）演练、视频观看。在视频观看中，可以更加直观有效地体会课程的要义，在轻松愉快的环境下，学习效果更加明显，理解更加透彻。在理解了方法后再通过心灵（行为）演练，根据小幸的方法指导，去进行相应的演练活动，学习提升自我的方法，同时不断反思自己存在的问题与不足，并加以完善和提升，让自己获得更大的进步。课程优点：老师在讲课过程中非常和蔼亲切，讲课时语气跌宕起伏，令人印象深刻，同时讲述的过程中加入一些相关性很强的视频，帮助我加深对课程的理解。心灵演练环节引导我们停下来思考自己的生活、工作和学习，有效地帮助我们改进和完善自己的问题与不足，收获属于自己的幸福体验。

F同学：通过课程学习，我感觉感恩仁爱和时间控制对我的影响最大，感恩仁爱让我学会允许自己的不完美，时间控制让我学会时间规划和把控。学习方法效果上，整体课程安排都比较好，形式丰富，内容完善，其中视频观看和拓展资源可以反复观看，比较有利于目前的碎片化学习。特色和优点：主讲教师专业能力突出，讲解上能深入浅出，语言较为风趣幽默，语速合适，有利于理解。课程内容上丰富多彩，提供了学习视频、拓展资源、课程训练、讨论、测试等环节，增加了学习者的参与感。不足可能就是作业演练量有些大，作为选修课有些花时间，但客观地说，如果只听不练我的收获可能也没那么大！值！

G同学：我觉得养成好习惯、时间自我节制、财商财务自由对我影响很大。视频观看、讨论分享、作业演练效果最好。视频观看有助于了解教学内容，作业演练可快速检测学习成果，讨论分享可互相交流、相互检验。教师讲授亲切，声情并茂；课程内容充实有价值；课程安排合理，资源形式丰富，小故事、小例子等贴近生活结合现实。

35.2.2　知识巩固

 答案

一、单选题

按照苏格拉底的说法，学（　　）就是让你想明白人为什么活着，从而让你拥有高贵至尊的灵性幸福。

A. 科学　　　B. 艺术　　　C. 哲学　　　D. 音乐

二、判断题

1. 一个人需要哲学的程度，完全取决于他重视人生意义和精神生活的程度。

2. 学哲学就是让你想明白人为什么活着，从而让你拥有高贵至尊的灵性幸福。

第36问　为什么我心归处是幸福？

36.1　知幸福之"道"

人心惟危，道心惟微；惟精惟一，允执厥中

"人心惟危，道心惟微；惟精惟一，允执厥中。"这十六个字是我们儒学乃至中国文化传统中著名的"十六字心传"。其含义大致是：人心变化莫测，道心中正入微；惟精惟一是道心的心法，我们要不改变、不放弃自己的理想和目标，最后使人心与道心和合，身心合一，执中而行。古文《尚书·大禹谟》中有记载，《荀子·解蔽篇》中也有类似的引注。据传，这十六个字源于尧舜禹禅让的故事。当尧把帝位传给舜、舜把帝位传给禹的时候，所托付的是天下与百姓的重任，是华夏文明的火种；而谆谆嘱咐代代相传的便是以

"心"为主题的这十六个汉字。可见，我们老祖宗在远古时代，就早已理解了"心"的深刻寓意，即"心"关乎江山社稷及百姓幸福。真是意义非凡啊。其实对于我们每个人又何尝不是如此呢？

幸福在你的"我心归处"

一听说我在教授和研究幸福，许多人第一句话便问："王教授，你说，我的幸福在哪里呢？"我总是真诚地回答："你的幸福在你的'我心归处'"。这不是咬文嚼字，更不是故弄玄虚，而是与其分享幸福的本质。但许多人可能终其一生都没有意识到幸福认知的误区所在，所以可能不太理解这句话。

理解了这句话，也就理解了这门课的名字"我心归处是幸福：幸福 36 问"的含义。这个"我"是我，更是你。

至此，我们用 11 个专题 36 问，一起感悟和修炼幸福，就是希望你能从"心"出发，"悟得大道理，习得小感念，一次半小时，一生幸福力"。这是其一。其二，为什么是"幸福 36 问"而不是"幸福 36 答"呢，因为，你只要开始思考人生问题，你就进入了你的幸福时空，而所有的人生答案，不在别处，只在你自己的心底。所以，我们就只能帮你设问，而不能帮你回答！

那么，这些问题你都回答了吗？如果到今天，你已经品味到幸福，那你可能开始回答问题了；但如果到现在，你还没感受到幸福，那可能表明幸福大道理、快乐小感念还没走进你的心底，你可能还未找到你的"我心归处"的初心、使命。

那为什么"我心归处"才能找到"幸福"呢？

人类意识能级研究

我们来看一张人类意识的能级分布图（见图 36 - 1）。

美国科学家大卫·霍金斯，经过约三十年的研究，测量出人类不同意识层次对应的能量振动频率，形成了人类意识能级分布图。图中 1 ~ 1000 振动频率对应着 17 个意识能级，大致归为三个层次，即外求层级、内修层级和自由层级。

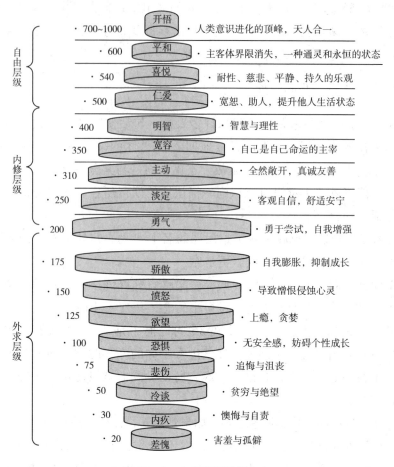

图 36 -1　人类意识能级分布

资料来源：大卫·R. 霍金斯. 意念力［M］. 李楠，译. 北京：中国城市出版社，2014。笔者根据此书研究成果绘制。

第一层级：外求层级

第一层是外求层级，意识能量一般在 200 以下，是个体生命在生命历程中所处的最低能量层级。200 是正负能量的分界点。200 以上的人或事，都能为生命提供能量，多表现为善。当今人类的平均意识能级是 204。这一层级的人活在追求外在的功名利禄之中，一辈子被物质假象迷惑，生命黑洞能量常常将他们推向自大、愤怒、欲望、恐惧、悲伤、冷漠、内疚、羞愧等负面情绪中，生命感知感觉的通道严重闭塞，身体中粒子的振动频率低下，身体脆弱，意志力下降，生命能量逐渐丧失。本性初心的迷失使他们"被物质经历"，而不是在经历生命！生命逝去的那一刻也没弄明白自己是谁，为何而来，又将去哪里。一辈子活着，却仿佛从未活过。许多人活在这一层级。

第二层级：内修层级

第二层是内修层级，生命能量一般在 200 ～ 500。这一层级中，人身体中粒子的振动频率开始增强，人的心力、体力会逐渐增强，生命能量开始提高，能够自利和利他，勇气、淡定、主动、宽容、明智、爱等正面情绪体验逐渐加深，身心健康，有独立意志。他们开始在生命历程中舍外求内，放下部分物质控制，开始明白修习内在美德优势是一切生命外在呈现的根基，开始悟到"爱""全然付出"是有意义的人生和宇宙能量的源头，开始懂得运用内在能量，回归生命本源！

1 ～ 500 这个意识能级范围，代表绝大部分人的心理能量场的强度，但少数人能活在 200 ～ 500 的内修层级。

第三层级：自由层级

第三层是自由层级，生命能量一般是在 500 以上，是个体生命在生命历程中所处的最高能量层级。他们平静、平和、开悟。他们悟到在自己的生命历程中，一切遇到的人，经历的事，阅历的感情，都是在成全自己生命能量的修习圆满，在当下刹那间发生的一切都是自己所作出的最好的选择！他们没有执着和痛苦，懂得调控情绪，身心合一，开始拥有作为个体生命最高级别的能量——生命艺术能量。

活在这一层级的人寥寥无几，这其中 600 ～ 1000 的人更是凤毛麟角。他们能看透世间万物的本质面目，天人合一，在一瞬间就可能颠覆一个人一生所坚持的世界观、人生观和价值观，形成影响全人类的引力场。这是让无数人跟随的开悟圣人的能级。

这个研究告诉我们什么呢？

我认为，这个研究至少告诉我们四点，即：幸福来源于"心"之波动；幸福程度取决于"心"理能级层次；高能物质提升你"心"之能量；幸福影响因素中内"心"因素最相关。

第一，幸福来源于"心"之波动

霍金斯用人类意识即"心"的波动频率测量积极情绪和消极情绪。其理论依据是人类心理能量规律和爱因斯坦的质能方程。也就是说，物质的本质就是能量，而能量是一种心的波动现象。心波动的幅度、频率不同，能量的聚散也不同，从而产生不同的物质现象，形成了我们看到的世界，表达着我们人类的身体与心理状态。所以，"心"的波动频率越高，生命能量越高，幸福越多。

第二，幸福程度取决于"心"理能级层次

意识能级从外求，到内修，再到自由层级，你会发现，外求层次的人，过着纯粹的物质生活，与动物的生命状态差异不大；内修层次的人，开始过上自由求真的智力生活、丰富美好的情感生活、高贵善良的道德生活；而自由层次的人过着意识与神性合一的道德生活。生命能量越高，越能过上持久灵性的幸福生活。

第三，高能物质提升你"心"之能量

大量数据显示，一般情况下，如果没有重大事件促发和大师引导，绝大多数人的意识能级，在一生中也只能上升 5 个点左右。那我们如何提高意识能级呢？

要知道，不仅是人类，所有存在的一切，比如动物、书籍、衣食、汽车、电影、运动、音乐等，都有一定的意识能量等级。也就是说，万物皆有能量，万物皆在波动，同频共振，同质相吸。

为此，我们要学会分辨我们周遭的哪些人、事、物能够提升我们的能量场强度，哪些会降低它。在大卫·霍金斯的研究中，牛顿、爱因斯坦等意识能量值都是 499；而一些经典作品意识能量值也能达到 500 甚至更高，可以唤醒我们沉睡的灵魂；但绝大多数流行歌曲、电影、电视能量值都较低；酒精和毒品能量值为 100；悲伤自责的人，能级仅为 75。世界上，能级高于 500 的书籍、音乐、电影、美术作品其实不多，而能级高于 500 的人更是寥寥无几，如果你有幸遇到，那是你巨大的福气。之所以许多人根本不会接触高人或经典作品，是因为他们无法与高人或经典的频率达到同频共振，也就理所当然地不会遇见高人，不会阅读经典了。

所以，你要学会与高能级的人、事相处。他们好的磁场以及高层级的生命能量场，能给你醍醐灌顶的教导与启示，带高你的意识频率。这是提高我们生命能级最伟大的秘密。比如，说不定你此刻惊奇地发现了意识能量层级这个概念后，或者在学习小幸后，你倾心感悟、立即觉醒并行动，就能够使你的能级神奇地提高几十个点。当我们觉醒并为之努力时，同时也在向周围的人撒播着更高境界的意识能量。想象一下，要是每个人都能达到期望的意识层次，这个世界将会变得多么不可思议！

这个伟大的秘密,如果你能融会贯通,将彻底改变你的生命!一个人跨越 500 是一个惊人的能级跳跃;从 200 以下跃升到 200 以上,更是大多数人改变命运的巨大引擎。大量研究证明,能级达到 250 是一个人过上有意义的灵性幸福生活的开端,因为这是一个人开始出现自信的能级。

第四,幸福影响因素中内"心"因素最相关

研究发现,能够显著影响意识能级的因素不是文化程度、学历、权力、财富、地位等,而是一个人的社会动机和心灵境界。也就是说,5 维要素 6 大美德 24 项优势这些心理品质越好,生命能量层级越高,越能得到持久的幸福。这也验证了,"基因不能转,外因不长久,内因最永远"的结论,也是小幸把后天内在心理因素作为主线的原因。

让幸福的人更幸福,让不幸的人变幸福

孔子说:"学而时习之,不亦说乎?有朋自远方来,不亦乐乎?人不知而不愠,不亦君子乎?"《论语》这三句话就是教导我们:理性上的快乐,体现在"学而时习之,不亦说乎";情感上的快乐,体现在"有朋自远方来,不亦乐乎";道德上的快乐,体现在"人不知而不愠,不亦君子乎"。

这些先贤们幸福人生的智慧告诉我们,幸福是建立在理智、情感、意志,即"智""情""德"基础之上的,这对应着我们讲过的智力生活、情感生活和道德生活。也就是说,通过"修身",人类不断提高心理意识能级,可以让头脑过上自由求真的智力生活,让心灵过上丰富美好的情感生活,让灵魂过上高贵善良的道德生活。过上这三种精神生活,实现马克思所说的,建立在物质基础之上的有着崇高精神追求和道德正义的幸福,最终能让幸福的人更幸福,让不幸的人变幸福。其实,无论是幸福公式,还是生命能量等级表,都用科学数据证实了马克思"四个统一"的灵性幸福观,以及孔子的"修身"作为"现代幸福科学基本假设"的科学性。

知行合一,道术结合,悟练灵性幸福

小伙伴们,小幸 36 问内容都是由知幸福之"道"和行幸福之"术"两部分构成的,只有知行合一,道术结合,才能"悟得大道理,习得小感念,一次半小时,一生幸福力"。为了帮你更好将幸福知识、规律等内化成幸福素养,小幸简化总结了 8 条幸福小提示,即遵从初心、享受心流、心怀感恩、悦纳自己、结交净友、奉献大爱、存储时间、运动学习(见图 36 - 2)。

遵从初心让我们未来积极乐观，享受心流让我们当下充满热忱，心怀感恩让我们满足过往，悦纳自己让我们爱自己从而内心更加和谐，结交诤友让我们爱他人从而人际更加和谐，奉献大爱让我们爱社会从而社会更加和谐，存储时间让我们修养身心，运动学习让我们掌控身心。所以，8 条小提示也可以称为"三心三爱两投资"。

1.遵从初心 未来乐观 方向盘	2.享受心流 当下热忱 发动机	3.心怀感恩 过去满足 润滑剂
8.运动学习 掌控身心 刹车器	我心归处 幸福	4.悦纳自己 爱自己 自我和谐
7.存储时间 修养身心 动力源	6.奉献大爱 爱社会 社会和谐	5.结交诤友 爱他人 人际和谐

图 36 - 2　8 条幸福小提示

小伙伴"蓦然回首"可能会发现，小幸的幸福知识规律（道）和幸福能力方法（术）基本浓缩在这 8 条中，这 8 条似乎都是简单的常识，可真是"大道至简"啊；也可能会觉得，用中西方的研究理论和实验数据验证了的孔子"修身"幸福基本假设以及中国古代"身心合一"等幸福哲学，其实在我们看来也似乎没有什么新意。但问题是，这些根植于中国古代哲学中的幸福文化，有些可能已经被我们淡忘，有些可能并没有成为我们的所思所想、所作所为。而小幸看似简单的"道"与"术"，可能正在唤醒你沉睡的幸福因子，正是这种唤醒，可能会把你带到一个更高的生命能量层级，从而提高你的生命质量。事实上，这已经被众多小幸学习者追寻到的持久灵性的幸福验证了。这也许正是小幸的价值和意义所在。

我心归处是幸福

亲爱的小伙伴们，20 岁之前，你可以用很多的激情去叛逆，说出太多的"我不想"。但 20 岁之后，你要认真地问一下自己，我想要过怎样的生活？青春除了用来享受和挥霍，更要用来思考、抉择和奋斗。我们感恩我们生活在这样一个伟大的国家，我们感激我们生活在这样一个客观幸福度最高的时代。但只有我们确立了国家、民族和社会所需要的自己的初心和使命，成为幸福的设计师、创造者和实干家，才能提升自己的生命意识能级，才能在人生的终点，盘点出顶级的精神快乐有多少，生命的能量增值有多大！但在我们构建生命能量场，也就是人生修行的过程中，修的是心性，行的是神性。所以，真正的持久的灵性的幸福一定来源于你的头脑、心灵、灵魂构成的内心世界，也就是"我心归处是幸福"。

听从你心，无问西东

《我心归处是幸福：幸福 36 问》即将结束，请小伙伴们原谅我的学识不足，阅历有限。最后，我用电影《无问西东》结束我们的小幸谈心，但请记住，幸福永远没终点，祝你幸福永远哦！

"看到和听到的，经常会令你们沮丧，世俗是这样强大，强大到生不出改变它们的念头来。可是如果有机会提前了解了你们的人生，知道青春也不过只有这些日子，不知你们是否还会在意那些世俗希望你们在意的事情。愿你在被打击时，记起你的珍贵，抵抗恶意；愿你在迷茫时，坚信你的珍贵，爱你所爱，行你所行，听从你心，无问西东。"①

36.2　行幸福之"术"

36.2.1　心灵演练

1. 你学习小幸最大的收获有哪些？

2. 我有一个梦想：引导和帮助年轻人设计、创造和追求自己的幸福。如果每个人都幸福了，这个世界也就幸福了。这是我想对你们说的。小幸即将结束，小伙伴们想对我说些什么呢、想对未来十年的你说些什么呢、想对你的父母说些什么呢、想对你的儿女说些什么呢？请把这些记下来，相信若干年后你会回忆起你青春的幸福印记！

-+-+-+-+-+-+-+-+-+-+-+-+-

演练分享

A 同学：从前我是一个十分自卑的人，我的家庭情况比较复杂，家境贫寒，生活一塌糊涂，从小就羡慕别人家的孩子，也正是因为这样，我胆小怕事、不敢在公众场

———————————

① 电影《无问西东》台词。

合说话，曾经一度我想放弃人生，甚至生命。但是自从我学了幸福 36 问，我仿佛看到了人生的希望。我开始改变，从寝室里走到操场上，从胆小怕事到性格开朗，从对人唯唯诺诺到大大方方，从感到不幸到认知感受一个个幸福的瞬间，这些变化都是我从前不敢想象的。生活在一天天变好，命运的天平似乎也在向我倾斜，这一切的一切都要感谢幸福 36 问，是她改变了我，是她帮助我走出阴霾，走向新生，她就是我的希望，我会永远记住她，宣传她，捍卫她。

B 同学：幸福课教我去勇于尝试新鲜的事物，比如操场跑步、做事三思、睡前反省、爱自己、努力坚持、不躺平等。我现在睡前会想一天做了啥，一天的学习、爱好、运动、社交等是否满意。慢慢地，自己就有改变了，可满足了！我没有学过其他类似的课程，但我觉得您是数二数三负责的老师（我不知道别的老师是怎样的，不敢说"数一"怕说得太过）。对于刷课零容忍但又给我们机会，对于上万份的作业演练要一个个批阅，还要选择优秀的作业分享，在大学里很少见到这么负责任的老师。您真的影响了我们很多人，我们从您这学到的也会去影响别人。教师真的很神奇，明明是个普通人却做着很神圣的事，我们彼此加油，奔赴更好的未来，做更好的教师。

C 同学：这个课可以轻松简单地让人变得更加愉悦、更加富足、更加开心、更加智慧、更加幸福，生活和工作也会变得越来越轻松。课程博采众长，融会贯通，有系统，接地气，易操作，有实效，开创了实用国学的先河。老师真的有大爱，有智慧，祝愿有更多同学学习幸福课，开启幸福人生！

D 同学：您的思想、话语充满着诗意，蕴含着哲理，在我的脑海里激起了美妙的涟漪。谢谢您授予我们知识，指给我们向前的路。

E 同学：感谢学校让我们能够选到这样优秀的课程。科学的课程安排、认真丰富的授课让我们深刻了解到幸福的内涵。老师设计的心灵演练、行为演练真是非常好的学习方式，不但可以利用空闲时间，并且可以非常有效地改变我们的心态，让我们在大学封校期间感受到幸福的存在与陪伴！非常可惜现在疫情如此严重，不然我真的想亲临现场感受幸福课的魅力。这难得的好课真的可以让更多大学生受益！谢谢老师！

F 同学：我觉得老师很温柔，像一个知心姐姐一样，视频做得很用心，所举的事例让我共鸣，心灵演练、行为演练使我们学会反思并对生活产生新的看法，将其记录下来，通过大脑神经铭记于心，使我的心灵得到了解放，让我养成了更加自律的学习习惯，训练了思维，让我找到追求幸福的途径，教我以积极乐观的态度去面对人生，提高了幸福养成。从某种程度上来说改变了我。老师很耐心，在群里总是不厌其烦地答疑解惑。很喜欢这门课，庆幸选了这门课，收获了很多很多，希望都能变得更好、更幸福。

G 同学：您的一句句话就是一首首震撼人心的歌，久久地萦绕于耳际，深深地铭刻于心中。纵然走到天涯海角，也忘不了您那春风化雨般的熟悉的声音。

H 同学：老师，虽然我们从未面对面交流沟通过，但您让我感觉您就在我的学校，就在我的身边。在大千世界认识到您这位老师，我十分地幸运。您积极解答、解决各种问题，批阅分享演练测试，让我觉得您是一位非常有责任心的老师，希望我们有缘再见。

I 同学：一位哲学家说："教育的本质是一棵树摇动另一棵树，一朵云推动另一朵云，一个灵魂召唤另一个灵魂。"我们在这门课中研究幸福、了解幸福、获得幸福，有别于其他课。这门课教会我们的不是有形、死板的知识，而是人生哲理，这帮助我们拥有更好的人生。教育不应只单纯教导我们书本知识，而应大力提倡这样的好课，让每个人都了解幸福、思考幸福，从而获得灵性的幸福。

J 同学：想对老师说，很感谢老师一个学期的辛勤付出，帮我们批改每一份心理演练和每一份考试考核。这个心灵课堂让我从转专业的失败中快速抽离，重新出发，直面问题核心，这份收获终身受用，十分感谢老师。

K 同学：虽然是线上课程加两次直播面授课，但是隔着屏幕也能感受到王老师对教育的热忱，对小幸教授的热忱，即热忱地想要让我们"我心归处到处是幸福"。

L 同学：本课程的优点在于，每一节课都好像说到我们的心坎里去了。让我学会很多人生哲学，学会认识世界的不同。老师的讲课虽然只有十多分钟，但是节节亲切，句句重点，知识量、信息量、价值量爆棚。每周小幸引导我们跟着幸福规律和逻辑体系不断深化学习，时间也都安排得妥妥当当的，不会打乱我们平时的学习计划。老师，您就像春风一样温暖了我的心，在您的身边学到了不少知识，在以后日子里，我也会继续向前的。

M 同学：谢谢您引导和帮助我追求到自己的幸福。不间断的小测试，让我越来越了解自己的内心，知道金钱和名利不是唯一的追求，追求应包括自己的初心和愿望；自我节制让我养成了一个个虽不起眼却对自己有很大帮助的好习惯；感恩仁爱让我学会体会身边的幸福瞬间；积极乐观让我从不自信、忧虑、困惑、恐惧走向自信和开朗。很幸福与老师学习幸福课，是老师带领我领略了幸福的无处不在。每一节课，都有许多真实的故事，无疑增添了课程的趣味性和现实感。每节课十多分钟，能让学生高度集中地学习，恬淡从容的语速让我们有充足的时间来思考和回味。

N 同学：我以前总觉得自己很不幸，但又找不到原因，只能自怨自艾。学完幸福课，我理解了幸福的真谛，知道了幸福与各个方面都息息相关，养成了更爱运动等好习惯，变得自信且幸福。我感觉不久的将来我的能量层级会有一个小跳跃，能成为更好的自己，非常感谢老师的教诲。

O 同学：感谢老师开设这门课，感谢学校让我们有机会选择这门课，我也很庆幸能够在大学期间学习到它。这门课让我终身受益，我选这门课也是因为课程里的"幸福"二字。我其实对幸福一直是憧憬和向往的，但我对幸福又充满疑问：何为幸福？如何幸福？我能不能幸福？也许是由于原生家庭的影响，我觉得我很不幸。但该课程让我对幸福有了重新定义。比如，我拥有良好的品德，我改变了不好的习惯，我建立人生目标体系，我让自己的头脑、心灵和灵魂去追求幸福，我觉得我就是一个幸福的孩子。我不再纠结我的家庭、我有没有朋友以及我有没有钱。我之前认为只有金钱才能给人幸福，但现在我通过心灵演练认识到，自己的品行美德习惯更能带给我幸福。果然，我心归处是幸福！学完小幸我的幸福值大幅度提升。真的很感谢，如果有机会我还想学习这门课！

P同学：幸福课的学习，使我能够慢下来去感受和品味生活，去发现生活中的小确幸，让我学会感悟和留意身边的"幸福生活"；使我思考一些过去未曾思考过的问题；使我开始养成读书等好习惯以及一些幸福的微习惯，我开始阅读周国平的《灵魂只能独行》；我更能平和而又生机勃勃地追求内心对梦想与远方的向往；课程给了我一个崭新的思考问题的角度；课程让我意识到"心灵世界"的重要性。

◆+◆+◆+◆+◆+◆+◆+◆+◆+◆+◆

36.2.2　知识巩固

 答案

一、单选题

大卫·霍金斯的人类意识能级研究认为，（　　）是人类意识能级正负能量的分界点。

A. 200　　　　B. 300　　　　C. 400　　　　D. 500

二、多选题

1. 我们的幸福书把大卫·霍金斯的人类意识能级大致归为三个层次，包括（　　）。

A. 外求层级　　B. 内修层级　　C. 自由层级　　D. 学习层级

2. 在人类意识能级中，生命能量或意识能级一般在200～500时，人处于内修层级，此时，（　　）等正面情绪体验逐渐加深。

A. 勇气　　　　B. 淡定　　　　C. 主动　　　　D. 宽容

E. 明智　　　　F. 爱

3. 人类意识能级超过500时，个体生命在生命历程中处于最高能量层级，即自由层级，他们的情绪一般表现为（　　）等积极情绪。

A. 平静　　　　B. 平和　　　　C. 开悟

三、判断题

1. 在大卫·霍金斯的人类意识能级研究中，绝大多数流行歌曲、电影、电视能级都在200以下。

2. 5 维要素 6 大美德和 24 项优势这些心理品质越好，生命能量层级越低，越能得到持久的幸福。

3. 要学会与高能级的人、事相处。他们好的磁场以及高层级的生命能量场，能给你醍醐灌顶的教导与开示，提高你的意识频率。这是提高我们生命能级最伟大的秘密。

4. 大量研究证明，人类意识能级达到 250 是一个人过上有意义的灵性幸福生活的开端，因为这是一个人出现自信的能级。

5. 真正的持久的灵性的幸福一定来源于你的头脑、心灵、灵魂构成的内心世界，也就是"我心归处是幸福"。

结　　语

亲爱的小伙伴们，自从我们来到这个世界上，我们就开始追寻自己的幸福。幸福藏在哪里呢？她可能藏在你的基因里，也可能藏在你的财富、名望、地位和社会发展中，更可能是藏在你的美德和优势里。

这是因为，先天基因尽管对你的幸福影响不小，但它是一个常数，它不会使你更不堪，也不会使你更幸福，所以，是可以忽略的；财富、名望、地位、教育、婚姻、社会发展等外在环境因素对于我们幸福也有影响，有时影响还不小，但影响程度远没有我们想象的那么大、那么久；而在一定的物质生活基础上，6大美德24项优势，则可能会让我们拥有积极情绪、当下心流、使命意义、未来成就和人际和谐，从而在获得持久灵性的幸福"主产品"的同时，与你的财富、名望、地位等"副产品"不期而遇。这就是我们小幸与你分享的秘密，你体会到了吗？

那么，美德优势又藏在哪里呢？一切都是从苏格拉底的"认识你自己"开始的。你先要能认识和左右自己，才能认识和左右世界。因为，我们认知的世界，只是我们狭隘思维中的世界，并不一定是世界的本身，我们终其一生，不仅要逐渐认知自我的世界也要经由自我的世界，看清外面的世界，处理好自己与自己、自己与他人、自己与自然的关系。唯其如此，我们才能认知到自己的美德优势，追寻到自己的幸福因子，找寻到自己的幸福路径；才能感悟到灵性幸福的幸福之"道"，修炼到持久幸福的幸福之"术"；让你的头脑过上自由求真的智力生活，让你的心灵过上丰富美好的情感生活，让你的灵魂过上高贵善良的道德生活；才能追寻到建立在物质基础之上的有着崇高精神追求和道德正义的灵性的幸福，最终让幸福的你更幸福，让不幸的你变幸福。所以，真正持久灵性的幸福一定来源于你的头脑、心灵、灵魂构成的内心世界，来源于你的"我心归处"，也就是"我心归处是幸福"。

参考文献

［1］阿尔伯特·爱因斯坦．爱因斯坦：我的世界观［M］．方在庆，译．北京：中信出版集团，2018．

［2］艾思奇．大众哲学［M］．武汉：人民出版社，2011．

［3］保罗·史托兹．逆商［M］．石盼盼，译．北京：中国人民大学出版社，2019．

［4］陈永盛．伊壁鸠鲁自然哲学与幸福生活［N］．光明日报，2014－11－29（5）．

［5］大卫·R.霍金斯．意念力［M］．李楠，译．北京：中国城市出版社，2011．

［6］戴尔·卡耐基．人性的弱点［M］．殷金生，译．南昌：江西人民出版社，2005．

［7］丰子恺．无宠不惊过一生［M］．北京：中国友谊出版公司，2022．

［8］贺新元．党的百年奋斗展示了马克思主义的强大生命力［J］．人民论坛，2022（8）：4－13．

［9］洪祖利．从苏格拉底的审判到"认识你自己"［J］．青岛农业大学学报（社会科学版），2018，30（1）：64－68．

［10］简·博克，莱诺拉·袁．拖延心理学［M］．蒋永强，陆正芳，译．北京：中国人民大学出版社，2009．

［11］克里斯托弗·彼得森．打开积极心理学之门［M］．侯玉波，译．北京：机械工业出版社，2016．

［12］理查德·怀斯曼．正能量［M］．李磊，译．长沙：湖南文艺出版社，2012．

［13］理查德·尼克松．尼克松回忆录［M］．马充生，等译．成都：天地出版社，2019．

［14］罗伯特·清崎，等．富爸爸财富自由之路［M］．萧明，译．成都：四川文艺出版社，2015．

[15] 罗素. 幸福之路［M］. 傅雷，译. 天津：天津人民出版社，2007.

[16] 马丁·塞利格曼. 持续的幸福［M］. 赵昱鲲，译. 杭州：浙江人民出版社，2012.

[17] 马丁·塞利格曼. 真实的幸福［M］. 洪兰，译. 沈阳：万卷出版公司，2010.

[18] 马进. 马克思的从抽象人的幸福观到现实人的幸福观［J］. 甘肃社会科学，2012（1）：6–10.

[19] 马克思，恩格斯. 共产党宣言［M］. 北京：人民出版社，2018.

[20] 马克思. 1844 年经济学哲学手稿［M］. 北京：人民出版社，1993.

[21] 马克思. 资本论（第 3 卷）［M］. 郭大力，王亚南，译. 上海：上海三联书店，2009.

[22] 马克思恩格斯全集（第一卷）［M］. 北京：人民出版社，1995.

[23] 马克思恩格斯选集（第一卷）［M］. 北京：人民出版社，2012.

[24] 彭蓓. 脊柱侧弯发病高出欧美三倍［N］. 深圳商报，2016–04–15（多媒体数字版）.

[25] 史蒂芬·柯维，等. 高效能人士的七个习惯［M］. 高新勇，王亦兵，葛雪蕾，译. 北京：中国青年出版社，2014.

[26] 斯蒂芬·盖斯. 微习惯［M］. 桂君，后浪，译. 南昌：江西人民出版社，2016.

[27] 孙婷婷. 朱迪斯·巴特勒的现代性自我身份书写［J］. 华北电力大学学报（社会科学版），2015（2）：91–96.

[28] 索尼娅·柳博米尔斯基. 幸福有方法［M］. 周芳芳，译. 北京：中信出版社，2014.

[29] 泰勒·本–沙哈尔. 幸福的方法［M］. 汪冰，刘骏杰，译. 北京：中信出版社，2013.

[30] 托马斯·科里. 富有的习惯［M］. 程静，刘勇军，译. 北京：民主与建设出版社，2018.

[31] 王丽娟，陶圣屏. 当前大学生中国梦与幸福感认知及其关联性研究［J］. 东南传播，2021（6）：109–114.

[32] 王云颖. 郑向怀：坚持 10 多年每晚亲子阅读陪伴是给孩子最好

的教育［EB/OL］．学习强国温州学习平台.2022 – 04 – 25/2022 – 08 – 20.

［33］维克多·弗兰克尔.活出生命的意义［M］.吕娜，译.北京：华夏出版社，2018.

［34］熊若愚.马克思是"千年第一思想家"［N］.学习时报，2018 – 05 – 07（A1）.

［35］熊向晖.试析1972年毛泽东同尼克松的谈话［J］.党的文献，1996（3）：84 – 95.

［36］颜军.历史唯物主义：马克思幸福思想的理论出场［J］.江苏大学学报（社会科学版），2020，22（2）：1 – 11.

［37］杨洪猛.大学生社会支持、自我和谐与主观幸福感的关系研究［J］.教育理论与实践，2020，40（21）：30 – 33.

［38］杨绛.杨绛作品全集［M］.北京：人民文学出版社，2014.

［39］余秋雨.三个目标之后［EB/OL］.https：//www.xuexi.cn/lg-page/detail/index.html？id = 9132168660318250133&amp；item _ id = 9132168660318250133.2022 – 06 – 28/2022 – 08 – 20.

［40］张懿，陈晓燕.主体、本质与路径：马克思幸福思想探源［J］.新视野，2021（3）：67 – 72.

［41］张政民.老子的幸福［M］.兰州：敦煌文艺出版社，2014.

［42］周国平.幸福的哲学［M］.武汉：长江文艺出版社，2015.

［43］周国平.幸福哲思录［M］.北京：十月文艺出版社，2019.

后　记

　　2024 年是我真正运用线上资源，结合线下活动开课的第四年。几年前，宁波工程学院教务处一位处长在线观看了我线上直播的幸福课，"盯"上我："王校长，这么好的课，为什么不建成精品课，让更多学生受益。"我开玩笑："小本生意，开个小班就够了！"当时，我还没有从行政岗位上退居二线，感到没有时间和精力去做此事，但心里还是非常感谢教务处的建议，因为我相信，花些功夫，课程肯定能够建成，而且很有意义。

　　2020 年 8 月，感谢组织批准了我提前退居二线的申请，也就有了"我心归处是幸福：幸福 36 问" 11 专题 36 问 500 多分钟的视频资源。我又为其配上了相应的心灵（行为）演练、自我测试和讨论分享等，这就使我的新版幸福课可以顺利开张了。课程上线"学银在线"以来，已使全国 25 个省份 90 多所高校 13000 余名小伙伴受益，累计互动数超 38 万次，课程活动数超 200 万次，累计页面浏览量超 2400 万次，至少 96% 小伙伴幸福分幸福感幸福力的提升，为我的人生做了最有意义的注脚：你幸福，所以我幸福！有了这些，才有了今天的小幸书籍。

　　在这一过程中，首先，感谢全国 90 多所学校的支持，小幸课程在这些学校的成功开设，鼓励我们在开课基础上又向前迈出一步——出版小幸书籍；其次，感谢这些学校小伙伴们的参与，特别是小伙伴们的心灵演练、行为演练、问卷调查、讨论分享等，为小幸读者自我认知美德优势以及研究我们中国人自己的幸福，提供了丰富的实证数据和质性材料，比如书中就分享展示了部分小伙伴们的优秀演练和讨论观点等；再其次，感谢在问卷统计、调查分析、幸福研究、书稿整理、课程制作、课程上线、课程维护、课程运行、课程沟通、《幸福印记》编辑剪辑、书籍编辑出版等过程中给予我帮助的所有小伙伴；最后，感谢我的父母、爱人和兄弟姐妹等给予我一直以来的支持和鼓励！

　　本书为浙江省普通本科高校"十四五"重点立项建设教材、浙江省社科联社科普及课题成果、浙江省高等教育学会课题立项资助成果、宁波市高校慕课联盟专项课题资助成果、宁波工程学院学术出版经费资助成果、宁波市社科研究重点基地（宁波市小企业成长研究基地）研究成果。

　　在大家的共同努力下，小幸终于与你见面了，但由于本人认知有限，能力不足，书中如果出现表达不当、观点不妥、数据不详、研究不深等问题，均由个人承担责任，也诚恳欢迎各位小伙伴批评匡正。

　　亲爱的小伙伴们，如果你能将小幸读到现在，我还有几句话想对你说：如果你把研读小幸看作你我之间关于幸福的真诚对话，以及你与内心关于人生的自我晤谈，可能我们就一起呈现了一次完美的幸福课堂。这使我想起西南联大的故事，他们没有教室、没有课桌，但只要老师在、学生在，课堂就在。相比之下，我们的条件要好太多啦！因为，有你在，有小幸在，有哲学时空在，有头脑智慧在，有心灵感应在，有灵魂对话在，我们的幸福课堂就在。在这里，你的心灵会更有力量，你的幸福会更有灵性。愿你早日在你的"我心归处"找寻到你持久的灵性的幸福！

二〇二四年十月
于无用斋